추천하는 글

『아기에게 말하기』를 처음 접하게 된 것은 십여 년 전 내가 학생으로 있던 보스턴 정신분석대학원의 수업시간이었다. 성인, 청소년 및 아동을 대상으로 하는 정신분석에 이미 친숙해 있던 나에게 신생아를 포함한 영유아에게 정신분석을 적용한다는 것은 충격적인 것이었다. 정신분석은 근본적으로 언어를 사용하는데, 아직 말을 하지도 알아듣지도 못하는 아기들에게 정신분석을 적용한다는 것은 부적절한 것 같았다. 물론 신체적/정서적 돌봄과 놀이를 통해 아기들과 의사소통하고 관계를 형성한다는 것은 이미 반세기 전부터 널리 알려져 있었지만, 미리엄 슈제이 박사의 접근법은 전혀 새로운 것이었다. 그녀는 아직 눈조차 뜨지 못하는 신생아에게 성인에게나 할 법한 이야기와 해석들을 했고, 기적과 같은 변화들이 일어났다. 시름시름 죽어가던 신생아가 젖병을 빨기 시작했고 각종 신체화 증상들이 완화되었다.

이런 현상을 어떻게 이해해야할지 의문을 갖고 있던 차에, 나는 2007년도 여름 보스턴 정신분석대학원 학술대회에서 슈제이 박사를 만날 수 있었다. 초청강사로 온 그녀는 자신의 작업을 소개한 다음 그것에 대해 함께 논의할 수 있는 시간을 가졌다. 보스턴의 정신분석가들은 비언어적 의사소통의 가능성을 제기하면서, 실제 사용된 언어보다는 정서적인 돌봄과 지지가 유효했을 거라는 주장을 폈지만, 슈제이 박사는 그런 견해에 동의하지 않았다. 그녀는 신생아들에게는 성인과는 다르지만 말을 알아들을 수 있는 능력이 있다고 생각했다. 비록 논쟁이 어느 한쪽으로 결론 난 것은 아니었지만, 그녀의 새로운 접근은 그곳에 참여한 모든 사람들에게 신선한 충격을 주기에 충분했다.

2012년에 국내 최초로 설립된 한신대 정신분석대학원에서, 나는 슈제이 박사의 작업을 학생들에게 소개하게 되었다. 그 수업을 듣는 학생들은 열띤 토론을 벌였는데, 그들 중 한 명이었던 김유진 님이 이 책을 일차로 번역하였고 현대정신분석연구소의 이재훈 소장께서 다듬어주셨다. 이 두 분께 감사를 드리며, 정신분석 분야뿐만 아니라 인문학 분야 전반에 관심을 가진 모든 분들에게 이 책을 추천하고 싶다.

이준호
한신대 정신분석대학원 교수

병으로 아픈 아주 어린 아기에게 어머니가 함께 있는 자리에서 누군가가 그의 고통에 대해 정확한 설명을 해주었을 때, 실제로 아기가 안도할 수 있게 된다는 사실은 믿기 힘든 것이지만, 미리엄 슈제이 박사는 『아기에게 말하기』에서 너무나도 많은 그러한 사례를 보여준다. 숨겨진 진실을 드러내는 말은 조산아들에게서조차 정서적 방출을 통해 외상을 치유하도록 해준다. 이 흥미로운 책에서 제시되는 축적된 자료들을 통해서, 우리는 유아의 신체를 그의 어머니의 정신에 연결시키는 보이지 않는 끈이 어떻게 해석의 힘을 통해서만 분명해질 수 있는지, 그리고 그것이 어떻게 말하지 않았던 경험들과 기억들로 구성되어 있는지를 조금 더 잘 이해할 수 있게 될 것이다.

『아기에게 말하기』는 정신분석 연구가 신경 언어학과 발달 심리학에서의 최근의 발견들을 확인해준다는 것을 보여줄 뿐만 아니라, 유아와 그의 어머니 사이의 복합적인 관계들에 대한 그 이상의 탐색을 위한 새로운 지침들을 제공한다. 이러한 작업 덕분에 과학자들이 마음, 신체, 그리고 또 다른 것들이 말이라는 끈에 의해서 모양이 갖춰지고 드러나게 되는 무의식적 과정을 통해 연결되어 있다는 생각을 좀 더 쉽게 받아들일 수 있게 될 것이다. 미리암 슈제이 박사는 신경세포의 삶, 호르몬 그리고 가족의 역사를 한 지붕 아래로 모으는 새로운 분야를 위한 무대를 마련했다.

주디스 훼러 규어비치(Judith Feher-Gurewich)
『주체와 자기』의 공동 편집자

『아기에게 말하기』는 정신분석 이론과 임상의 발달에서 새로운 순간을 점한다. 슈제이 박사는 위기에 처한 유아들과 부모들을 위한 응급 처치에 그녀의 독창적인 기법을 사용한 숙련된 정신분석가이다. 그녀의 책은 정신분석의 원칙들을 정제한 것이며, 그 원칙들이 출생을 둘러 싼 정서적 강렬함을 이해하기 위한 임상적 가치를 지니고 있음을 보여준다. 『아기에게 말하기』는 유아들에게 그들이 잘 자라기 위해 필요로 하는 존엄성과 존중을 부여하기 위해 언어를 사용하는 것에 관해 많은 것들을 가르쳐준다. 의료 전문가들과 일반 독자들 모두가 모든 인간의 삶의 가장 초기에 발생하는 말의 심오한 영향에 깊이 감명 받게 될 것이다.

나오미 골든버그(Namoi Goldenberg)
『신체로 회귀하는 말:페미니즘, 정신분석
그리고 신체의 부활』의 저자

아기에게 말하기

―산부인과 병동에서 말로 치유하기―

미리암 슈제이
김유진·이재훈 옮김

한국심리치료연구소

Des mots pour naître
ⓒEditions Gallimard 1997
All rights reserved.

Korean translation copyright ⓒ2015
by Korean Psychotherapy Institite.
Korean translation rights arranged with EDITIONS GALLIMARD
through EYA(Eric Yang Agency).

이 책의 한국어판 저작권은 EYA(에릭양 에이전시)를 통해 EDITIONS GALLIMARD 사와 독점계약한 한국심리치료연구소에 있습니다. 저작권법에 의하여 한국 내에서 보호를 받는 저작물이므로 무단전제와 복제를 금합니다.

아기에게 말하기

—산부인과 병동에서 말로 치유하기—

발행일 • 2015년 1월 15일
미리암 슈제이 지음 • 김유진 /이재훈 옮김
펴낸 이 • 이재훈 펴낸 곳 • 한국심리치료연구소

등록 • 제 22-1005호(1996년 5월 13일)
주소 • 서울시 종로구 새문안로 5가길 28 918
Tel • 730-2537, 2538   Fax • 730-2539
www.kicp.co.kr E mail: kicp21@naver.com

값 20,000원
ISBN 978-89-97465-11-8 93180

이 도서의 국립중앙도서관 출판시도서목록(cip)은 홈페이지
(http://www.nl.go.kr/cip.php)에서 이용하실 수 있습니다.
(제어번호: 2014038306)

모든 아기들,
과거의 신생아들과 현재의 신생아들에게

프랑수아에게

아기에게 말하기
-산부인과 병동에서 말로 치유하기-

미리엄 슈제이 M.D.

목차

서문 ··· 13
서론: "우리가 살리고자 하는 것은…" ··············· 15
1. 아기 편에 서기 ······························· 32
2. 아이는 최소한 두 번 태어난다 ················· 65
3. 신생아의 말, 언어 그리고 기억 ················ 105
4. 산부인과 병동에서 정신분석으로 치료하기 ······ 147
5. 탄생에서 삶의 림보(limbo)로:
   산후우울감(Baby Blues)에 대한 고찰 ············ 170
6. 비밀 출산(Confidential Childbirth):
   태어나면서 포기되는 아이 ····················· 218
에필로그: 삶으로의 선택 ·························· 269
감사의 말 ······································· 278
색인 ·· 279

서문

때때로 늦은 밤에 병원을 떠나게 될 때, 나는 최근에 출산을 한 환자에게 잠시 들른다. 그리고 종종 입원실의 문을 열다가 특별한 순간을 접하게 된다: 새로 어머니가 된 산모가 아기 침대를 들여다보고 있거나, 그보다 더 빈번하게는 무릎에 아기를 안고, 얼굴과 얼굴을 마주하고, 집중해서 아기를 바라보면서 어머니들이 아기들에게 말을 하고 있다. 놀라운 것은 강렬함과 부드러움의 혼합, 그녀의 목소리의 음색과 음조, 그녀의 깊은 시선이다.

그러나 산부인과 병동에서의 모든 것이 항상 그렇게 장밋빛인 것만은 아니다. 때로는 어머니가 경이로움을 느끼는 상태에 있지 않거나 부적절한 말을 하거나 너무 늦게 말한다—더 심하게는 말이 없는 경우도 있다.

그렇다. 출생은 때때로 고통을 수반하며, 산부인과가 어머니와 신생아를 위한 출산 환경을 환상적으로 개선한 것에 대해서만 생각하는 서구 사회에서 이 고통은 거의 인식되지 않고 있다. 그러나 우리가 주의를 기울인다면, 훗날에 고통, 폭력, 학대가 일어나게 될 고통스러운 관계들이나 비밀스러운 비극들의 단초들을 그곳에서 발견할 수도 있을 것이다.

산부인과 의사는 분만과 관련된 일을 하고, 주로 여성들, 어머니들에게 관심을 두지만, 아기의 여정에 대한 관심 또한 게을리 할 수 없다. 내가 미리암 슈제이 박사를 만났을 때, 전에는 알지 못했던 새로운 분야가 나에게 열렸다: 신생아의 전언어적 행동의 실재. 물론 우리는 우리 자신의 해석, 우리의 투사에 주의해야만 한다; 그러나 미리암 슈제이 박사는 새로운 길을 열었다. 그녀는 용감하게 신생아들에게 정신분석을 시행하고, 그들에게 말하고, 특히 위험한 상황에서 증상이 뿌리내리기 전에 개입한다.

그녀의 접근 방법은 출산 전후의 산모와 관련된 일을 하는 모든 사람들에게 알려질 필요가 있다. 그녀의 접근 방법은 혁신적이다; 그녀의 해석들은 자세히 설명되어야만 한다. 어떤 여성이 어머니가 되는 일로 인해서 그녀의 존재 자체가 흔들리지 않을 수 있겠는가; 어떤 남성이 아버지가 되는 것에 대해 겁먹지 않을 수 있겠는가? 아기들은 그러한 깊거나 스쳐가는 염려를 느낀다. 그들은 존중의 한 형태인 경청을 필요로 한다.

르네 프리드만
파리, 앙투안 벨클레어(Antoine Bélclère) 병원의
부인과와 산부인과 책임자

서론

"우리가 말하고 싶은 것은…"

"당신이 알고 있는 것을 가르치는 나이가 있다; 그러나 그 이후에는 당신이 알지 못하는 것을 가르치는 나이에 이르게 된다: 이는 추구(seeking)라고 불린다."―롤랑 바르트(Roland Barthes)

이 일을 하다보면 당신이 아주 작게 느껴지는 날들이 있다. 정신분석가로서 당신이 경험한 것, 성인과 아동을 위한 정신과 의사로서 보낸 시간들, 당신의 스승들이 당신에게 가르쳐 준 내용들, 그 모든 것들에 대해 당신이 어떤 자부심을 가지고 있든 간에 그것들은 아무런 도움이 되지 않는다. 당신의 환자가 세상의 모든 비참함이 그녀의 어깨를 짓누르고 있다고 말할 때, 당신이 할 수 있는 말은 아무것도 없다. 그러나 사실 이것은 별다른 영향을 미치지 않는다. 조용한 상태로 있는 것은 당신에게 들을 수 있는 기회를 준다. 그리고 이후에 무언가를 말할 수 있는 기회가 생긴다.

나는 수년 간 이를 겪어왔으며, 어느 날 아침, 매주 월요일마다 그랬듯이 산부인과 병동에 도착했을 때, 산후 병동에서 무언가 이상한 일이 일어나고 있음을 느꼈다. 분명히 심각하게 잘못된 것은 없는데도 이상하게 소아과의사들, 조산원들, 성인 환자 간호사들과 신생아 간호사들 모두가 새로 어머니가 된 르메르씨에 부인(Mrs. Lemercier)에 관해 불안해하는 듯 했다. 그녀는 이틀 전에 첫 아기인 아들을 낳았으며, 그의 이름을 이봉(Yvon)이라고 지었다. 출산은 순조로웠고 그녀는 특별히 행복해했는데, 이는 그녀가 3년 전에 예정일보다 4개월 이른 조산으로 아기를 잃은 적이 있었기 때문이었다. 작은 문제가 하나 있었는데, 그것이 스태프들에게 모호한 불안감을 조성했다: 르메르씨에 부인은 분만 후에 그녀의 병실로 돌아오자마자 방안의 모든 등을 다 끄고 커튼을 쳤고, 그 이후로 어둠 속에서 지내고 있었다. 그녀는 불만을 말하지도 않았고 그녀의 행동에 대해 어떠한 언급도 하지 않았기 때문에, 모두들 어떻게 생각해야 할지 모르는 채로 그녀에게 질문하는 것을 자제했다. 모두가 그녀의 특이한 행동이 대수롭지 않은 것이기를 바랐다. 그럼에도 불구하고 스태프들은 당황스러워했다. 스태프들은 나의 치료가 도움이 될 것이라고 생각되는 산모들을 내게 알려주는 데 익숙해 있었지만, 이번 일로 인해 그들이 느끼는 염려에 관해서는 내게 말하기를 꺼려했다. 환자를 빼고는 모두가 불안해하는 듯 했다.

그러나 월요일 아침에 새로운 불안 요인이 생겼는데, 이번에는 르메르씨에 부인의 불안으로 인한 것이었다. 그녀는 생후 이틀 된 그녀의 아기가 "아직까지 오줌을 누지 않고 있다"는 생각으로 인해 공포에 사로잡혔다. 그녀는 소아과의사를 불렀고, 의사는 어머니가 보는 앞에서 아기에게 우유를 먹이고 난 후, 그를 검사했다. 검사하는 중에 이봉은 곧 바로 오줌을 누기 시작했고, 그것을 보고 있던 어머니는 크게 안도했다. 그러나 소아과의사는 아기가 오줌을 눈 것은 이번이 처음이 아니며, 오줌을 누지 못한다는 생각은 불안으로 인한 엄마의 환상이라고 보았다. 그녀는 르메르씨에 부인에게 이 병원에 "아기들을 위한 정신분석가"가 있다는 것과 그녀가 걱정되는 것들에 관해 이야기하기를 원한다면 나와 만날 수 있다는 것을 설명하기로 결정했고, 조산원도 이에 동의했다. 르메르씨에 부인은 그녀에게 무슨 일이 일어나고 있는지에 관해서 그때까지 극도로 말이 없었기 때문에, 그들은 그녀가 거절하지 않을까 걱정했다. 그러나 놀랍게도 그녀는 나를 만나는 것에 동의했다.

사실 그녀는 다른 의사보다는 정신분석가에게 말하기를 원하고 있었다. 나는 곧 이유를 알게 되었다. 한때 그녀는 정신과 의사에게 가보려고 했던 적이 있었다; 당시에 그녀의 어머니(그녀의 지인을 통해 정신과의사에게 의견을 물어본)가 그녀에게 정신분석가에게 가보라고 조언해주었고, 그녀는 어머니의 조언을 따라 몇 년간 분석을 받았었다. 따라서 그녀는 조금도 주저하지 않고 정신분석가인 나에게 이야기하는 것이 좋겠다는 의견을 받아들였다.

어머니, 여성, 딸로서의 고통

병실로 들어가 나를 소개하자마자 그녀는 곧 바로 한 여성으로서, 그리고 한 어머니로서 그녀가 겪은 고통들을 나에게 이야기하기 시작했다. 그녀가 첫 월경을 시작한 직후인 열두 살 이후로 그녀는 무월경증으로 고통을 받았고, 그것은 18세에 나중에 남편이 된 사람을 만났을 때에야 멈추었다. 몇 년 후에 그녀는 다시 고통을 겪었다. 그녀와 그녀의 남편은 아이를 원했지만, 그들이 아이를 가질 수 있으리라는 희망을 거의 포기해야 했다. 내가 그녀에게 그녀가 열두 살이었을 때 어떤 일이 있었는지를 묻자, 그녀는 다음과 같은 이야기를 했다. 그녀의 아버지는 그녀를 포함한 모든 사람들로부터 크게 존경받고 있었는데, 어느 날 그녀에게 와인 한 병을 가져오라는 심부름을 시켰다. 그녀는 이 영광스러운 일을 자신이 하게 된 것에 대해 행복감을 느끼면서도, 한편으로는 잘할 수 있을지 걱정스러운 마음으로 와인 창고로 달려 내려갔다. 그녀는 선택한 와인을 들고 창고의 계단을 올라가던 도중에 넘어졌고, 들고 있던 와인 병이 깨지면서 그녀의 무릎 인대가 끊어지는 큰 부상을 입었다. 그녀는 그로 인해 수술을 받아야만 했다. 수술을 받고나서 얼마 후에 르메르씨에 가족은 해변으로 여행을 떠났다. 그녀의 말에 의하면, 수영을 잘했던 그녀는 물속으로 들어갔다. 하지만 그녀는 갑자기 다쳤던 무릎을 움직일 수 없었고, 다리가 마비되면서 가라앉고 있다고 느꼈다. 그녀는 도와달라고 외쳤다. 그녀의 아버지가 그녀를 구하기 위해 뛰어들었지만, 곧 그는 의식을 잃으면서 물속으로 가라앉았다. 이번에는 그녀가 그를 구해야 할 상황이었다. 다리의 마비가 풀렸다고 느껴지자, 그녀는 그를 물 밖으로 끌어내기 위해 모든 노력을 다했다. 그러나 성인 남자인 그녀의 아버지는 그녀가 구하기에는 너무 무거웠다. 그녀는 아버지를 구하기 위해 다시 도와달라고 외쳤다. 구조원들이 두 사람을 해변으로 끌어냈을 때, 그는 이미 사망한 뒤였다. 그녀의 병실의 어둠이 기념하고 있다고 생각되는 무서운 사건은 바로 이것이었다. 그녀는 그런 사실을 의식하지 못하는 상태에서 아버지에 대한 애도를 완성하고 있었던 것일까?

이 이야기를 몇 장면으로 나누어 살펴보자.

첫 장면에서, 아버지의 요구로 와인을 가지러 갔던 어린 소녀는 넘어지고 무릎을 다친다. 이 단순한 행동에는 가족 로맨스의 아주 다양한 요소들이 응축되어 있고, 실질적인 메시지를 구성하고 있으며, 이는 많은 시간이 흐른 뒤에, 즉 이봉의 출생 이후에야 그 의미를 알 수 있게 된다. 두 번째 장면에서, 아버지는 죽는다. 이것은 마치 드라마의 두 번째 막이 반전으로 구성되는 것이 아니라 첫 번째 막의 결정적인 중요성이 두 번째 막이 진행되고 나서야 드러나는 것처럼, 극도로 고통스러운 사건이 오랜 시간에 걸쳐 첫 번째 순간의 비극적 특징을 확립했던 것으로 생각된다. 정신분석가들은 그러한 지연된 효과들에 익숙하다. 마치 이후의 두 명의 아기들—그리고 두 명의 분석가들—처럼, 두 번의 도움을 요청하는 두 개의 강력한 장면은 이 드라마와 그것이 가진 상징적 형태의 표현 사이를 연결시켜준다. 이 드라마의 세 번째 장면은 아이의 탄생과 그의 배뇨 능력에 대한 어머니의 불안이다. 여기에 내가 그녀의 아버지의 조부모가 심각한 알코올 중독 문제를 갖고 있었다는 역사를 더하면, 첫 번째 장면에서의 깨어진 병과 흘렸던 피로부터 두 번째 장면에서의 익사와 무월경증, 세 번째 장면에서의 안도감을 주는 아기의 배뇨까지의 모든 것들—많은 물(그리고 피)이 그 다리 아래로 흘렀다—의 의미가 명백해질 것이다. 그렇다. 문제는 물이 말라버렸을지도 모른다는 것이었다. 무월경증은 아버지가 익사한 날로부터 시작되었고, 상처에서 흐르는 피를 말리는 기능을 했던 것 같다. 몸은 와인을 가져오라는 아버지의 부름에 응답하는 데 실패했다. 그녀는 자신의 몸으로 인해 아버지의 죽음이 일어났다고 믿었으며, 그 죽음에 직면해서 그녀의 몸은 침묵했다. 사랑하는 아버지의 죽음에 대한 르메르씨에 부인의 고통은, 말하자면 벙어리 상태였다. 그녀는 아버지가 돌아가신 후, 이틀 동안 쇼크 상태에 있다가 모여 있던 사람들이 보는 앞에서 지붕에서 뛰어내렸다. 사실 그녀는 전에도 자주 그랬던 것처럼 놀기 위해서 지붕으로 올라갔다. 미루어 짐작컨대, 가족들은 지붕 위에 있는 그녀를 보고 불안해졌고, 그녀를 내려오게 할 수 없게 되자 누군가가 소방관들을 불렀다. 그들은 그녀가 뛰어내리기 직전에 구조 준비를 마칠 수 있었다. 그녀는 의식적으로 자살을 시도했던 것일까? 아무도, 그녀조차도 그렇다고 말할 수가 없었다. 그녀는 자신의 기억에서 그 3일을 완전히 지워버렸고, 그 기억은 이후 분석에서의 대화에 기초해서 그 장면을 재구성한 것이었다. 그녀는 기억상실증에 걸렸지만, 건망증은 없었다. 그녀는 자신이 청소년기에 어떻게 어머니가 그녀를 때리도록 만들었었는지를 이야기했다. 그런 때에 그녀는 머릿속에 준비되어 있던 대답을 하곤 했다: "내가 아버지를 죽였기 때문에 엄마가 나를 때리는 거잖아요!"

아이의 자리

그녀는 아버지에 대한 애도가 불가능했고, 애도하는 대신에 죄책감만을 느꼈다. 뒤이은 무월경증이 그것을 입증한다. 더욱이, 이 외상 후 증상은 그녀가 18세에 나중에 남편이 된 사람을 만나면서 사라졌다. 남성 인물을 받아들이면서 그녀는 자신의 여성성의 일부를 되찾았다. 하지만 몇 년 후에, 그녀는 다시 불임 문제에 부딪혔다. 그녀는 여성이었지만, 어머니는 아니었다. 사실상 이봉의 탄생은 아이를 갖기 위해 노력했던 기나긴 고통의 시간에 종지부를 찍게 해주었기 때문에, 특히 환영할 만한 것이었다. 몇 년 전에 르메르씨에 부인은 그녀의 불임을 치료하기 위해 산부인과의사에게 도움을 요청했었다. 그녀는 그 치료에서 기대했던 성과를 얻지 못한 채 치료를 끝내기로 결정했다. 그 결정을 한지 몇 주 후에 그녀는 의학적인 개입 없이 임신하게 되었다. 그 임신은 23주에 유산으로 끝나고 말았다. 사산한 그 첫 아이에게 장-이브(Jean-Yves)라는 이름을 지어주었는데, 그것은 아버지와 어머니의 이름에서 하나씩을 따온 것이었다. 그것은 둘째 아이의 이름인 이봉(Yvon)에서 다시 나타나고 있는 것 같았다. 그 후 3년 이상 불임 상태가 지속되자, 르메르씨에 부인은 그녀가 존경했던 여자친구의 조언으로 벨클레어 병원에 문의하게 되었다. 병원에서 보살핌을 받는다는 생각에 안심했던 것 같은 그녀는 새로운 불임 치료를 시작했다. 그러나 실제로는 그 치료가 별로 진행되기도 전에 임신하게 되었다. 그녀는 그 성공에 행복해 했고 벨클레어 병원에서 진료 받는다는 생각에 안도했다. 이봉은 그러한 신뢰의 분위기 속에서 태어났다.

아마도 유산은 그녀의 죄책감과 연관되었던 것 같다. 그것은 마치 "나는 내 아버지를 죽였어요, 신들은 복수에 굶주려 있고, 아이를 희생물로 바칠 것을 요구했어요"라는 의미인 것 같았다. 어쨌든, 그녀가 어머니가 되기 위해서는 해내지 못한 애도와 연관된 금기에 저항해야만 했을 것이다. 그것에 더해서, 그녀는 어머니와 동일시할 수 있어야 했을 것이다. 그녀가 모성적 역할을 받아들이기 위해서는 자신이 알고 있는 유일한 어머니 모델과 화해해야 했고 그것이 방금 출산한 여성인 그녀에게 중요한 일이었다. 면담 중에 그녀가 내게 말했던 것처럼, 그녀는 자신의 어머니를 높이 평가하고 있었고, 그 존경은 그녀의 직업적인 삶에까지 영향을 미치고 있었다. 어머니처럼 르메르씨에 부인은 의약 분야에서 일했다. 그녀가 무슨 이유로 어머니의 조언에 따라 정신분석을 시작했었는지는 분명하다. 내 생각에는, 이 모성적 동일시의 요소들은 그녀가 불임 치료와, 특히 병원에서 출산 전 관리를 받기로 한 결정과도 관련되어 있다. 그것들은 그녀가 거기에서 발견했던 기분 좋은 안도감을 설명해준다. 그녀가 어머니의 보살핌을 받을 수 있었던 곳이 병원이었으므로, 그녀는 병원에 있으면서 어머니가 될 수 있었다.

  이야기의 이 부분에 대한 서술이 이미 해석이므로, 르메르씨에 부인이 몇 년 간의 분석 작업에 의해 이루어낸 이 이야기를 더 이상 길게 해석할 필요는 없을 것 같다. 대조적으로, 나는 아이가 차지하게 된 장소를 지적해야 한다는 의무감을 느낀다. 이 경우에, 신생아가 태어난 곳은 아버지에 대한 애도가 행해질 수 있는 장소였다. 그는 그 애도를 끝내도록 허락할 수 있는 존재가 될 수 있었다. 그는 어머니의 요청 이상으로 오줌을 누는 것을 통해서 상황에 응답했다. 그녀는 사실 "목숨을 구하는" 그 오줌누기 이후에 그녀의 아이가 살기 시작했다는 느낌을 가졌다고 내게 말했다; 그 이전까지 이봉이 느꼈던 것은 오직 고통과 불안 뿐이었다.

  아이의 오줌누기는 비록 그의 어머니를 다시 한 번 그녀에게 남겨진 비극적인 상황으로 내몰기는 했지만, 그녀를 새로운 운명에 다가서게 해주었다고 말하는 것이 이 문제에 대한 최상의 표현일 것이다. 따라서 아이의 "오줌 홍수"는 그의 할아버지를 죽게 했던 액체, 즉 물, 바다에 새로운 의미를 부여했다. 우리는 그것이 새로운 세례의 기표였다고 말할 수 있을 것이다. 죽음과 탄생의 순환은 끝이 없다. 그러나 르메르씨에 부인에게 있어서, 삶이 죽음을 축하하는 것일 수도 있다는 사실로 인해 그 순환이 멈추었다. 그것이 그녀가 병실에서 행한 의례들의 의미였다. 존경하는 아버지와의 관계가 그의 죽음에 의해 잔인하게 끝나버렸던 이 여성에게 있어서, 이번에는 상징적으로 죽은 아버지에게 바친 헌사가 살아있는 아이에 대한 희망어린 환영이 되었다. 아이의 "증상"은 그의 어머니의 치명적인 논리를 그것의 궤도에서 벗어나게 만들고, 두 사람 모두를 세상 안의 새로운 존재로 이끈 모래알 같은 것이었다.

죽음에서 삶으로

이 "분석적 아기"가, 그의 죽은 형과는 달리, 삶을 선택한 것은 그 자체로서 할아버지의 죽음에 대한 살아있는 응답이었다. 그의 출생은 그의 어머니로 하여금 애도 작업을 통해서 상징적 부채(symbolic debt)의 의미를 이해하도록 이끌었다. 그녀에게 있어서 상징적 아버지는 죽은 아버지였다. 르메르씨에 가족 내에서 신화적 인물인 실제 아버지 자신은 알코올 중독자에다 학대하는 부모의 아이였다. 그는 18세에 집에서 도망쳐서 군에 입대했다. 나중에 그는 그의 동생의 보호자로 이름을 올릴 수 있었고, 동생을 보호시설에 맡길 수 있었다. 비록 가장은 아니었지만, 맏아들이면서 보호자가 됨으로써 그는 중요한 상징적 도약을 했는데, 사실 그것은 상징적인 것만이 아니었다. 그는 군대에서 2년 동안에 키가 8인치나 자랐다. 그는 혼자 힘으로 전체 가족을 부양할 수 있었고, 30세에 18세의 여성과 결혼했다.

나는 이 비극에 희극적 요소를 가미하는 것으로 이 관찰에 대한 설명을 끝내겠다. 이 아기는 세상으로 나오면서 그의 어머니를 교도소에서 벗어나게 만들었다. 르메르씨에 부인은 시민 봉사 교육을 받은 후, 그녀의 남편이 일하고 있던 교도소에서 일자리를 얻었는데, 그것은 그녀의 두 번째 임신 중에 일어난 일이었다. 그 후 그녀의 남편은 다른 곳으로 전근해갔다. 그녀는 출산

휴가 후에 직장에 복귀하면서 교도소 외부에서 일하게 되었다. 그 행복한 사건은 이봉의 출생과 동시에 일어났다.

이 사례에서처럼 죽음에 대한 발표는 출생에 대한 발표와 결합될 수 있다. 우리가 중요한 사건을 발표할 때, 우리는 그 대상이 단지 친구들이나 친척들로 이루어진 한정된 집단이라 할지라도, 그 집단에 설명을 한다. 그리고 단지 우리의 슬픔이나 기쁨을 나누기 위해서만이 아니라, 그것이 용인되는 것인지를 알기 위해서 그들에게 묻는다. 발표는 고통이나 기쁨에 대한 증인이 되도록 부름 받는 타인들에 대한 신뢰를 가정하고 있고, 그 신뢰는 우리가 계속해서 앞으로 나아갈 것이라는 희망과 결합한다. 그런 의미에서 우리 모두는 앞으로 나아가기 위해서 우리의 삶을 만들어가는 것에 대한 증인이 되고, 우리에게 속한 것을 타인들과 공유하는 것이 필요하다. 이것이 정신분석적 대화의 틀 안에 있는 진실이다: 그래서 르메르씨에 부인은 그녀를 침묵으로 축소시키는, 말해지지 않은 채로 남아있던 것들을 위한 출구를 발견할 수 있었다. 이는 또한 하나의 실험으로서, 이를 기록하려는 의도를 지닌, 이와 같은 책의 관점에서도 진실이다. 그러므로 이 실험의 발생에 대한 완전한 설명을 제시해야 할 때가 된 것 같다.

정신분석의 세 순간들

"산부인과 병동에서 정신분석가들이 활동한다는 것은 새로울 것이 없습니다." 산부인과의사인 르네 프리드만(Rene Frydman)

은 그의 병동에서 이루어진 나의 작업에 대해 질문하는 기자에게 이렇게 말했다. "아기에게 말을 하는 정신분석가들이 존재합니다." 분명히 말해둘 한 가지가 있다: 성인 또는 아동을 위한 정신분석가가 따로 없는 것과 마찬가지로, 신생아를 위한 정신분석가가 따로 존재하는 것은 아니다. 그것은 단순히 우리의 직업에서 우리가 기법 또는 경험의 측면에서 갖게 될 수도 있는 차이점들을 설명해주는 표현방식일 뿐이다. 오직 정신분석가만이 있을 뿐이다. 우리는 프로이트와 그의 계승자들에 대해 말하기 전에 먼저 정신분석가들이다. 왜냐하면, 고통 속에 있는 주체들이 우리에게 정신분석가가 되도록 요청하기 때문이다.

이 문제에서 새로운 것은 우리가 체계적으로, 방법론적으로 그리고 인내심을 갖고 더 이상 환원할 수 없는 신생아의 욕망을 인식하는 데 도달한다는 것이다: 첫째, 그가 태어난 것은 이유가 있기 때문이고; 둘째, 그가 항상 의학적으로 설명할 수만은 없는 증상들 속에 갇힐 수 있기 때문이며, 만약 그렇게 되면, 더 이상 환원할 수 없는 그의 인간적 욕망이 좌절되기 쉽기 때문이다. 내가 여기에서 말하고 있는 것은 이론적인 주장과는 거리가 멀다. 나는 이것을 신생아 자신들에게서 배웠다.

예를 들면, 아기와의 임상을 시작했던 초기에 나는 별로 심각하지 않은 "산후우울감"을 겪는 한 어머니를 만났다. 그녀는 나와 예의바르게 대화를 나누었고, 나는 아기의 이름을 부른 다음 그와 관련된 이야기를 그에게 말해주고 있었는데, 갑자기 그가 신음소리를 내기 시작했다. 분명히 그의 어머니는 아기가 태어날 때부터 듣지 못한다고 말했었다. 그의 할아버지가 묻혀 있는 장소의 이름이 나오자 아이의 음색이 그것에 반응하면서 즉시 바뀌었다. 그 어머니는 그것을 깨닫고 충격을 받았으며, 그녀 자신이 어머니와 맺고 있는 갈등에 찬 관계를 명료화하기 시작했다. 그녀는 아기를 원했음에도 불구하고 그가 태어난 뒤에 슬픔을 느꼈는데, 그 슬픔은 그녀가 어머니 곁에서 계속 의존할 수 없게 된 것에 대해 느꼈던 실망감과 강하게 관련되어 있는 것으로 밝혀졌다.

다른 많은 아기들과 마찬가지로, 이 신생아가 정신분석가로서의 나의 역할을 일깨워 주었다고 말하는 것은 너무 과소평가된 표현이다: 그는 자신의 언어로 내게 말해주고 있었다. "비록 당신의 이성은 내가 당신에게 이야기하는 것이 불가능하다고 말하고 있겠지만, 내 말 좀 들어보세요. 당신이 그것은 내 능력을 넘어서는 일이라고 생각한다 해도, 나는 당신의 말을 듣고 있다는 것을 알고 있어요." 정신분석가로서의 나의 임상에 새로운 삶을 준 것은 바로 이 본질적인 메시지이다. 바로 이것이 내가 이 책에서 전달하고자 하는 메시지이다. 태아와 신생아에 관한 과학적 지식이 이론적인 설명들에 관한 불확실성만큼이나 빠르게 확산되고 있는 이때, 신생아들과의 정신분석 작업의 효율성에 대한 증인이 되는 것이 내게는 중요하게 여겨진다. 이 작업은 끝없이 나를 놀라게 하고 있다.

세 명의 죄수들

이러한 임상을 수행하는 것이 어떻게 가능한지 설명하기 위해서, 나는 정신분석가들에 의해 사용되어왔고 영향력 있는 구조언어학자이자 정신분석가인 자끄 라깡(Jacques Lacan)에 의해 자세히 설명된 잘 알려진 논리 게임인 죄수들의 곤경을 나의 행동 원리의 모델로 삼고자 한다: 어느 교도소장이 그가 괜찮다고 생각하는 세 명의 죄수 중 한 명의 석방을 고려하고 있는데, 그의 사면권은 한 사람으로 제한되어 있다; 누구를 사면해야 할지 결정할 수 없게 된 교도소장은 이를 죄수들의 지혜에 맡기기로 하고, 그들에게 말한다: "당신들은 세 명이고, 모양은 똑같고 색깔만 다른 원반 다섯 개가 있다: 세 개는 흰색이고 두 개는 검은 색이다. 나는 나의 선택을 모르는 상태에서 당신들 각자의 등에 원반을 붙여줄 것이다; 즉, 당신들은 원반을 볼 수 없는 ... 그리고 서로 어떤 색의 원반을 등에 달고 있는지 말해주는 것이 금지된 상태에서, 동료들과 자신의 원반이 어떤 것인지 생각할 수 있는 충분한 시간을 줄 것이다. 제일 먼저 자신의 원반이 어떤 색인지 추측할 수 있는 사람만이 석방될 것이다."[1]

이 상황에 대해 라깡이 제시하는 분석은 전통적인 논리학을 넘어선다. 그는 세 단계 전략을 상정한다. 그에 의하면, 이 게임에서 승자가 되기를 원하는 죄수에게 첫 번째로 중요한 것은 즉각적으로 감각에 분명한 것, 더 이상 깊이 생각하지 않고도 그가 관찰할 수 있는 것이다. 이 경우에, 만일 다른 두 죄수가 각각 등에 검은 원반을 가지고 있다면, 첫 번째 죄수는 망설일 것 없이 그가 자신의 등에 가지고 있는 것이 하얀 원반이라고 추론할 수 있다; 그러므로 그는 즉시 풀려날 수 있다. 라깡은 이 즉시성을 응시의 즉시성 (the instant of the gaze) 라고 부른다.

전략의 두 번째 단계는 제2의 자아(alter ego)의 중개를 통해서 발생한다고 가정되는 단계이다. 실제 상황에서 그 죄수는 이해를 위한 시간(time for understanding)을 필요로 한다. 다른 두 사람의 망설임은 그에게 자신이 가진 원반의 색에 관한 정보를 제공한다: 만일 그것이 검은 색이라면, 다른 두 사람 각자는 재빨리

---

1) J. Lacan, "Le temps logique et l'assertion de certitude anticipe," [Logical time and the assertion of anticipated certainty], in Ecrits, (Paris: Seuil, 1966), 197-203.

자신의 것이 흰 색이라는 결론을 내리고 떠날 것이다; 그렇지 않다면, 그들 모두는 망설일 것이다. 이것이 바로 상황의 "객관적인" 분석을 위한 시간이다.

라깡의 견해에서는 마지막 결정 또는 결론을 내리는 순간은 망설임을 전제로 한다; 즉, 그것은 죄수 자신에 의한 주관적인 결정이다. 그는 그렇게 함에 있어서, 그의 망설임이 다른 두 사람 중 한 명에게 추측할 수 있는 빌미를 제공하지 않기 위해서는, 객관적인 증거가 없는 상태에서 원반의 색을 결정해야만 한다.

신생아에 대한 접근

라깡은 이 세 전략들—응시의 즉시성, 이해를 위한 시간, 결론을 내리는 순간—을 정신분석적 상황에 대한 모델로 보았다. 반 세기 후에, 그것들은 내가 신생아에게 적용한 접근법을 명료화한다. 나에게 있어서 응시의 즉시성은 어려운 상황에서 태어난 아기들을 위해 프랑스에서 행해지고 있는 것에 대한 관찰을 포함했다. 그들을 만나러 가는 것은 윤리적 문제뿐만 아니라, 실제적이고 총체적인 문제들을 불러일으켰다. 나는 프랑수아즈 돌토(Françoise Dolto)가 안토니 주립보육원(Antony state nursery)에 있는 유아들과 정신분석 임상을 했던 경험과, 소아정신과 의사인 카롤린 엘리아셰프(Caroline Eliacheff)와 함께 했던 작업 경험—이 주제에 대해 생각하는 계기가 된—이 어떠한 것이었는지를 말하고자 한다. 또한 나는 (파리 교외의) 클레이마르(Clamart)에 위치한 앙투안 벨클레어(Antoine Bélclère) 병원에서 르네 프리드만이 책임자로 있는 산부인과 병동에서 경험한 삶에 대해, 그가 시행한 것에 대해, 그리고 스태프들과 함께 한 공동 작업에 대해 말하고자 한다. 그곳의 스태프들은 개입 절차를 모색하는 데 엄청난 도움을 주었다. 마지막으로, 그리고 무엇보다 최우선적으로, 나는 그들을 보고 들을 수 있게 해준 아기들에 대해서 말하고 싶다. 사실상, 환자와 치료자가 서로 시선을 마주치지 않는 고전적인 정신분석 규정과는 달리, 아기들과의 작업은 바라보는 것으로부터 시작한다. 그리고 자주 아기의 출생과 그 후 며칠간을 특징짓는 강렬한 정서의 맥락 안에서, 아기들은 우리에게 그들을 고통스럽게 하는 문제들을 거의 분명하게 보여준다.

아기를 위한 정신분석가가 되는 데는 나름의 규칙이 있다: 나는 산부인과 병동에서 수행하기에 적절하지 않은 정신분석 작업은 없다는 생각을 전제로 첫 번째 원칙을 재수립해야만 했다. 정신분석가는 주체의 욕구, 그리고 욕망과는 구별되는 주체의 요청을 기반으로 해서 존재한다. 만일 환자가 아무것도 요구하지 않는다면, 만일 그가 의무감으로 또는 편안함만을 얻기 위해 거기에 있다면, 정신분석가는 행동할 수 없고, 행동해서도 안 된다. 그렇다면 환자의 침대 옆으로 가는 것이 당연한 산부인과 병동에서 우리는 어떻게 작업을 진행할 것인가? 오직 아기와 부모가 선택하는 경우에만 정신분석가를 만나게 된다는 것, 그들은 "정신과적인" 평가를 위한 체계적 방문 대상이 아니라는 것, 즉 정신분석 작업은 그들의 요청이 있어야만 한다는 것을 확실히 보장하기 위한 규정이 필요하다. 그것이 작업을 시작하기 위해 필수적인 이해를 위한 시간이다. 이는 명백히 태아와 유아에 관한 지식과 관련해서 최근 몇 년 동안에 이루어진 많은 과학적 진전들로 인해서 가능해진 것이다. 아기를 위한 정신분석적 작업은 그런 과학적 진전들로 인해 더 흥미로운 것이 될 수 있었다. 신경과학자들, 윤리학의 연구자들, 정신분석가들 뿐만 아니라, 소아과의사들, 초음파 기술자들, 신생아학자들 등, 수많은 사람들이 최근에 근본적인 그리고/또는 실험적인 발견들을 해오고 있다. 이 책의 범위를 넘어서는 주제이므로 완전한 설명은 하지 않겠지만, 나는 정신분석 작업을 위한 이 규정의 기반을 확립하도록 도움을 준 사람들에 대해 생각해보고자 한다.

 일차적인 윤리적 요점, 즉 정신분석가의 행동의 핵심은 다음과 같다: 모든 인간은 나이와는 상관없이 욕망을 지닌 존재이다. 그 가정을 인정하지 않고서는 누구도 정신분석가가 될 수 없다. 우리는 이 욕망과 그것이 펼쳐지는 무의식이라는 틀을 어떻게 고려할 수 있을까? 우리는 어째서 신생아가 "말"을 지니고 있다고 인정하지 않은 채, 정신분석 실제에서 아이가 생각을 한다고 주장하는 것인가? 그리고 아이의 사고가 그의 환경에서 말로 표현된 언어와 연결되고, 그것이 직접적으로 아이에게 말로 설명된다면, 그것은 언제 아이가 경험하고 있는 것에 의미를 부여하는 것을 가능하게 하는가? 정신분석적 해석과 그것의 잠재적인 긴급성은 어디에 위치하는가? 정신분석가로서의 나의 위치가 허용하는 범위 안에서 내가 하는 이 질문들에 대한 대답들은 내가 결정을 내리는 순간들이었고, 그것들은 나로 하여금 몇가지 임상적 가설들을 세우도록 이끌었다. 나는 특히 아기의 생존이 불확실한 기간(출생 후 4일간)과 산후우울감(출산 후 3일째 정도에 산모들이 영향 받는 정상적인 우울)뿐만 아니라, 예를 들어, 아기가 입양되는 경우에 취해야하는 예방적인 수단도 고려하였다.

 어떤 이들은—일부 정신분석가들을 포함한—정신분석의 치료 기간에 관해 불만을 표현해왔다. 그런 관점에서 본다면, 신생아와의 정신분석 작업은 매우 자주 거의 즉각적인 효과를 발생시킨다는 점에서 만족스럽다는 사실에는 논란의 여지가 없다. 그 신속함은 분석가에게 그가 정신분석가가 된 이유를 다시 확인시켜주기 때문에 흥분되는 것이다: 정신분석 치료는 때때로 정신분석가를 포함해서 그 일에 종사하는 사람들이 지속적으로 새로운 발견을 하게 되는 곳이다. 그것의 효율성은 또한 강렬한 흥미를 불러일으키며, 검토되어야 하는 상태로 남아있다. 그것에 대한 이유들을 이해하는 것은 이미 우리로 하여금 성인들의 치료에서 그 이전까지는 침묵 속에 있었던 "고대"의 자취들을 듣게 해준다. 그것에 대한 이해가 정확해질수록 더 성장한 아동과 성인에 대한 정신분석의 효율성이 증가하리라는 것에는 의심의 여지가 없다. 어쨌든, 신생아들과의 만남은 거의 항상 인간의 정서적 잠재력이 최고 수준에 도달하는 상황에서 발생한다. 그 상황을 증언하는 것이 긴급해지는 이유가 바로 여기에 있다. 신생아들이 우리와 "대화를 나눌" 수 있다는 것을 이해할 때, 나 자신이 느꼈던 정서들에 대해 자세하게 설명하는 것은 불필요할 것이라고 나는 믿는다. 그것은 내가 독자들 역시 틀림없이 이것의 진실성을 깨닫게 될 것이라고 확신하기 때문이다.

1장
아기 편에 서기

"어른들은 스스로는 아무것도 이해하지 못하며, 그래서 그들에게 계속해서 어떤 일들에 대해 설명해주어야만 하는 것은 아이들을 지치게 만든다."

—앙투안 드 쌩텍쥐페리(Antoine De Saint-Exupéry)

아기는 어때요?

친구에게 이런 질문을 하는 것은 흔한 일이지만, 사회에 대해 이렇게 묻는 것은 훨씬 더 어려운 일이다. 아기는 20세기 초반보다 21세기 초반에 더 나은 상황 속에서 태어나고 있는가, 아니면 임신과 출산을 위한 의료시설의 보급이 아기와 엄마를 영혼 없는 존재들로 환원시키고 있는가? 아기는 백 년 전보다 더 편안한 가족의 둥지 안에서 자라고 있는가, 아니면 흩어진 핵가족의 희생자가 되고 있는가? "아기는 한 인격이다"라는 주장에서 얻게 된 무언가가 있는가, 아니면 우리는 아이의 황금시대는 지나갔다고 말하는 역사학자 필립 아리에(Philippe Ariès)를 믿어야 하는가? 아기는 사회 내의 성 역할의 변화, 즉 일하는 여성과 "새로운 아빠"로부터 이득을 얻고 있는가, 아니면 아기는 오늘날 클레어 브리테셔(Claire Bretécher)의 코미디 쇼에서 묘사했던 것처럼, 아침에는 베이비시터의 옷걸이에 멜빵으로 걸어놓고, 오후에는 놀이방에, 저녁에는 유행하는 종일 보육센터에 맡겨지는 땅굴 요정일 뿐인가?

이 모든 쟁점들에 대한 응답들은 그 문제들의 확실함에 비해 명확하지 않다. 모든 것은 개인적인 관점의 문제이다. 확실히 의학이 발전하면서 유아의 치사율은 낮아지고 있다. 산욕열의 발생률은 20세기에 병원에 산모와 아기를 위한 병동이 설립되고, 항생제가 도입되면서 크게 감소했다; 무균법은 결국 산욕열을 소멸시켰고 그 이후로 우리는 계속해서 많은 진전을 이루어왔다. 돌이켜 생각해보면, 아기에게 이 진전들이 결정적이었다는 것은 명백한 것 같다. 과거에는 "어린 아기는 통증을 느끼지 않는다"고 생각했기 때문에 마취제를 사용하지 않던 시기가 있었다. 이제 의사들은 신생아가 보이는 고통의 신호를 구별할 수 있고, 대개 그 고통을 없애줄 수 있다. 뿐만 아니라 의사들은 태아의 고통을 확인하기 시작하고 있다. 그러나 출생은 감정적 측면에서뿐만 아니라 엄밀한 의학적 관점에서조차 위험으로부터 완전히 자유로운 행위일 수 없다. 산부인과에서 성취한 진전은 인상적이지만, 우리는 여전히 질병과 사고에 속수무책이다. 그 측면에서 보자면, 유아 돌연사 증후군은 여전히 아주 어린 아이들의 설명할 수 없는 많은 죽음에 대한 전형적인 예이다. 이것은 일반 대중의 관심을 사로잡아왔고, 당연히 전문가들의 관심 또한 집중되고 있다. 벨클레어의 소아과의사들은 이를 예방하기 위해서 국제 전염병학 연구에 따라 아기를 항상 등이 바닥에 닿도록 똑바로 눕혀야 한다는 권고를 채택했다. 우리가 방금 출산한 어머니들을 위해 열고 있는, 유아 돌봄에 대한 민감성 훈련과 정보 모임에서 조산원들과 나는 아기를 재울 때 권고된 방법을 사용할 것을 강조한다. 실제로 그 권고를 시행한 이후에 유아의 치사율이 의심할 바 없이 크게 감소하는 것을 보았기 때문에, 우리는 즐거운 마음으로 이 방법을 권장한다. 나 자신의 일에서도 역시 진전이 일어나고 있다. 정신과의사들, 심리학자들 그리고 정신분석가들이 산부인과 병동에서 산모들을 돕기 위해 그들의 침대 옆으로 찾아간다. 이 모든 방법들은 사회가 새로 태어난 모든 이들을 그것의 일원으로 받아들이는 일을 좀 더 개선해준다.

일반인들도 이것을 알고 있으며, 전문화된 차가운 의약 세계와 가족의 친밀함 사이에 확립된 연결들에 민감하다. 아기의 자리는 더 이상 육아 책들을 모아놓은 먼지 쌓인 책장들이 있는 도서관과 책장에 꽂혀 있는 전문서적에만 국한되지 않는다; 아기는 이제 많은 판매부수를 보유한 다수의 매력적인 잡지들의 대상이 되었다. 아기는 관심의 대상이다. 우리는 하루도 빠짐없이 어떤 어머니가 말하는 것을 듣게 된다: "젖병 수유가 아기의 인간성을 파괴하기 때문에 모유 수유를 해야 한다는 말을 들었어요", "아기가 음악에 민감하다는 글을 읽었어요, 그래서 매일 저녁 재우기 전에 소야곡(A Little Night Music)을 들려주고 있어요" 등등. 다소 성급하고 개인적인 이 해석들은 상당히 자주 조절될 필요는 있지만, 그것들은 분명히 삶의 첫 해에 대한 새로운 관심을 나타내고 있다.

만일 법적 표현이 한 사회의 정확한 반향을 보여주는 것이라면, 거기에서도 역시 아이에 대한 존중이 증가하는 것을 볼 수 있다. 지난 10년 동안, 아이와 관련된 법률들이 통과되어왔다: 입양, 비밀 출산, 그리고 새로운 인공수정 기술들과 관련해서. 윤리위원들이 아이의 권리를 반영하기 위해 임명되었다. 사회에서 신생아는 이제 모든 일이 순조롭게 흘러가고 있음을 보여주는 신호와도 같다.

  우리는 "더 나은 아기의 삶"을 보장하기 위한 이런 노력들에 박수를 보낸다. 다행히도 프랑스는 아기를 사고파는 나라가 아니며, 아기들이 그들의 고통을 이해하지 못하는 소홀함으로 인해 죽어갔던 과거의 시간은 지나갔다. 그러나 아기들이 자신들이 얼마나 나아졌는지를 말할 수 없다는 것은 우리가 이 공헌들을 과대평가하지 말아야 하는 정당한 이유가 된다. 나는 훈련받은 의사이며, 환자들이 그들의 질병을 진단하고 치료하는 데 있어서 항상 말할 권리를 가질 수 있는 것이 아니라는 것을 알고 있다. 이것이 내가 정신분석가가 된 분명한 이유이다. 그러나 나는 여전히 환자들의 말을 듣는 것을 통해 문제가 무엇인지 알아내고, 어떤 의미에서 환자 자신들보다 더 권위 있는 원천은 없다는 것을 아는 위대한 임상의들을 동경한다. 1990년대 초반 이후로 나의 환자들의 대부분은 앙투안 벨클레어 병원의 산부인과 병동에 있던 아기들이었지만, 내가 왜 그래야만 했는지를 이해하는 데는 몇 년의 시간이 걸렸다.

전문가적인 여정

  나 자신의 전문가적인 여정의 우회 과정은 신생아가 어떻게 정신분석의 관심 대상이 될 수 있는지를 더 잘 보여줄 수 있을 것이다. 1970년대 중반이 시작되던 시기에 나는 의과대학 정신과에서 인턴을 마친 후, 파리 인근의 여러 기관들에서 성인을 위한 정신과의사로서 임상을 시작했다; 1980년대 이후에 나는 정신분석가로서 클리닉을 열었다. 전문가적인 삶에서 내가 신생아에 대해 관심을 가질 만한 특별한 이유는 아무것도 없었다. 나는 그들에 대해 아는 것이 전혀 또는 거의 없었다. 물론 레지던트 업무에 아동 정신병동에서의 근무가 포함되어 있었고, 그에 따라 나는 아동정신과 의사로서 근무는 했지만, 그것은 개인적인 관심에 의한 것이 아니라 의사가 되기 위한 자격 요건의 일부였다. 그로부터 20년이 흐른 지금, 아동에 대한 전문가로 자처하는 것보다 더 끔찍한 일이 없다는 점에서, 나는 이 분야에 대한 필연적인 무지함을 부인하지 않는다. 그런 의미에서 나는 여전히 전문가가 아니며, 성인을 위한 정신분석 임상도 계속하고 있다. 아동기의 낙원을 그리워하는 성인의 말을 듣기를 거부한다면, 아이의 말을 경청하는 법을 "아는 것"이 무슨 소용이 있겠는가? 반대로 내가 사회적 존재로서의 상징적 자리, 즉 성인들의 세계 안에서 결국 차지하게 되는 자리를 개념화하지 못한다면, 그런 상태에서 어떻게 신생아를 돕는다고 주장할 수 있겠는가?

    내가 아이들에 대해 조금이나마 알았던 것은 내가 임상에서 만났던 산후우울감(baby blues)과 산후우울증(postpartum depression)을 겪고 있는 어머니들을 통해서였다. 결국 나는 산후우울감에 대한 연구집단을 시작했다. 산부인과의사들과 소아과의사들이 그랬던 것처럼, 몇몇 정신분석가들도 빠르게 그 집단에 합류했다. 우리는 산후우울감에 대한 문헌 조사를 했고, 우리의 경험들과 비교했다. 우리는 어머니들을 위한 설문지를 고안했다. 산부인과의사들의 개인 병원에서 배포된 이 설문지에 대한 응답들은 대단히 흥미로운 것이었다. 물론 우리는 통계에 근거해서 주장들을 산출해내지는 않았지만, 자주 반복되는 어떤 응답이 우리를 놀라게 했다. "만일 도움이 제공된다면, 당신은 출산 이후에 겪게 되는 문제들에 관해 전문가에게 이야기하는 데 동의하겠습니까?"라는 질문에 어머니들은 압도적으로 "그렇다"라고 응답했다. 지금도 여전히 공적인 진료기관 대부분이 그렇듯이, 그 당시 분만 이후의 시기와 관련해서 미리 정해진 것이 아무것도 없었다는 점을 감안할 때, 이것은 특히 놀라운 것이었다. 생후 첫 달에 아이에게 발생하는 문제들은 항상 소아과 병동에서 치료가 이루어졌다; 어머니에게 발생하는 문제들은 필요하다면 정신과 병동에서 다루어졌다. 그러나 산부인과 병동에는 어떠한 특수성도 존재하지 않았다. 그럼에도 불구하고 요구는 거기에 있는 것으로 보였다.

프랑수아즈 돌토에 의해 정해진 방향

나는 1979년 이후에 어떤 한 의료-심리센터에서 이 연구집단과 공동으로 임상을 진행했다. 학교에서의 사소한 어려움으로부터 심각한 정신증에 이르는 범위의 병리를 보이는 아이들이 의뢰되었다. 나는 대체로 5, 6세에서 초기 청소년기 사이의 "잠재기" 아동들을 맡았다. 나는 소위 야뇨증의 전문가가 되었는데, 그 증상이 그 연령대에서 일반적인 것이었기 때문이다. 하지만 아주 어린 아이들은 나에게 상당히 두려운 존재였다; 나는 그들을 어떻게 도와야 할지 알지 못했다.

하루는 동료인 카롤린 엘리아셰프가 내게 프랑수아즈 돌토의 임상을 함께 관찰하러 가자고 제안했다. 그 당시에 돌토는 파리에 있는 그녀의 치료실에서 안토니 보육원이 의뢰하거나 보육사들이 데리고 오는 아기들을 보고 있었다. 때때로 어머니들이 익명으로 낳은 이 아기들은 8일에서 3세 사이였다. 그들의 어머니들은 사회적으로나 심리적으로 항상 위기에 처해 있었다. 나는 돌토에 대해서, 그녀가 속해있던 정신분석학파, 그녀의 책들[1], 그리고 라디오 방송들을 통해서 알고 있었다. 그녀가 아기들과 진행하는 회기에 약 12명의 정신분석가가 참여해서 같이 연구하고 있었지만, 나는 그때까지 그녀에게서 배우겠다는 생각을 해본 적이 없었다.

나는 그녀에게 그녀의 임상을 관찰하고 싶다는 편지를 썼다. 그 편지에서 나는 아기들의 고통을 듣는 방법을 배워 성인 환자들에게서 그러한 고통을 인식할 수 있게 되기를 원한다고 했다. 그녀는 나를 그녀의 치료실로 불렀고, 나는 약속된 시간에 갔지만, 그녀는 실수가 있었던 것이 분명하며, 이미 너무 많은 여성 치료자들을 두고 있으므로 나를 받아들일 수 없다고 말했다. 나는 다른 지원자도 소아과의사로서의 그녀의 능력이 정신분석과는 아무 관련이 없다는 이유로 거절당했다는 것을 알고 있었다. 나는 씁쓸한 실망감을 느껴야만 했고, "여성 치료자를 위한 자리"가 날 때까지 6개월 동안 기다려야만 했다. 결과적으로 처음의 거절로 인한 기다림의 갈망이 나를 강렬한 동기를 지닌 학생으로 만들었다.

그 임상을 관찰했던 모든 사람들이 알고 있듯이, 그녀는 사람

---

[1] 프랑수아즈 돌토의 광범위한 문헌은 정신분석에 대한 그녀의 공헌을 입증해준다. 그녀가 간결함에 대해서는 신경 쓰지 않는다는 것은 이미 잘 알려져 있으며, 독자들이 그녀의 저서를 읽으면서 느끼는 어려움은 풍부한 임상 기록이 특징인 그녀의 저작 전체에서 방향성을 찾아내야 한다는 점이다. 내가 가장 성공적이라고 생각하는 그녀의 저서는 Gérard Guillerault의 Le Corps Psychique (Ed. universitaires, 1989)이다. 이 책은 우리가 그녀의 작업의 참신함과 이론적인 일관성을 이해할 수 있도록 해준다. 이 책은 현재 영어로 번역되지 않았다.

들을 아연실색하게 만들었다. 그들 중 한 명은 말하기를: "저런, 그녀는 정신분석을 믿고 있잖아!" 그녀의 임상이 정해진 틀을 따르는 것이 아니었다고 말할 수 있는데, 그것은 그녀 자신이 동료가 없는 상태에서 아이에게 되돌려주는 식으로 말하는 흉내 낼 수 없는 방법을 사용했기 때문이다. 그것은 또한 그녀가 정신분석은 배울 수 있는 것이 아니며, 아이가 우리의 면전에 제시하는 것과 이론이 말하는 것의 가치에 대한 우리 자신의 무의식적 지식을 발견해야 한다고 가르쳤기 때문이기도 하다. 마지막으로 그것은 소위 전언어적 시기가 원초적인 것을 표현하는 것 외에도, 고전적 정신분석이 주장하듯이, 언어로 말해지는 어떤 것을 표현한다는 사실을 강조할 기회를 갖고 있기 때문이다. 그녀는 아기들에게 많은 이야기를 했다; 그녀는 성인보다는 아기와 더 직접적으로 이야기를 주고받을 수 있다고 생각했다. 그녀는 또한 참석한 정신분석가들에게도 말을 했다. 그녀는 방금 가졌던 회기에 대해 논의했고, 우리가 무엇을 들었는지에 대해 물었다. 그녀는 우리의 반응들을 활용하기도 했다; 그녀는 상황에 따라 우리에게 감사를 표현하거나 비평을 했다. 한 마디로 이것은 우리의 교육과정이나, 숙련된 정신분석가들에게서 받았던 슈퍼비전이나, 우리가 참석하는 데 익숙해있던 학회에서 사용하는 것과는 완전히 다른 전달 방식이었다.

   돌토는 내가 그 전까지만 해도 탐험을 고려해보지 않았던 분야로 들어설 수 있게 해주었다. 나는 내 임상에서 유아들을 만나고, 그녀에게 그것이 진실이었듯이, 그들의 증상이 몇 회기 만에 완화될 수 있다는 것을 관찰하기 시작했다. 치료 효과가 갑작스럽게 나타난다는 점이 나를 놀라게 만들었다. 정신분석가들은 치료 효과란 분석이 길게 지속될수록 더 커지는 것이며, 때로는 주체들이 치료에 대한 욕망이 없거나, 아니면 그러한 욕망이 끝없이 분석을 끌고 간다는 생각에 익숙해 있다. 아기들과의 정신분석에서는 모든 것이 강렬하고 분명했다. 나는 정신분석가이므로, 그리고 정신분석가는 여전히 치료사이므로, 그 안에는 나를 위한 무언가가 있었다. 나는 유아들과의 임상에서 일 년 전이라면 단 한 마디도 이해하지 못했을 것들을 이해할 수 있게 되면서 즐거움을 느꼈다. 거기에다 가르치고자 하는 돌토의 열정은 유아들과 걸음마 아기들의 말을 들으려는 나의 노력을 강화했다. 따라서 나는 계속했다; 나는 분명히 그녀에게 많은 빚을 지고 있다!

아기들의 이익을 위한 그녀의 헌신을 보여주는 사건으로서, 나는 그녀가 죽기 바로 직전의 어느 날, 오전 회기들을 마치고 그녀의 집으로 운전해서 갔던 날을 기억한다. 폐섬유증으로 인해 장애가 오고 죽음이 임박했다는 사실을 알고 있으면서도, 그녀는 주립 보육원에서 보내온 신생아들을 치료하고 있었다; 그것은 그녀가 계속 유지하고 있는 유일한 활동이었다. 그녀가 한동안 매일 그랬던 것처럼, 그날도 그녀는 호흡을 위해 휴대용 산소공급 장치와 튜브를 끼고 있었다 (그녀는 아이들이 이 이상한 기계를 별 것 아닌 것으로 생각할 수 있도록, "코 안경"이라고 불렀다). 그녀는 너무 힘들게 차에서 내렸고 간신히 걸었는데, 내게 산소공급 장치를 들어달라고 부탁하면서 식료품 상점 쪽으로 향했다. 나는 반대했다: "말도 안돼요. 선생님은 쉬셔야 해요."

"아냐, 아냐, 손자들이 오기로 했어요. 그러니까 무슨 일이 있어도 쿠키를 사야만 해요."

그런 사람이 돌토였다: 그녀의 피 속에는 아이들에 대한 열정과 삶에 대한 의지가 흐르고 있었다.

1988년에 그녀가 사망한 후에도 아이들과의 정신분석 회기는 지속되었다; 그것이 그녀의 바람이었고, 아동 문제와 고아를 관할하는 주립기관이자 안토니 보육원이 속해 있는 아동복지국(Children's Service)이 바라는 바였다. 카롤린 엘리아셰프는 의료-심리센터를 지속시키는 데 동의했던 사람들 중의 한 명이었다. 나는 그녀를 지지했다. 나도 이미 아동 복지국에서 내게 보낸 아이들과 회기를 진행하고 있었는데, 이들은 입양된 아기들이었다.

비록 돌토의 도움으로 내가 어린 아이들에 대한 두려움에서 벗어날 수 있었지만, 나는 아직 그들과의 작업에 관한 모든 것을 알고 있는 것은 아니었다. 그렇게 어리고 심각하게 손상을 입은 아이들이 몇 회기 만에 증상에서 자유로워진다는 점에서, 임상은 흥미로웠다. 증상들이 극도로 심각했는데도 불구하고, 아이들에게 그 순간까지 흩어져 있던 그들의 역사의 파편들에 부여할 수 있는 의미를 말로 표현해주는 즉시, 그 증상들의 심각성을 완화시킬 수 있었다. 이것은 특히 그들의 친부모를 알지 못하는 아이들에게서 두드러졌다. 나는 어느 날 엘리아셰프에게 물었다: "만약 친부모의 포기로 인해 입양되는 아이들이 언어 안에 생긴 구멍들(holes in language) 때문에 고통 받는 것이라면, 그리고 우리의 개입이 그런 증상들에서 그들을 풀려나게 만드는 것이라면, 우리가 좀 더 일찍, 즉 증상이 나타나기 전에 개입하는 것이 모두에게 더 경제적이지 않을까요?"

그 대답이 너무나 명백한 것이었으므로, 그녀는 그렇다고 대답할 수밖에 없었다. 이제 우리는 산부인과 병동으로 들어가는 길을 찾아야만 했다. 그것은 매력적인 아이디어였지만, 문제는 프랑스에 있는 어떤 병원도 정신분석가가 신생아들을 치료하도록 재정을 지원한 전례가 없다는 것이었다. 누가 이러한 실험을 시도할 정도로 모험적일 수 있을 것인가?

벨클레어 산부인과 병동

나는 르네 프리드만 박사를 만날 기회가 있었는데, 그의 열린 자세는 나로 하여금 그의 병동에서 나를 받아줄 수 있는지 요청하도록 이끌었다. 프리드만 박사는 내가 일하고 있던 의료-심리 센터와, 안토니 보육원이 속해있던 아동과 청소년 복지분과 산하의 앙투안 벨클레어 병원에서 산부인과 병동을 책임지고 있었다. 벨클레어에서 태어난 아이들 중 꽤 많은 아이들이 그 보육원으로 보내졌다. 단순히 접근성 때문이었을까? 꼭 그렇지는 않다. 고통스러워하는 신생아들에게 말한다는 것은 세 가지 요소를 필요로 한다: 심리적 고통을 표현하는 아기들; 듣는 행동에 대한 정신분석적 개념; 그리고 최첨단 기술을 보유하고 있는 장소.

벨클레어 병원은 최첨단 의료기술로 확고한 명성을 지니고 있었다. 그 병원은 인공수정을 의학적으로 돕는 영역을 개척했고, 신생아 병동과 결합된, 고위험군 임신을 위해 고도로 특수화된 부서를 운영하고 있었다. 이후에 이 병동들은 파리 인근 병원 네트워크의 중심이 되었고, 가장 치료하기 어려운 환자들이 이곳에 의뢰되고 있었다. 스태프들은 실력을 인정받고 있었다. 모든 새로운 종류의 기술이 사용 가능했고, 프랑스에서 소위 캥거루 유닛(kangaroo units)이라고 불린 첫 번째 기술이 그곳에서 창조되었다.

캥거루 유닛의 목적은 그 이름이 연상시키는 것보다는 더 인간적인 의도로 만들어진 것인데, 조산아들이 어머니와 접촉할 수 있는 상태를 유지하도록 하는 것이다. 다른 모든 병원에서는 특수한 돌봄을 필요로 하는 조산아들은 신생아 병동으로 보내지고, 어머니들은 산후 병동에 머물도록 되어 있다(그 병원이 신생아 시설을 갖추고 있지 않은 경우에는 아기를 다른 병원으로 보낸다). 어머니들은 병원의 규칙에 따라, 그리고 아기에게 어떤 유형의 돌봄이 필요한지에 따라 다소 자유롭게 아기들을 보러 갈 수 있다. 그러나 그들이 아기들과 계속적으로 접촉할 수는 없으며, 특히 힘든 분만으로 인해 회복 중에 있는 산모의 경우에는 신생아 시설까지 이동하는 것이 상당히 힘든 일이다.

벨클레어에서는 어머니와 아기가 같은 층에 있게 된다. 캥거루 유닛의 아이디어는 의료진이 아기에게로 가고, 아기를 어머니 곁에 있게 하는 것으로 구성되어 있다.

캥거루 유닛은 임신기간을 다 채웠지만 저체중으로 태어났거나, 약간 이르게 태어난 아기들을 위한 것이다; 약 4.5파운드 정도의 체중으로 태어나지만, 생존을 위해 고도의 기술들이 필요하지는 않은 아기들. 신생아는 밤에는 유닛 안에서 지내지만, 낮 동안에는 어머니의 병실에 있게 된다. 어머니는 때때로 아기가 그녀의 피부와 직접 닿도록 안아주라는 조언을 받게 되고, 인큐베이터는, 필요할 경우, 어머니의 병실에 놓아둔다. 스태프들은 아기에게 특별히 필요한 것을 제공하는 책임을 맡고 있지만, 어머니는 언제든지 아기를 볼 수 있고, 아기에게 말할 수 있으며, 아기를 돌보는 일에 참여할 수 있다. 간호사들은 어머니에게 그렇게 하도록 격려하기도 하는데, 그들의 임무는 아기가 너무 약한 상태에 있어서 어머니가 아기를 돌보기 두려워하는 경우에 어머니가 그 일을 잘 해낼 수 있도록 돕는 것이다.

캥거루 유닛이 전 세계에서 성공함에 따라, 조산아들의 발달에 대한 캥거루 유닛의 영향을 연구한 많은 책들이 출판되었다.[2] 캥거루 유닛에 있는 신생아가 빠르게 회복한다는 것, 그리고 어머니가 안심하게 되고 더 "능숙해진다"는 것은 분명했다.

---

[2] 특히, Charpak et al, "Rey-Martinez Kangaroo Mother Program: An Alternative Way of Caring for Low Birth Weight Infants?" in Pediatrics 14, no. 6 (December 1994): 804-10 을 보라.

어머니와 아이 사이의 초기 관계를 유지하는 데 있어서 캥거루 유닛은 아기가 태어난 후에 그가 태내에서 친밀했던 지각들을 다시 회복시켜주고, 그 결과 더 큰 안전감을 발달시킨다. 프랑수아즈 돌토가 말했듯이, 그 유닛 안에 있는 신생아는 출생 전과 후의 사이 기간에 임의적인 붕괴 없이 존재의 동일성(sameness of being) 안에서 잘 자랄 수 있는 기회를 갖는다.

이러한 것들이 나에게는 그 병원에서 정신분석적 모험을 시도해볼만한 신호가 되기에 충분했다. 프리드만 박사의 인격을 감안할 때, 이 신호들이 어떻게 해서 희망을 품기에 충분한지 이해하는 것은 쉬운 일이었다. 이것은 그의 첫 번째 모험이 아니었다. 그는 전쟁에 참가했었다; 그는 국경없는 의사회, 국제적십자사와 함께 팔레스타인과 니카라과에서 실제로 전쟁에 참여했다. 그는 내과의사로서 낙태 권리를 위한 전쟁과 심지어는 체외수정을 위한 전쟁에도 헌신했는데, 그는 프랑스의 첫 번째 시험관 아기인 아망딘(Amandine)의 과학적인 "아버지들" 중의 한 명이었다. 그는 당시에 "인위적"이라고 잘못 불리고 있었던 새로운 모든 인공수정 기술의 개척자 그 이상 이었다; 그는 의학적으로 수정을 돕는 문제와 관련해서 가장 윤리적인 성찰을 진전시켰던 사람들 중의 한 명으로 알려져 있다. 이렇듯 그는 혁신에 대한 소명을 가진 사람이었으므로, 나는 그를 전례가 없는 실험을 시도하도록 설득하게 되었다.

일은 천천히 시작되었다. 처음에 나는 스태프 모임에 초대받아 산부인과 병동을 위한 임무에 관해 이야기했다. 그 후, 병원의 정신과의사들과 심리학자들을 위한 연구집단에 참여해달라는 제안이 담긴 편지를 받았다. 결국 말을 통해서 신생아들을 돕는 일의 타당성에 관해서 프리드만 박사에게 이야기하는 자리를 마련할 수 있었다; 그 결과 3개월 동안 이 실험을 시도해보자는 제안을 받게 되었다. 프리드만 박사는 곧 그 실험 기간에 제한을 두지 않기로 결정했고, 따라서 나는 병동에서 공식적으로 임상을 시작했다. 그는 그것이 해볼 만한 가치가 있다고 믿었다. 비록 그가 내 주장의 타당성을 확신하는 정도만큼 그 일에 시간을 투자할 수는 없었지만, 적어도 스태프들이 그와 의사소통하는 내용은 우호적인 것 같았다. 그렇지만 전투가 끝난 것은 아니었다. 이 일을 위한 기금이 조성되어야만 했고, 프랑스 모자복지국은 그 활동에 보조금을 지급하기를 거부했다. 그 당시 행정기관들의 정책은 말할 필요도 없이 병원의 정책보다 대담하지 못했다. 실제로, 나는 신생아들은 아무것도 필요로 하지 않으며, 더욱이 그들은 아무것도 요구하지 않았다는 대답만을 들었다. 그래서 나는 처음에는 소아과와는 관계없이 내과의사로서 벨클레어 병원에서 일하게 되었다. 나는 임상 작업과 병행해서 나의 접근법의 특수성에 대한 민감성을 키우기 위해 거기에서 산부인과 스태프들과 모임을 가졌다. 그러자 의료서비스 시스템은 나에 대한 지원을 취소하는 것이 낫겠다고 판단했고, 산부인과 병동이 그 일을 맡게 되었다.

정신분석가를 위한 자리

벨클레어와 다른 병원에 있는 산부인과 병동에서 우리가 매일같이 보게 되는 것은 무엇인가? 그것은 새로 태어난 그들의 아기들과 대화하고 있는 여성들이다. 물론, 어머니의 애정 표시에 유아가 대답하는 옹알이 소리가 들리기도 한다. 그러나 우리는 또한 그 이상으로 산후우울감에 대해 언급할 수 있다. 산후우울감은 그 정도가 심하든 덜하든, 거의 모든 산모들에게 영향을 미친다. 산부인과 병동에서 작업을 진행하는 동안, 나는 아기의 존재로 인해 산후우울감이 시작될 뿐만 아니라, 산후우울감이 아기를 언어 안으로 불러낸다는 것을 발견했다. 다시 말해서, 확립된 임상실제와는 반대로, 정신분석가는 아기가 무슨 말을 하는지 듣지 않고서는 어머니의 말을 들을 수 없고, 둘 중 한 사람에게 말하지 않고서는 다른 한 사람에게 말할 수 없다. 이에 관해서는 산후우울감에 대해 다루고 있는 5장에서 상세하게 논의할 것이다. 하지만 어머니와 아기가 서로 관련되어 있다는 것은 먼저 언급될 필요가 있다. 산후우울감에 대한 연구집단을 운영했던 경험 덕분에 나는 그 안에 여성들이 이야기하고자 하는 어떤 것이 있다는 사실을 이해하게 되었다; 더욱이, 나는 아주 어린 아이들의 말을 정신분석적으로 듣는 것의 유익한 효과들을 이미 알고 있었다. 해결책은 이제 그 두 측면들을 합치는 것이었다. 그것들 사이가 분리되지 않도록 하면서 두 측면 모두에게 접근하는 방법을 찾아야만 했다. 어머니와 아기가 병리적으로 연결된 상태로 머무르지 않게 하기 위해서는 결과적으로 그 둘이 분리되어야 하는 것이 확실하다. 그들 각자는 자신의 삶을 살아야만 한다. 그러나 아기를 그저 살덩어리로 보면서 자신과 아기 사이에 경계를 확립하는 데 문제가 있는 어머니들을 위해서는 그들이 초기 며칠 동안의 상호의존성을 이뤄낼 수 있을 때까지 기다려주는 것이 필요하다.

신생아들, 전문화?

개인들의 역사를 여러 조각으로 나누는 것은 정신건강을 다루는 전문가들이 저지르는 사소한 잘못이다. 우리는 아동 정신의학과 청소년 정신의학을 따로 구분해서 아동과 청소년의 정신병리를 독립적으로 다룰 뿐만 아니라 (그리고 가능한 경우에는 유아 범주를 따로 나누고, 신생아를 하위 범주에 포함시킨다), 성인 정신의학과 노인 정신의학 역시 구분한다. 정신분석가들 중의 일부는 여전히 아동 분석가와 성인 분석가로서의 그들의 전문성에 대해 주장한다. 물론 모든 치료사와 모든 "환자" 집단의 기호는 수용되어야겠지만, 그것의 대가로 인간의 삶이 연속체라는 사실을 망각해서는 안 된다. 아주 어린 아이에게 있어서, 아이가 말하는 것을 어머니가 말하는 것으로부터 분리하는 것, 그리고 사실상 아버지가 말하는 것으로부터 분리한다는 것은 말이 되지 않는다. 벨클레어 병원에도 형식적인, 의심의 여지 없이 악성적인 것은 아니지만, 실제적인 현상유지의 흔적이 존재했다: 산후 병동은 행정적으로 르네 프리드만 박사의 산부인과 병동에 속해있는 반면에, 산부인과의 캥거루 유닛과 모든 소아과의사들은 신생아 병동의 일부분이다. 따라서 한 어머니와 그녀의 아기가 이론적으로 다른 두 기구의 행정적 관리 하에 있다. 대개 그들은 같은 층의 병동에 함께 있기 때문에, 이것은 그리 심각한 문제가 아니다; 하지만 이것도 분리된 상태인 것만은 분명하다. 프랑스에서는 정신분석가들이 여러 해 전에 병원으로 들어갔다. 그렇지만 현재까지 그들은 단지 출산 전과 출산 이후 기간 동안에만 작업하고 있다: 출산 전 기간에는 힘든 임신을 하거나 의학적으로 인공수정의 도움을 받는 여성들을 돕기 위해서; 출산 이후에는 신생아 병동이나 소아과에서 발생하는 문제들을 위해서.

그들은 "정상적" 분만에 따른 상황에는 관여하지 않았다. 정신분석가가 우선순위에 두는 것은 아기가 아니라 어머니를 돌보는 것이었다. 너무 자주 그러한 우선순위는 아기의 증상이 그들의 능력 밖의 일이며, 의학과 소아과의 영역이라는 생각을 포함하고 있다. 우리가 수건과 행주를 섞지 않듯이, 고통스러워하는 어머니들을 말할 것이 아무것도 없다고 추정되는 아기들과 함께 두지 않았고, 의학적으로 심각한 문제들을 영혼의 의사들과 함께 두지 않았다. 그러나 나는, 아기들에게 말을 한다고 주장하면서, 거기에 있었다. 사실상, 나는 단순히 돌토가 몇 주 된 아기뿐만 아니라 며칠 된 신생아에 관해 내게 가르친 것들을 이행하자고 제안하고 있었을 뿐이다. 그것은 정신분석적인 문제였다; 즉, 무의식적 진실의 공유를 나타내는, 분명히 표현된 어떤 증상에 대해 말로 이야기하는 것—"핵심을 찌른다"는 의미에서—에 대한 주장. 그 점에 있어서 정신분석은 주체의 나이나 합리성에 관해 묻지 않는다. 정신분석은 정신의학과 심리학과는 구별되는 특별한 규칙을 요구한다. 이것은 정신분석가의 사무실에서 적용되는 규칙과 정확하게 동일하지는 않다. 왜냐하면, 이 경우에는 내가 환자의 침대 옆으로 가기 때문이다. 하지만 이것은 틀림없이 정신분석의 기준을 충족시키는 작업 틀이다.

이것을 이해하기 위해서, 내가 산부인과 병동에서 다루었던 질병의 목록을 생각해보자. 신생아들은 아주 다양한 소화기 문제들로 인해 고통을 겪는다: 그들은 토하고, 설사하고, 변비를 발생시키고, 배앓이를 한다—어떤 것들은 이들이 위험한 상황에 처했음을 말해주는 심각한 것들이다. 그들은 거식증(anorexia)으로 인해 고집스럽게 젖을 거부하기도 하고 식욕이상 항진증(bulimia)으로 끊임없이 젖을 요구하기도 한다. 그들은 밤낮으로 계속해서 운다. 그들은 너무 많이 자거나 너무 자주 깨어난다. 그들의 피부에도 문제가 발생한다. 그들은 경미하거나 심각한 호흡기 문제를 일으킨다. 그들은 긴장 과도증(근육의 탄력이나 긴장도의 결함과 관련된)을 보인다. 정상적인 경우와는 달리, 출생 이후의 체중 감소가 3일 이내에 저절로 회복되지 않는다; 그들은 비정상적으로 "활기가 없다"; 그들은 비명을 지르고, 과도하게 불안해한다.

어머니들은 그들의 상황과 기질에 따라 반응을 한다. 전문가들은 그들을 확실하게 안심시킨다. 정신분석가는 무엇을 하는가?

시선과 목소리

정신분석가는 마음을 열고 아기, 어머니, 그리고 아버지가 하는 말을 듣기 위해 노력해야 한다. 내가 말하고 싶은 것은 정신분석가가 눈의 도움을 받아야만 한다는 점이다. 어떤 어머니가 그녀 자신이나 그녀의 아기를 위해서 나를 만나기를 요청할 경우, 나는 그들의 방에 도착해서 먼저 두 명의 주인공들을 바라볼 수 있도록 자리를 배치한다. 만약 아버지가 같이 있다면, 내가 세 명 모두를 바라볼 수 있고 그들도 나를 볼 수 있도록 자리를 배치한다. 이 자리 배치는 피분석자가 카우치에 누워서 분석가를 보지 못하고 분석가도 피분석자를 보지 못하는, 우리에게 익숙한 성인의 개인분석 상황과는 다르다. 이 경우에, 첫 번째로 말하는 기관은 눈이다. 이것은 신생아가 시선을 통해 현재 형성되고 있는 말의 공간과 연결되어 있는 무대를 설정하는 것을 의미한다. 이것은 내가 어머니 또는 아이를 바라보면서, 그리고 그들이 나를 바라보면서 서로 증인이 된다는 것을 의미한다. 프랑스어에서 garder ("간직하다" 또는 "보살피다"를 의미하는)에 반복을 의미하는 접두사를 덧붙인 regarder ("바라보다"를 의미하는)라는 말은 "기다리다", "보살피다"를 의미하는 게르만어 wardôn에서 유래했다. 이것이 여기에서 실제로 중요한 문제가 되고 있다.

사람들은 신생아는 망막신경섬유가 아직 발달하지 않았기 때문에 제대로 볼 수 없다고 말한다. 그러나 유아의 응시에 관한 실험결과들을 생각해보라.3) 그 실험들은 아기가 모종의 방식으로 입술의 움직임을 읽는다는 것과 우리가 생각하는 것보다 더 많이 자신이 보는 것을 이해한다는 것을 보여주었다. 우리는 또한 아기가 혀를 내밀거나 입을 벌리면서 어떻게 성인을 모방하는지를 알고 있고, 미소 짓거나 찡그린 얼굴표정을 흉내내는 것을 발견한다. 이것은 단지 반사적인 행동일까? 아니면 아기는 어머니가 얼굴을 찡그리는 것이 그녀가 걱정하고 있다는 것을 나타내고, 그녀의 미소가 더 좋은 조짐을 나타낸다는 것을 이해하는 것일까? 모든 것이 이 행동이, 아기의 편에서 볼 때, 응시 너머에 있는 상징적 표상을 암시한다는 사실을 가리킨다. 그렇지 않다면, 연구자들이 아기가 새로운 대상을 이미 보았던 어떤 것처럼 본다는 것을 강조하는 이유가 무엇이겠는가? 이것은 출생 이전의 삶이 있었다는 것, 신생아가 역사를 지니고 있다는 것을 말하는 것일까? 우리 모두가 스스로에게 질문해볼 수 있다; 현재로서는, 신생아의 응시를 기정사실로 받아들이는 것에 만족하도록 하자.

정신분석가는 목소리들을 들을 수 있어야만 한다. 분석가 자신의 목소리, 아기의 목소리, 어머니의 목소리. 내가 그렇게 믿는 데는 개인적인 이유가 있는데, 목소리는 실제로 살아 움직이는

---

3) Daniel Stern의 The Interpersonal World of the Infant (New York: Basic Boos, 1985)를 보라.

몸의 어떤 것—성문(聲門), 성대(聲帶), 후두(喉頭), 근육들, 호흡기관들—이지만, 또한 듣고 있는 타자를 향해 나아가는, 그것 자체를 넘어서는 몸이라는 것을, 나 자신이 노래를 부르면서 알게 되었기 때문이다.

한 걸음 더 나가보자. 정신분석가인 드니스 바스(Denis Vasse)가 보여준 바와 같이, 신생아는 배꼽이 닫힐 때 입을 연다: 그것은 삶이 소생하는 순간이다. 탯줄이 잘리고 배꼽이 닫히게 되는 그때가 아기에게 있어서는 그 자신의 몸으로 삶을 살게 되는 시점이다. 그것은 자주 첫 울부짖음의 순간이기도 하다.

타자의 목소리가 들리게 되면, 다른 차원이 열린다: "이제부터 하나의 신체에 대한 다른 하나의 신체로서의 어머니에 대한 아기의 관계는 목소리, 즉 어머니나 아버지의 목소리뿐만 아니라 아기 자신의 목소리에 의해서 중재된다. 보살핌의 리듬있는 접촉이 부모들의 마음 안에서 생성되는 무의식적인 어조들(inflections)과 함께 의미를 나타내게 되는 것은 목소리에서이다."[4] 달리 표현하자면, 아기는 타자의 유익을 위해 표상되고, 말해지고, 소리로 표현되는 즉시 대타자(Other) 안에서 상징화되는데, 그것은 목소리를 통해서이다. 신생아는 다른 인간들의 목소리를 통해서 더 이상 단순히 하나의 신체가 아니라, 상징계 안에 있는 존재가 된다. 목소리는 마치 그것이 의미를 부여하는 분기점(signifying caesura)인 것처럼, 탯줄을 자르는 것보다 더 능숙하게 아기에게 생명을 불어넣는다. 아기에게 이름을 부여하고, 구별하고, 그의 신체를 기념하는 것은 목소리이다.

출생 직후 최초의 순간에 아기가 듣는 것이 자신의 목소리였던 만큼, 이 목소리는 그가 삶을 위해서 그 이후로 만나게 되는

---

[4] Denis Vasse, L'ombilic et la voix (Paris: Seuil, 1974), 18.

다른 두 질서—자신의 몸과 그것이 전달하는 역사—에 그를 연결시키는 역할을 한다. 그러므로 우리는 유아와의 대화에서 목소리를 생명세력으로 생각해야만 한다.

시선과 목소리와 관련해서, 분만 직후에 문제가 시작된 경우로서 돌토가 제시한 사례를 생각해보자. 출생 시에 버려진 아기인 프레데릭(Frédéric)은 읽고 쓰기를 배우는 것을 거부했다. 하지만 분석에서 그린 그림들에서, 그는 문자 A와 비슷하게 생긴 다양한 모양을 그렸다. 돌토는 놀랐고 의문스러웠다: 이것이 그의 가족 중 누군가의 이름일까, 아니면 보육사의 이름의 첫 글자일까? 이에 대한 탐색이 아무런 효과도 거두지 못하던 중에 그의 어머니가 입양되기 전 그의 이름이 아르망(Armand)이었다는 사실을 알려주었다. 그러자 돌토는 프레데릭에게 그가 그림에서 A의 모양을 아무렇게나 그리고 있었던 것은 초기 분리와 관련된 고통이라고 설명해주었다. 다시 한 번, 이 해석은 아무런 효과도 거두지 못했다. 그러자 돌토는 직감적으로 무언가를 느꼈고, 모든 사람에게 들릴 만큼 크고 비인격적인 목소리로 아이에게 소리쳤다. 그녀는 그 사건을 다음과 같이 기록하고 있다.

즉, 그를 보지 않고, 내 앞에 있는 그의 몸에 존재하는 인격에 신경조차 쓰지 않는 태도로, 그러나 다른 음색과 강도를 지닌 커다란 목소리로, 내 머리를 그가 아닌 다른 방향으로 향하면서, 천장을 올려다보고, 탁자를 바라보면서, 마치 그가 거기 있다는 것을 알지도 못한 채 누군가를 부르듯이 외쳤다: "아르망! 아르망! 아르망!"[5]

---

5) Francoise Dolto, L'image inconsciente du corps(Paris: Seuil, 1984)

그 목소리는 틀림없이 그가 입양되기 전에 보육원의 복도에서 들었던 목소리, 누군지 알 수 없는 보육사의 목소리들 중의 하나와 비슷했을 것이다. 그 아이는 갑자기 방 구석구석에 귀를 기울였다. 돌토가 그를 바라보지 않고 있었던 것처럼, 그도 그녀를 바라보지 않았다. 그러나 결국 그들의 시선은 서로 마주쳤고, 그녀는 다음과 같이 선언했다:

"아르망, 그것이 네가 입양될 당시에 너의 이름이었단다." 그 순간에 나는 그의 시선에서 특별한 강렬함을 느꼈다. 주체로서의 아르망은 일단 이름이 확인되자 그의 신체 이미지를 프레데릭의 신체 이미지와 다시 연결시킬 수 있었다 ... 그것은 분석가인 나에 대한 전이를 통해서 그가 11개월 이후로 잃어버렸던 초기 정체성과 재연합하도록 허용했으며, 2주 후에는 읽기와 쓰기에 대해 가졌던 그의 어려움을 극복하게 해주었다.

시선과 목소리: 신생아와의 첫 접촉 안에서, 무언가를 풀어내는 데 사용되는 어떤 것.

듣기 위한 며칠의 날들

산부인과 병동에서의 첫 과제는 무슨 일이 일어나고 있는지를 인식하는 것이다. 이것은 아직은 정신분석가의 일이 아니지만, 세부 사항의 다양성 안에서 변하지 않는 요소들을 이해하려고 시도하는, 정신분석 작업을 위한 사전작업에 속한다. 하지만 무슨 일이 벌어지고 있는가? "일이 제대로 진행되지 않아서" 산모가 자신의 이야기를 하기 위해 분석가를 부르는 것인 만큼, 분석가는 그녀가 울고, 모든 것이 끝났다고 생각하고, 외치고, 질문하고, 격노한다는 것을, 간략히 말해서, 그녀가 이야기한다는 것을 관찰할 것이다. "정신과의사"에 대한 두려움도 그 폭발을 견디지 못한다; 이것이 내가 앞에서 언급했던, 새로 어머니가 된 여성들이 설문에 대한 응답을 통해 확인시켜준 것이다. 간호사들과 조산원들이 새로 어머니가 된 여성들과 잠시 이야기하기 위해 앉을 때마다 그들의 노력은 허사가 된다; 산모들이 너무나 많은 이야기를 하기 때문에 때때로 듣는 사람들은 그 자리를 벗어날 수가 없다. 다행히도 그들의 노고는 보상을 받는데, 그것은 어머니들과 인간적인 관계를 맺는 것이 의사소통을 더 쉽게 그리고 일을 더 효율적으로 만들어주기 때문이다. 그래도 역시 그들은 필요한 순간에 분석가가 그 일을 맡아주는 것에 감사함을 느낀다. 그렇기는 해도, 그 댐의 수문을 여는 것은 양보다는 질의 문제이다. 이 여성들에 의해 환기된 이야기들, 그것들이 담고 있는 친밀감과 슬픔의 덩어리는 무의식적인 어떤 것이 출산의 순간에 표면으로 떠오르고, 자체를 드러내거나 강하게 요구하고 있다는 것을 증명한다.

그것은 실제적인 문제를 불러일으킨다: 그것들을 들을 수 있는 귀중한 시간은 많지가 않다. 탄력적이긴 하지만, 벨클레어의 산부인과 병동에서 산모의 입원 기간은 최대한 4일이며, 제왕절개의 경우에는 7일이다. 그런데 어머니와 아기의 진짜 상호교류는 3일째에 시작된다. 산후 우울감이 시작되는 것도 종종 3일째 되는 날이다. 친척들의 방문으로 생겨나는 갈등, 또는 어머니의 젖이 제대로 나오지 않아서 갈등이 발생하는 것도 대개는 이 때이다. "의학적인 이유들"로 입원 기간이 연장되거나, 어머니와 아기가 병원에서 퇴원한 후에 나를 만나러 내 사무실로 올 수는 있지만, 이러한 조건에서는 종종 효율적인 작업이 불가능하다. 과거에는 여성들이 "휴식을 취하기 위해서" 두 주 동안 산부인과 병동에 머무르곤 했었다; 지금은 4일 이내에 일어나서 돌아간다. 이것이 의학적 진전이 도입할 수 있었던 가장 지성적인 개선이었을까?

  좀 더 일반적인 수준에서, 나는 산부인과 병동을 책임진 사람들이 산후조리라는 생각에 민감해지기를 희망한다. 그 부분에 대한 여성들의 요구는 상당히 크다. 나는 우리가 벨클레어에서 행한 산후조리 활동의 성공을 그런 사실에 대한 증거로서 제시하고자 한다. 정부의 지원을 받은 그 활동은 위험에 처한 부모들과 출생 후 수개월 이내의 아기들을 대상으로 삼았다. 그것의 목적은 정확히 너무 이르게 병원을 떠난 결과를 보상하고, 출산 이후에 시간이 부족해서 더 일찍 치료받지 못했던 가족들이 겪는 어려움들을 해결하는 것이었다. 중요한 것은 그 작업이 산부인과 병동에서 이루어졌고, 따라서 환자들은 소아과나 아동정신과 병동에 따로 진료 요청을 할 필요가 없었다는 점이다. 우리는 분만은 끝이 아니라 시작이며, 후속 조치가 반드시 보장되어야만 한다는 것을 알아야만 한다.

레아(Léa), 이름 없는 작은 소녀

  시선과 목소리 너머, 분만에 뒤따르는 강렬한 순간의 끝에서 가장 중요한 것은 신생아들에게 말로 설명하는 것이다. 내가 벨클레어에서 작업하고자 했던 것은 다음의 질문들에 대답하기 위

해서였다: 신생아에게 개입하는 것이 효과가 있는가? 또는 전략적인 입장에서 생각해보면: 우리는 그것이 효과를 발휘하는 조건들을 어떻게 만들어낼 수 있는가? 아기에게 말을 하는 작업을 시작하는 길을 어떻게 찾아낼 수 있는가? 그러나 왜와 어떻게를 말하기 전에, 우리는 먼저 그것이 가능한지부터 알아보아야 한다.

예를 하나 들어보자. 이 경우는 어머니나 아기에게서 노골적으로 드러난 심각한 증상이 없었다는 점에서 이례적이다. 그럼에도 불구하고, 이 사례는 어머니와 아버지뿐만 아니라 간호스태프들에게서도 분명하게 불편한 감정을 유발했다. 아기에 대해서 말하자면, 비록 그 아기가 한마디 말도 하지 않았지만, 우리는 그가 일어나고 있는 일에 동의하지 않는다는 것을 알 수 있었다.

문제가 된 것은 다소 힘든 상황에서 제왕절개로 방금 분만을 한 여성이었다. 그녀는 의학적 도움 없이 쌍둥이를 임신했고, 다른 산부인과 병동에서 산전 관리를 받았다. 임신 기간 중에 쌍둥이 중 한 명에게서 심각한 기능 이상이 발견되었다. 그 아기는 분만 후 잠시 동안만 생존할 것으로 예상되었다. 어쨌든, 입원 치료가 필요한 상황이었다. 의사들은 부모에게 자궁 내에서 아이의 삶을 중단시킬 것인지, 아니면 그 상태를 그대로 유지할 것인지를 결정하도록 했다. 부부는 충격에 압도되어 아무것도 생각할 수가 없었다. 그들은 비슷한 곤경에 처했던 친구들에게 자문을 구했는데, 그 친구들은 부부에게 그들의 아기가 살아있는 몇 주 동안 그들이 겪어야 했던 지옥과도 같은 괴로움에 대해 이야기해주었다. 공포에 질린 부부는 분만 예정일을 2주 앞두고서야 쌍둥이 중 기형인 아기를 선택적으로 낙태시키기로 결정했고, 그 병원에서 분만하고 싶지 않다는 의사를 표현했다. 그렇게 해서 그 어머니는 2주 후에 벨클레어에서 분만을 하게 되었다. 그녀는 제왕절개를 요구했고, 그 요구는 받아들여졌다. 그녀는 정상 분만을 할 경우 죽은 아기를 직접 보게 될 것을 두려워했다.

제왕절개에 의한 분만이 이루어졌다. 분명히 해야 할 것은, 이런 유형의 늦은 시기에 이루어지는 낙태의 경우 죽은 태아가 분만 때까지 자궁 안에 그대로 있게 된다는 사실이었다. 다른 태아에게 유독 물질이 영향을 미치지 않게 하기 위해 경막외 마취제는 사용하지 않는다. 그러므로 산모는 마취제 없이 정상 분만을 할 것인지, 전신마취 하에 제왕절개를 할 것인지를 선택해야 한다. 그 어머니는 그녀의 도덕적인 고통에다 분만의 고통까지 더하는 것을 원치 않았다. 게다가 죽은 태아를 먼저 꺼내야 하는데, 그녀는 그 태아를 보는 것을 두려워했다. 제왕절개에 대한 요구는 그런 이유로 정당화될 수 있었다.

그럼에도 불구하고, 간호스태프들은 분명히 불편한 감정들을 느끼고 있었다. 그들은 분만 시에 일어나는 비극들을 자주 보고 접하면서 인내심을 키워왔기 때문에, 이 어머니를 도덕적으로 판단하지는 않았다. 그러나 비록 그들이 그 부부를 비난하지는 않는다 해도, 그들 안에서 올라오는 감정들은 털어놓을 필요가 있었다. 이를 표현하면 다음과 같다: "제왕절개를 요구하고, 죽은 아기에 관해 아무것도 알고 싶어 하지 않는 이 여자는 도대체 어떻게 된 사람인가? 도대체 이 부부는 어떻게 분만 직전이 되어서야 낙태를 결정한단 말인가? 그들은 왜 이 일을 끝까지 지켜볼 수도 없다는 말인가?" 그럼에도 불구하고 나는 문제를 예방하기 위해서 더 중요하다고 생각되는 것을 이 부부에게 말해주었다: 그들은 살아있는 쌍둥이 아기에게 그녀의 자매가 죽었고, 그녀를 다시 볼 수 없다는 것을 알려주어야 한다.

남편과 아내는 별로 그렇게 하고 싶어 하지 않았고, 아기에게 그것을 말해주는 것이 그들의 의무라고 느끼지 않았다. 정신분석가인 내 입장에서는 도움에 대한 요청을 예상할 필요도 없었고, 그 부모도, 아기도 내게 어떤 것을 요청하지 않았기 때문에 개입을 한다는 것은 생각도 할 수 없었다. 그렇다면 어떻게 할 것인가? 태내에서의 충격으로 인한 영향을 고려할 때, 그 아기는 위험에 처해 있을 수도 있다; 비록 드러내놓고 불만을 말하지는 않았지만, 부모들은 감정을 부인하고 있었고 혼란에 빠져 있었다; 캥거루 유닛에 있는 간호스태프들은 그들에게 침착하게 대하는 데 어려움을 겪고 있었다. 만약 어떤 개입이 가능하다면, 그것은 아기에게만 가능했는데, 그것은 아기만이 자신에게 일어나고 있는 문제들을 감추지 않았기 때문이다. 그녀는 태내에서 쌍둥이 자매와 수개월 동안을 함께 지내왔는데, 그 쌍둥이가 갑자기 활기를 잃고 움직이지 않았던 것이다. 그럼에도 불구하고, 나는 가족들에 의한 요청이 있기 전에 침범하지 않도록 개입을 자제해야만 했다.

분명히 사소한 것이기는 하지만, 다른 문제가 표면화되었는데, 그것은 그 부모는 공식기록 사무소에 등록하는 데 필요한 아기 이름을 짓지 못하고 있다는 것이었다. 그런 식으로 부부는 그들이 스스로를 몰아넣은 곤경에서 빠져나올 수 없다는 것을 표현하고 있다는 점에서, 상황이 바뀌었다. 나는 이것이 고통의 신호라는 것을 알 수 있었다. 나는 조산원을 통해 내가 있다는 것과 아기의 이름을 정하는 문제에 도움을 줄 수 있다는 것을 알렸다. 그들은 동의했다. 나는 그들이 그녀의 죽은 자매의 이름을 지을 수 없기 때문에 살아있는 아기의 이름을 정하지 못하고 있다고 생각했다. 그녀의 이름은, 말하자면, "경험해내야 하는" 죽음이었고, 그들은 두 아기 모두에게 이름을 주어야만 했던 것이다.

실제로, 나는 이것을 그들에게 말할 필요가 없었다. 그들이 나와의 만남을 요청한 후에 내가 도착할 때까지 채 한 시간도 걸리지 않았는데, 그들이 문제를 해결하는 데는 그 정도 시간만으로도 충분했기 때문이다; 그들은 죽은 아기는 소피(Sophie), 살아 있는 아기는 레아(Léa)라고 이름을 지었다. 레아는 40주 약간 못 미쳐서 태어났지만 상당히 조산아처럼 보였다. 내가 첫 번째로 말을 건 것은 그녀였다: "엄마의 자궁 안에서 너와 함께 있었고, 그 움직임을 느낄 수 있었던 너의 언니 소피는 죽었단다. 그래서 너는 태어나기 전에 언니가 더 이상 움직이지 않는다고 느꼈던 거란다. 너는 이제 언니를 볼 수가 없고, 앞으로도 만날 수가 없게 되었구나. 물론 넌 언니의 기억을 간직할 수 있지만, 언니는 이제 네 옆에 있을 수가 없어."

레아의 어머니는 내가 그녀의 딸에게 그런 식으로 이야기하는 것을 듣고는 놀라워했다. 임신에 대한 의학적인 개입 이전에 그녀는 의사들에게 생존한 아기가 지금 일어나고 있는 일에 대해 알 수 있느냐고 물어보았지만, 그들의 회피적인 반응은 그녀를 당황스럽게 했었다. 나는 그녀에게 아기는 틀림없이 그 사건에 관련된 감각들을 인지했으며, 이것이 우리가 그녀의 지각들에 대해 말해주어야만 하는 이유라는 점을 분명히 했다.

3일 후에 내가 그들을 보러 갔을 때, 상황은 긴박했다. 레아는 체중이 너무 많이 감소해 있었다. 강제로 젖을 먹여야 했는데, 그녀는 그마저도 쉴 새 없이 게워 올렸기 때문에 모두가 불안해하고 있었다. 그 사이에 나는 소아과의사로부터 레아가 합지증을 갖고 있다는 사실을 들었다—그녀의 발가락 두 개가 붙어 있었다. 이것은 시각적으로 드러나는 기분 좋지 않은 기형이기는 하지만, 나중에 외과 수술로 치료할 수 있는 것이었다.

우리가 두 번째로 만났을 때, 레아는 병실이 아니라 캥거루 유닛에서 수유 중이었다. 부모와 함께 그녀를 보러 간 나는 그녀에게 말했다: "레아, 내 생각에 너는 태어나기를 원했지만 아직 살아야겠다는 최종적인 결정을 내리지 못하고 있고, 그래서 먹어야 할지 먹지 말아야 할지를 망설이고 있는 것 같아. 살려면 먹어야 해. 넌 발가락에 기형이 있지만, 그건 네 언니가 힘들어했던 것처럼 심각한 문제는 아니란다. 그것 때문에 네가 죽는 일은 없을 거야; 나중에 간단한 수술을 받으면, 너는 정상적인 발가락을 가지게 될 거야."

그런 후, 나는 아기를 돌보는 것과 관련해서 몇 가지 조언을 했다.

나는 간호사들에게 컵을 사용해서 레아가 모유를 맛보게 하도록 할 것을 제안했다. 신생아에게 컵으로 모유를 맛보게 하는 것은 아직 엄마의 젖꼭지를 제대로 빨지 못하는 조산아들에게 사용되는 "기술"이다. 레아의 경우 이것의 의도는 그녀가 어머니가 함께 있는 상태에서 모유의 맛을 알게 하는 데 있었다. 나는 어머니에게 레아를 그녀의 피부와 직접 접촉할 수 있도록 배위에 올려놓고, 아기가 그녀의 심장 박동 소리를 듣고, 그녀의 따뜻함과 냄새를 다시 발견할 수 있도록 해주라고 권했다. 나는 그녀에게 그녀의 왼쪽 가슴에 아기를 안고서, 손으로 아기의 엉덩이뼈 아래 부분을 받쳐주라고 말했는데, 이것은 아기가 안전감을 느끼고 자신 있게 젖을 마실 수 있게 해주기 위한 것이었다.

레아는 심각하게 우울했다; 죽은 쌍둥이 때문에 그녀는 자신이 살아있다는 생각을 유지할 수 없는 상태였다. 그녀가 태내에서 익숙했던 것들—이 경우에는 어머니의 냄새와 맛—을 다시 발견하도록 함으로써, 출생 전과 출생 후 사이의 연속성에 대한 확신을 갖게 해야만 했다. 전신마취 하에 진행된 제왕절개 분만이 어머니와 가질 수 있는 그녀의 첫 순간들을 박탈해버렸고, 그래서 그녀가 알지 못하는 것을 발견하는 데 어머니의 도움을 받을 수 없었다는 점에서, 이것은 특히 필수적인 것이었다. 어머니로부터의 분리로 인해 갑작스럽게 잃어버렸던 이 감각들을 회복하는 것은 그녀가 자신이 살아있다고 생각하는 데 꼭 필요한 요소였다. 그 방법들을 통해서 그녀는 쌍둥이 언니에 대한 애도를 "삶의 문제"로 만들 수 있었고, 죽음의 충동 안에서 죽은 언니와 동일시하지 않을 수 있었다.

다음 날, 레아는 "생명을 지키기로" 결정했다. 그녀는 스스로 엄청나게 먹기 시작했는데, 그녀가 심한 조산아처럼 보였다는 점을 생각할 때, 그것은 주목할 만한 사건이었다. 2주 후에 그녀는 산부인과 병동을 떠났다. 분만 시의 체중을 생각하면 이것은 놀라운 일이었다. 그녀는 분명히 주도권을 되찾고 있었다. 스스로를 구할 수 있는 그녀의 능력은 그때까지도 상당히 긴장하고 있던 전체 스태프들을 안도하게 했다. 그것은 또한 그녀의 부모에게도 영향을 주었다. 물론, 그들은 여전히 일종의 부인 상태에 있었다: "이 모든 일들은 유감스럽긴 해도 정상적인 것이었어요; 조산아니까 당연히 이런 일들이 일어날 수밖에 없었던 거죠!"

그러나 그들은 레아를 돌볼 수 있는 새로운 에너지를 되찾았다. 엄청난 죄책감으로부터 자신들을 보호하는 그들의 방어를 존중하는 것은 나의 몫이었다. 만일 내가 사태가 얼마나 심각한지를 보게 만들기 위해서 그 부인에 대해 질문을 했더라면, 나는 그들과 그들의 딸 사이에 새롭게 형성된 평형상태를 위협했을 것이다. 사실, 두 명의 아이를 예상하고 있다가 한 명의 아이만이 태어나게 된 상황은 쉬운 것이 아니다. 이제 레아는 새로운 자신감을 그들에게 주었고, 그녀 앞에는 미래가 놓여 있었다.

레아와의 조우는 스태프들과 나에게도 결정적인 사건이었다. 그것은 이기면 크게 따고, 지면 모든 것을 잃는 게임이었다. 나는 내가 평소에 하는 것과는 달리 부모들과 작업하지 않았고, 내가 종종 하는 것과는 달리 그들 자신의 부모들의 이야기를 환기시키지 않았다. 나는 오직 삶에서 그녀의 운명이 무엇이었는지와 관련해서, 그리고 그녀의 이해와 관련해서 아이에게 해준 말에만 돈을 걸었다. 정말이지, 레아의 침묵이 아무리 요란한 것이었다고 해도, 그것은 말로 받아들여야만 했다. 그것은 삶과 죽음의 문제였다. 그러나 특히, 그렇게 하도록 초대받지 않은 상태에서 억지로 베일을 제거하는 것은 이해받지 못하는 위험을 감수해야만 했을 것이다. 그들은 그 어린 소녀를 어떻게 불러야 할지 알지 못했기 때문에 나를 불렀다.

신생아는 연구의 대상이 아니다

이것이 내가 벨클레어에서 임상을 시작했을 때의 상황이었다. 나는 신생아들에게 말을 할 때 발생하는 효과들을 바로 내 눈앞에서 보았고, 다른 사람들은 나와 함께 그것을 목격했다. 아동기에 관심을 갖고 있는 의사들은 정신분석가가 소위 전언어적 세계에 그의 경험을 적용하는 것을 볼 때마다 항상 놀라워했다. 그럼에도 불구하고 내가 분명히 말하고 싶었던 것은 임상을 수행하는 나의 능력과 관련해서 나는 전통적인 정신의학보다는 실험연구와 실용의학 분야에 더 많은 빚을 지고 있다는 점이다. 그 결과 나는 이 분야들의 관점들과 정신분석의 관점들이 상호 교류할 수 있는 아기 편에 서기(La Cause des Bébés)라는 단체를 만들게 되었다. 그 조직 안에서 소아과의사들, 조산원들, 신생아 간호사들, 심리학자들, 정신과의사들, 사회복지사들, 역사학자들 그리고 인식론학자들은 그들의 임상들과 연구결과들을 제시하며,

참여하는 모든 이들은 그들의 작업을 통해서 아기의 출생 전과 후의 감각 인지 능력(sensoriality)과 감각 민감성(sensitivity)에 대한 관심을 공유한다. 아기를 미확인된 가상의 대상—어떤 종류의 연구에서 선호되는 온갖 종류의 실험적 시나리오와 모든 유형의 관음증적 대상—으로 보는 아기의 사물화(reification)에 대해 모두가 문제를 제기한다. 한마디로 말해서, 우리 모두는 존엄성을 지닌 주체로서 아이를 대한다.

정신분석은 종종 자연과학과는 거리를 두고 있다는 인상을 주어왔고, 그것은 정신분석이 인간의 신체에 대해 어느 정도 무시하는 태도를 보이는 것에서 드러난다. 30년 전 인공두뇌학의 전성기 동안에, 정신분석가들은 과학자들이 노력하고 있는 데 반해 인간 정신의 열쇠를 지니고 있는 뇌의 블랙박스를 여는 것에 동의하지 않으면서 그것이 어떻게 기능하는지 알고 있다고 주장하고 있다는 비난을 받았었다. 오늘날 정신분석가들은 하나의 정신질환, 또는 다른 정신질환의 유기체적인 기원, 심지어 유전적인 기원조차 부인하고, 생화학의 발견에 직면해서는 눈을 감고 있다는 비난을 받고 있다. 그러한 견해는 확실히 오해에서 비롯된 것이다. 정신분석은 과학에 등을 돌리고 있지 않다. 정신분석은 인간을 단지 연구대상으로 생각하는 것이 합리적이라는 사고에 도전하고 있는 것이다. 라깡이 갈릴레오(Galileo)에 대한 그의 논평에서 비판했듯이, 정신분석은 인간 주체가 모든 욕망이 폐기된 과학의 주체(the abolished subject of science) 즉, 욕망이 전혀 없는 주체로 환원될 수 있다는 생각을 받아들일 수 없다. 이것은 관점의 문제이다. 더욱이 "만약 내가 그 일을 반복해서 해야만 한다면" 차라리 배관공이 되는 것을 선택하겠다고 말했던 아인슈타인 이후로, 적어도 과학자들은 그들 자신들도 모든 욕망으로부터 자유롭지 않다는 것을 알고 있다. 그럼에도 불구하고, 정신분석가들은 불평할 권리가 없다. 왜냐하면 적어도 출산 전후의 일들과 관련해서 과학 세계는 그들의 이론적 진전을 위한 가장 중요한 지원을 제공해주고 있기 때문이다. 쟁점이 되고 있는 것이 태아와 신생아의 감각지각 능력, 언어의 습득, 기억, 또는 신체/정신의 연결이든 아니든 간에, 현대의 과학적 사고가 기대하는 것은 정신분석의 기대들과 교차한다. 더욱이 그것들은 정신분석이 너무 오랫동안 붙들고 있던 가설들에 새로운 방식으로 질문을 제기하도록 만든다. 이제 우리가 반드시 거론해야만 하는 것은 과학이 우리에게 요구하고 있고 공헌하고 있는, 이해하려는 노력 바로 그것이다.

2장

아이는 최소한 두 번 태어난다

"법이 없이는 자유도 없다 ... 자유로운 사람은 자유의지로 복종할 뿐 노예처럼 섬기지 않는다; 그에게는 주인이 아니라 지도자가 있다; 그는 법에 복종하지만, 오로지 법에만 복종하며, 그가 복종하는 것은 인간의 힘이 아니라 법의 힘이다."

—장-자끄 루쏘 (Jean-Jacques Rousseau)

1905년 비엔나에서 프로이트는 아이의 성욕을 다룬 성에 관한 세 편의 에세이[1]를 출판했다. 그는 그것을 많은 이들이 받아들일 수 없는 방식으로 제시했는데, 그 이유는 그가 아주 어린 아이에게 자율적인 것은 아니더라도 이미 독립적인 존재의 능동적인 역할을 부여했기 때문이었다.

그는 "아이는 다중적인 성도착자이다"라고 서술했다.[2] 이 문

---

[1] S. Freud, Three Essays on the Theory of Sexuality, in The Standard Edition of the Complete Psychological Works of Sigmund Freud, vol. 7, trans. James Strachey (New York: Basic Books, 1962).
[2] 같은 책, 191.

구는 유명해졌다. 아이는 한편으로 그의 성욕의 초점을 다른 성감대—입, 항문, 페니스—에 집중시키는데, 그것의 흥분 상태를 감당할 수 있는 수준에서 유지하려고 시도한다. 이것이 그 유명한 심리성적 단계 이론이다.

다른 한편으로, 이 흥분들에 대한 그의 성적 "반응들"은 성인일 경우 도착이라고 불리는 행동들과 유사하다. 사춘기 이전 잠복기의 아이는 관음증자, 노출증자, 또는 주물성애자일 수 있다; 그는 잔인하거나, 반대로 피학적이 될 수도 있다. 프로이트는 그가 분석했던 성인들의 기억과 이야기를 통해서 재구성한 그의 이론들에서 놀랍도록 정확한 용어로 유아의 자위를 묘사한다. 그는 이 자기-자극의 방법을, 아이가 그것에 상응하는 성감대—이 경우에는 입과 소화관—의 자극 흥분을 진정시키기 위한 방법이라고 생각되는 유아기의 몇 가지 어려움들—빨기의 어려움, 토하기, 장의 문제들 등—과 연관시킨다. 이 모든 경우에 아이는 신체의 질병이나 가족 환경의 영향에 좌우되는 수동적인 장난감이 아니라, 자신의 성욕을 "행동화"하는 사람으로 생각된다. 더욱이, 프로이트가 자위에 대해 말할 때 그는 그것을 "쾌락 원리를 따라 사는 삶과 현실 원리를 따라 사는 삶 사이의 중간 영역인 환상의 실행"3)으로 서술하는 것을 빠뜨린 적이 없다. 프로이트에게 있어서 중요한 위치를 차지하고 있는 것은 근저에 있는 환상, 아이가 그의 감각들을 정교화하는 방식, 그리고 그가 세운 성 이론들이다. 그 이론들에 어떠한 실수가 있든 간에, 프로이트는

---

3) S. Freud, "Pour introduire la discussion sur l'onanisme," in Résultats, idees, problemes (PUF, 1984), 1:183 [번역—이 구절은 영어로 번역된 프로이트의 저서에서는 보이지 않는다. 그러므로 나는 프랑스어 판에서 번역했다]. 또한 프로이트의 "On the Sexual Theories of Children,"을 보라. in Standard Edition of the Complete Psychological Works, 9:205-26.

아이에게 그의 통제 너머에 있는 신체의 자극 흥분들 또는 지각들에 의미를 부여할 수 있게 해주는 것은 바로 이 이론들이라고 말한다. 정확히 말해서, 그는 이것이 다음과 같은 질문에 대해 그가 대답하는 방식이라는 것이다: 아기는 어디에서 오는가?

물론, 이것은 적어도 3세 정도의 아이들에게 적용되는 것이고, 따라서 내가 다루는 주제와는 직접적으로 관련되어 있지 않다. 그러나 나이 문제와 상관없이, 절대 바뀔 수 없는 하나의 원리를 이 두 원리의 내용과 그것이 발생시킨 논쟁들로부터 끌어낼 수 있는데, 그것은 프로이트가 처음부터 내세웠던 원리, 즉 아이가 그의 삶을 그리고 무엇보다도 그의 성욕을 반영하고, 정교화하고, 행동화한다는 원리이다. 그 점에서 그는 능동적이고, 욕망을 갖고 있으며, 이것을 인식하지 못하는 것은 잘못된 길로 들어서는 것보다 더 나쁜 것일 것이다: 그것은 어디에도 도달하지 못할 것이다. 그런 의미에서 모든 정신분석가들은 한 거인의 어깨 위에 서있는 난장이들이다. 프로이트의 뒤를 따라 발달의 가장 초기 단계에 관심을 가졌던 사람들―가장 널리 알려진 이름들을 언급하자면, 안나 프로이트, 멜라니 클라인, 도날드 위니캇, 그리고 프랑수아즈 돌토―에 의해 이룩된 엄청난 진전은 만약 그들이 지그문트 프로이트의 첫 번째 원리를 따르지 않았더라면 성취될 수 없었을 것이다. 지금 우리가 받아들일 필요가 있는 사실은 신생아가 출생 이전에 태어난다는 것, 또는 더 정확하게는 그의 삶이 약 9개월 이전에 이미 시작되었다는 것, 그리고 그는 이것을 자신만의 방식으로 알고 있으며, 이것은 출생 첫 날부터 그에게 의미 있는 것이라는 것이다.

신생아의 감각 능력

한 사람의 삶에 어떻게 의미를 부여하는가

신생아는 그에게 허용된 수단을 사용하여 자신의 삶에 의미를 부여하며, 이것을 인식하는 것이 정신분석가의 첫 번째 임무이다. 내가 산부인과 병동에서 경험한 이러한 수많은 사례들 중 하나를 들자면, 다음과 같다.

3일도 채 안 된 아기, 라파엘은 설사로 고통 받고 있었다. 그 상황은 삶의 첫 시기에 소화기관이 성숙하지 않은 유아들에게 흔한 것이었다. 그러나 이 특이한 설사는 치료에 저항하고 있었다. 그는 고통스러워했고, 울고, 비명을 질렀는데, 그런 일들에 단련되어 있는 스태프들조차도 견디기 힘들 정도였다; 그리고 그의 체중은 위험한 수준으로 떨어지고 있었다.

그의 어머니는 "말할 만한 것이 없어요, 그 설사 말고는 모든 것이 괜찮아요!"라고 말하면서도 나를 만나기를 요청했다. 그녀는 한동안 거식증으로 고생한 적이 있었고, 임신을 하게 되자 그녀의 몸의 균형이 깨지게 되었다. 그녀는 날씬한 복부를 유지하기 위해 가혹한 식이요법, 구토, 임신 중절에 대한 환상 등, 자신이 할 수 있는 것은 다 했다. 그녀는 아기에 대한 욕망과 불안을 느끼면서도, 때로는 그녀를 "거대하게" 만들고 있는 그 아기를 저주하기도 했다. 나와 이야기하면서 그녀는 자신을 아내와 미래의 어머니로서 동일시하는 문제들에 관해 이야기하기에 이르렀지만, 당장 중요한 것은 아이를 증인으로 받아들이는 것이었다.

따라서 나는 라파엘에게 그의 어머니가 어떤 의미에서는 그를 비워버리려는 생각을 한 적도 있었지만, 그녀는 그 소망을 포기했고, 심지어 그런 소망을 극복할 수 있었던 것에 대해 특별히 행복해하는 것 같다고 말해주었다. 그 결과 그녀에 의해 완전하게 받아들여진 라파엘은 그가 마치 아기가 아니라 그의 어머니의 배설물인 것처럼 느끼면서 어머니의 그런 소망에 부응하기 위해 스스로가 "자신을 비워버릴" 필요가 없게 되었다. 그 대화에는 다른 요소들도 포함되어 있었다는 점에서, 그 메시지가 어떻게 그날로 즉시 그의 증상을 사라지게 만들 수 있었는지는 충분히 설명할 수 없다. 그러나 그 접촉은 그가 앞으로 나아갈 수 있게 한 시발점이 되었다. 그가 그의 위태로운 현존과 존재에 부여하고 있던 의미에 대한 예비적인 인식이 없었다면, 그 대화는 성립되지 않았을 수도 있다.

신생아와의 임상을 위한 기초는 다음과 같다: 아기는 그가 태어나는 환경이 어떤 것이든, 심지어 노출된 환경 속에서 그에게는 새롭고 여전히 힘든 온갖 일들이 벌어지고 있다고 해도, 그가 경험하고 있는 것에 의미를 부여하려고 시도한다.

아무도 그것을 알아차리지 못하고 있을 때, 어떻게 그 의미에게 목소리를 낼 수 있는 기회를 줄 것인가? 이 의미가 상실되었다면, 그것을 되찾기 위해 어떻게 해야 하는가? 당면한 환경이 여러 가지 이유로 그것을 제공할 수 없을 때, 우리는 어떻게 신생아가 이러한 의사소통을 안전하게 시도할 수 있도록 도울 것인가?

대답은 단순하지 않다; 사실상 지난 20여 년간 태아와 유아에 관한 과학적 지식이 너무나 빠른 속도로 진화하고 있기 때문에, 이것은 여전히 연구 중에 있다. 실험연구를 통한 새롭고 근본적인 발견들은 새로운 많은 기술들을 발달시켰고, 그것은 다시금 새로운 이론적 가설들의 출현에 기여했다. 태아와 관련된 것들은 특별히 명백하다: 추측만이 가능했던 1970년대에, 발생학과 유전학의 진화는 태아에 대한 새로운 접근을 발달시켰다. 초음파 기술은 진단적 절차들과 산전 관리에 믿을 수 없을 만큼 놀라운 변화를 가져왔다; 태아와 신생아에 대한 정신생리학 연구는 새로운 예방적인 방법들을 가능하게 했다; 그리고 의학적으로 도움을 받는 인공수정 기술들은 많은 불임 부부들의 상황에 혁명적인 발전을 가져왔다.

벨클레어 산부인과 병동에서 우리는 특권을 가진 기관으로서 이런 진전들에 대한 증인이다. 역설적으로, 이 진보는 출생 이후의 문제들을 복잡하게 만들고 있다. 우리가 태아와 신생아, 산모에 대해 의학적 수준에서 더 많은 것을 알게 될수록 병원은 더 많이 의료화되고(medicalized), 개인들의 말이 관여할 수 있는 공간이 없어지는 위험도 더 커진다. 이와 관련해서 나는 병원 환경이 여성 환자들을 유아로 만들고 있다는 피상적인 주장에 빠져들고 있는 것이 아니다. 그것은 틀린 말이다. 반대로, 이 문제에 대한 고려는 프랑스에서 커다란 진전을 만들어냈으며, 나는 벨클레어에서 많은 의사들, 조산원들, 간호사들이 새로운 어머니와 아기들의 존엄성에 대한 최고의 존중과 함께 그들의 임무를 수행한다는 사실을 증언할 수 있다. 문제를 어렵게 만드는 것은 그것이 제도화 된다는 것이다.

조산아들

조산에 대한 예를 들어보자. 26주에 태어나는 조산아들은 종종 의학적 관점에서는 생존이 가능하지만, 분명히 "정상적" 분만으로부터 회복하는 여성들이 머무는 병동에서는 제공할 수 없는 지속적인 돌봄을 필요로 한다. 그러므로 이 아기들은 어머니들에게서 분리되어 병원의 다른 병동에 위치한 신생아실 내의 집중 치료실에 머물게 된다. 이 아기들은 심하게 저체중일 수 있다(때로는 1파운드가 채 안 되는 경우도 있다); 그들의 폐와 신경 조직은 아직 발달되어 있지 않다; 그들은 24시간 내내 어머니의 자궁 밖에서의 발달을 용이하게 해줄 수 있는 기구의 도움을 필요로 한다. 어머니들은 어떠한가? 어머니들은 산부인과 병동에 있는 병실에서 홀로 아이를 기다린다. 이따금씩 그들은 자신들이 정확히 누구를 기다리고 있는지조차 알지 못할 때가 있는데, 그것은 전신마취 하에서 분만이 진행되었고, 아기는 어머니들이 보기도 전에 신생아실로 이송되었기 때문이다. 그러므로 그들은 스태프들이 전해준, 흐릿하게 찍힌 아기의 폴라로이드 사진을 보고 또 본다. 그들은 미심쩍어하거나 불안해하면서 그들이 기대하고 있는 피와 살을 가진 진짜 아기 대신, 이상한 튜브들로 뒤덮인 아기의 이미지에 접촉하려고 노력한다. 물론, 그들은 아기를 보러갈 수 있지만, 그들의 몸 상태가 양호하다고 판단될 때까지 기다려야만 한다. 그들은 마음 상태에 따라 한순간은 최악을 예상하다가, 다음 순간에는 최상의 상황을 예상하기도 한다. 심한 조산으로 태어난 아기들의 어머니들과 이야기를 나눌 때, 나는 아기에 대한 그들의 관심이, 심지어 아기가 없는 상태에서조차도, 얼마나 강렬한 것인지에 대해, 즉 그들의 일차적 모성 몰두―정신분석가 도널드 위니캇의 표현인[4]―의 힘에 대해 놀라곤 한다. 그들은 종종 사려 깊게 그들의 아기가 필요로 하는

---

[4] 위니캇에게 있어서, "일차적 모성 몰두"는 임신 후기 단계와 출산 후에 증가된 어머니의 민감성을 말한다. 아기의 필요들에 대한 그러한 급성의, 심지어 "비정상적"일 정도의 수용은 어머니가 그녀의 아기와의 완전한 동일시를 멈추면서 점차로 조금씩 감소하게 되고, 아이가 그의 "자기"를 어머니로부터 구별하는 것을 점진적으로 허용하게 된다. D. Winnicott의 Through pediatrics to psychoanalysis (New York: Basic Books, 1975)를 보라.

특수한 보살핌에 대해 상상한다. 하지만 아기와 분리되어 있기에 그것을 효과적으로 제공해주지 못하는 상황에서 그들은 체념하게 되고 우울해진다.

"그 애가 나를 가장 필요로 할 때 도와주지 못한 나는 나쁜 엄마에요. 당신은 정신분석가니까 첫 순간들이 얼마나 결정적인지 아시잖아요." 자신의 무력함에 숨막혀하면서 한 어머니가 말했다.

"나는 그 애를 열 달 동안 배 속에 데리고 있지도 못했어요. ... 그것은 모두 제 잘못이에요." 다른 어머니가 분노에 차서 말했다.

"그 애를 보러 가고, 그 애한테 말을 거는 게 무슨 소용이 있겠어요? 그 애의 입과 코에 튜브가 끼워져 있다는 말을 들었어요—그러니 그 애가 어떻게 나를 알아보겠어요?" 다른 어머니가 불만스럽게 말했다.

"나는 짐이 될 뿐이에요." 자신의 모성적 사랑에 대해 사과를 하는 지경에 다다른 또 다른 어머니가 말했다. "어쨌든, 그들은 내가 아주 약한 상태라고 말했어요. 집중 치료실에 있는 간호사들이 나보다 훨씬 더 잘 아기를 돌볼 거에요."

내가 임상을 시작했을 때, 나는 의학적 기술의 힘에 의해 그들의 일차적 모성 몰두를 빼앗긴 이 여성들과 다른 이들에게 내가 알고 있던 조산아들의 상황에 대해 말해주었다. 돌토의 용어로, 나는 "교육적인 의학"을 적용했다. 나는 조산으로 태어난 이 신생아들은 다른 아기들보다 훨씬 더 어머니와 아버지가 옆에 있어 주는 것이 필요하며, 다른 아기들보다 더 그 사실에 민감하고, 그것을 알아차릴 수 있다고 설명해주었다. 나는 그들에게, 신생아는 어머니가 거기에 있다는 것과 수많은 다른 목소리들 중에서 어머니의 목소리를 인식한다[5]는 것, 아버지 목소리의 음색과 낮은 주파대를 기억한다는 것, 상당한 정도로 어머니의 체취와 젖의 맛을 식별한다는 것이 입증되었음을 말해주었다. 나는 그들이 아기에게 하는 말이 어떻게 그들과 아기 사이의 연결을 확립하며, 그들이 아기에게 이름을 지어주고, 아기의 형제나 자매들에 대한 그리고 아기의 임신과 출생에 대한 특별한 맥락을 말해주는 것이 얼마나 중요한 일인지를 설명했다; 요약하자면, 이 모든 것들은 아기가 그 자신을 구성하는 데 필수적인 기표들(signifiers)이다.

물론, 어머니들은 그들의 아이들이 그 모든 것에서 정상적인 상황 하에 있다고 말할 수도 있다. 아이들은 어머니가 그날그날 해주는 말들이나 가족의 방문에 의해 진정될 수도 있다. 불행하게도 여기에서는 그것이 불가능했다. 부모들이 아무리 그것을 원했다 할지라도, 의학적 필요성에 의해 부과된 분리는 말의 진공, 즉 아이 주위에 언어의 구멍을 만드는 상황을 초래했다. 그러므로 나는 의학적 이유들로 인해 방문이 금지된 경우를 제외하고는, 그들이 가능한 한 자주 아기를 찾아가서 그들이 줄 수 없었던 돌봄 대신에, 이야기를 해주고, 아이가 좋아한다면, 자장가를 불러주고, 어루만져주면서 그 틈새를 채워줄 것을 제안했다; 나는 그들에게 아기가 눈을 뜨고 의사소통을 하려고 하는 때가 언제인지, 그리고 반대로, 아기가 피곤한 상태에 있어서 방해하지 않고 그저 옆에 있어주어야 하는 때가 언제인지를 알 수 있도록 가르쳐주었다. 요약하자면, 나는 그들이 아기들의 강렬하지

---

5) 이 주제에 관해서는 M.C. Busnel 과 F. Morel의 Le langage des bebes, ed. Jacques Grancher (paris, 1993), 특히 "Ecoute, mon bebe, c;est ta maman" 96-98; 그리고 M. Couronne, "Le premature, un bebe a part entiere" 130-38을 보라. 또한 J. P. Lecanuet, C. Granier-Deferre, 그리고 M.. C.. Busnel의 "Sensorialite foetale, Ontogenese des systemes sensoriels, consequences de leur fonctionnement foetal," in Medecine peri-natale I (Paris, 1989), 201-25를 보라.

만 약한 집중능력을 가늠하고 존중할 수 있는 어머니가 되는 데 필요한 최대한으로 많은 요소들을 알려주었다.

그 시기에는 내가 아기들에게 접근할 수 있는 경우가 드물었기 때문에, 나의 조언이 그들에게 어떤 영향을 미치는지 거의 알 수 없었다. 기껏해야 어머니들을 우연히 다시 만나게 될 때, 그들이 보고하는 이야기를 듣는 것이 전부였다. 대조적으로, 내가 매번 보는 것은 우리가 대화를 마칠 때면 어머니들이 쓸모없다고 느끼고 있던 자신들의 모성이 반드시 필요하다는 사실에 안도하면서 환한 얼굴들이 되는 모습이었다. 마침내 나는 이런 유형의 개입이 단지 교육적이기만 한 것이 아니며, 특정한 요청들에 대답하는 것에 제한을 두지 않는 것이 좋겠다고 생각하게 되었다.

만일 이 부모들의 문제가 어떻게 조산아의 어머니(또는 아버지)가 될 것인지, 어떻게 부모가 되는 연습을 해야 하는지와 관련된 것이었다면, 우리는 정신분석의 원칙들에서 벗어날 필요 없이 체계적인 예방 쪽으로 작업했어야만 했을 것이다. 그러나 목표는 태어난 아이를 위해 그들이 더 이상 중요한 역할을 하지 못하고 있다고 느끼는 여성들의 자존감을 향상시키는 것뿐만 아니라, 그들의 일차적 모성몰두를 행사하도록 용기를 북돋아주는 것이었다. 무엇보다도, 우리의 목표는 의학적 고려들과는 별개로, 아기의 성장을 보장하는 근원적인(primordial) 요소들을 아이 자신에게서 박탈하지 않는 것이었다. 현재, 나는 병원 스태프의 동의하에 집중 치료실에 있는 아기들 어머니들의 병실을 체계적으로 방문하고 있다. 말하자면, 내가 주는 정보는 예방을 위한 것이다; 그것은 이런 유형의 분리가 일상적으로 일어나는 벨클레어 병원에서 특별히 필요한 것이다.

유아의 지각 능력

조산아든 아니든 간에, 모든 아기들이 완전한 감각적 기초를 지니고 태어난다는 것을 아는 것은 안심되는 일이다. 과학적 연구는 이것을 우리에게 보여주고 있다.[6] 모든 것은 출생 시에 갖추어져 있다.

목소리의 인식

신생아는 임신 기간 동안에 복벽을 통해서 변형된 상태로 들었던 목소리와 그가 듣는 어머니의 목소리를 동일한 목소리라고 인식한다. 그는 또한 임신기간 동안 어머니의 복부 근처에서 태아에게 말을 했거나, 직접적이고 또렷하게 말을 했던 아버지 또는 어머니와 함께 있었던 남성의 목소리를 인식한다. 신생아의 초민감성에 대한 연구분야의 개척자인 베리 브라젤튼(T. Berry Brazelton) 이후로 거의 모든 이들이 이런 생각에 동의하고 있다. 이에 관한 증거를 더 제시하자면, 음향 물리학의 연구자인 마리-클레어 버스넬(Marie-Claire Busnel)은 신생아의 심장 박동이 어

---

[6] 이 주제에 대한 풍부한 과학적 문헌들이 있다. 가장 최근의 출판물들 가운데, J. P. Lecanuet, "L'expérience au ditive prénatale" 그리고 C. Fassbender, "La sensibilité auditive du nourrisson aux paramètres acoustiques du langage et de la musique" in Naissance et développement du sens musical, ed. I. Deliège 그리고 J. A. Sloboda (PUF, 1995), 7-38 and 63-99; J. Mehler et al., "Discrimination de la langue maternelle par le nouveau-né" in C. R. Acad. des Sciences de Paris, series3, vol. 303, no.15 (1986); M. C. Busnel, "Pre-and Perinatal Audition and the Relationship between Mother and Child:, Annals of the New York Academy Sciences (New York, 1992); 그리고 "Is There Prenatal Culture?" in Gardner et al., The Ethological Roots of the Culture (Dordrecht, Netherlands: Kluwer Acad. publishing, 1994), 285-314.를 보라.

머니가 말하고 있는 동안에, 그리고 어머니가 신생아에게 말을 할 때 느려진다는 것을 발견했다. 이는 브라젤튼의 연구를 지지해준다. 다른 연구자들은 동일한 상황 하에서 허기에 의해서 유발된 것이 아닌, 빠는 반사작용이 증가한다는 것을 제시했다. 그런가 하면 다른 이들은 어머니의 말에 대한 운동 반응의 빈도를 신생아가 어머니의 목소리를 인식한다는 생각에 대한 신뢰할 만한 증거로 보았다(태아는 목소리가 나는 쪽을 향해서 머리를 돌리고, 눈을 뜨고, 팔을 움직였다).

 모든 연구자들은 동일한 결과에 도달했다: 아기가 말을 이해할 수 없다고 생각되는데도 불구하고, 생후 며칠 되지 않은 아기가 다른 유형의 자극들보다 언어 자극들에 더 많이 반응했다. 아직 태아 상태일 때도 아기는 자궁의 일반적인 소음, 외부의 다른 소음의 원천들, 그리고 심지어 다른 사람들의 목소리들 가운데서 어머니의 목소리를 구별해낼 수 있었다. 출생 후에 그는 다른 여성들의 목소리 가운데서 어머니의 목소리를 인식하고, 그 목소리를 더 좋아하고, 그것이 그가 자궁 안에서 들었던 목소리와 같은 것임을 인식했다. 게다가, 신생아는 어머니가 말하고 있는 언어를 인식하는 반면에, 임신 기간 동안에 들어보지 못했던 언어에는 반응하지 않는다. 이것은 무엇을 의미하는가? 태아는 모국어의 음절들 사이를 식별한다. 이는 마치 신생아가 태내에서 들었던 언어를 위한 음소들을 비축해놓았고, 탄생과 함께 그 언어에 "미리 준비된" 상태인 것처럼 보인다. 이 상태는 아이가 그의 모국어에 대한 선호를 유지하는 기간인 약 6개월 동안 효력을 유지한다. "모국어(mother tongue)"라는 용어는 문자 그대로 받아들여야 한다. 이것이 아이가 다수의 언어들을 배우는 것을 방해하지는 않겠지만, 그는 모국어에 대한 선호를 유지할 것이다.

 이것은 아기가 우리가 사용하는 언어로 말한다는 것을 뜻하는가? 결코 그렇지는 않다. 어떤 정신분석가나 연구자도 그렇게 말하지는 않을 것이다. 나는 반쯤 농담으로 아기는 청각 장애인처럼 말한다고 말할 것이다. 다른 분야인 언어 심리학의 두 연구자들[7]은 심각한 청각 장애를 갖고 태어난 아이들, 즉 그들의 부모들 역시 청각장애를 갖고 있고, 따라서 수화를 사용하는 아이들이 수화를 습득하기 이전 시기에 손으로 하는 옹알이(babble with their hands)를 시작한다는 것을 보여주었다. 그들은 10-14개월 사이의 듣지 못하는 아이 두 명과 들을 수 있는 아이 세 명의 손동작들을 비교했다. 그들은 아이들의 "손 옹알이(hand babbling)", 즉 명확한 동기가 없는 몸짓을 일상적인 몸짓(예를 들면, 안아달라고 팔을 내미는 것)으로부터 주의 깊게 구분했다. 그 결과 손 옹알이는 듣지 못하는 아이들의 행동에서 절반 이상이 나타난 반면에, 들을 수 있는 아이들에게서는 10퍼센트만이 나타났고, 그것은 정상적 단계를 거쳐 첫 언어 신호의 출현으로 이어졌다. 그러므로 듣거나 듣지 못하는 신생아들이 태어나기 이전에 이미 최소한의 목록(repertoire)을 갖고 있고, 언어를 생성하고, 구성하는 경향을 타고 난다는 의미에서, 그들은 벙어리가 아니다. 다시 말해서, 그들은 말을 하는 법을 알기 전에 말을 하며, 의미론적이고 어휘적인 목록을 갖기 전에 옹알이를 시험해본다. 우리는 그들이 자신들이 하고 있는 것을 이해한다거나, 우리가 그들에게 하는 말을 이해한다고 말하고 있는 것이 아니다; 그것은 그들로서는 할 수 없는 과제이다. 당분간은 그들이 메시지를 이해하는 수단을, 그리고 메시지를 보내는 수단을 갖고 있으며, 이 메시지들이 의미를 지니고 있을 수

---

[7] L. A. Petitto, P. F. Marentette, "Babbling in the Manual Mode: Evidence for the Ontogeny of language", Science 251 (March1991): 1493-96.

있다는 사실을 관찰하는 것으로 만족하자. 그것을 발견하는 것은 우리의 몫이다.

"엄마의 좋은 냄새가 나는 옷"

비록 감각적 기반이 출생 시에 이미 존재하고, 태아들과 신생아들이 이미 감각적으로 사는 중요한 경험을 하고 있다 하더라도, 신생아가 출생 이전과 이후의 감각들을 연결하는 데에는 부모들이 필요하기 때문에, 아직 제대로 자리 잡은 것은 아무것도 없다. 그 연결에 약간의 손상만 발생해도, 그는 자기 자신을 구성해나가는 데 어려움을 겪게 된다.

페리에 부인(Mrs. Perrier)은 며칠 동안 울음을 멈출 수 없었던 일로 인해 그리고 그것에 관해 나와 이야기하기를 원했기 때문에 나에게 의뢰되었다. 첫 아이를 낳은 그녀는 눈물 때문에 아기에 대한 그녀의 기쁨을 빼앗기지는 않았다. 그녀는 딸에 대해서는 아무런 불만이 없었다. 그녀의 딸 마리(Marie)는 약간의 황달 증상을 보였으므로 광선요법이 필요했다. 치료법은 황달이 사라질 때까지 아기를 4시간씩 밝은 빛에 노출시키는 것이었다. 마리는 옷을 벗긴 채로 눈을 가리고 일종의 해먹에서 램프 불빛을 쬐도록 조치되었다. 치료 자체는 밝은 빛을 제외하고는 어떠한 폭력적인 요소도 없었지만, 그때까지 만 9개월 동안을 상대적으로 어두운 환경에서 보냈던 작은 소녀에게는 분명히 다소 불안한 것이었음이 분명하다. 장비도 조금은 인상적인데다, 맨살을 드러내고 눈을 가리는 것은 비교적 불안감을 느끼게 만드는 것이었다. 그런 이유로 이 치료는 고통도 없고 상당히 규칙적인 것인데도 불구하고, 아기들은 때때로 그 상황을 불편해하곤 했다. 마리는 치료를 참을 수 없어했다. 그녀의 비명과 울음은 무방비 상태의 어머니를 고통스럽게 했고, 어머니가 할 수 있는 것은 마리와 함께 우는 것뿐이었다. 이 모든 것이 너무 불안한 상태가 되어가고 있었기 때문에, 간호스태프들은 그녀에게 나를 만나볼 것을 권했다.

그 아이는 자신이 알았던 첫 번째 사람에게서 분리된 상태였다. 여기에서 다시금, 나는 그녀가 낯선 이들과 초유의 상황들로부터 그녀에게 오는 새로운 감각들과 자신을 연결시켜줄 수 있는 무언가를 잃어버렸다는 것을 이해하기 위한 실험적 규칙들을 명심해야 했다. 페리에 부인은 그녀의 아이가 끊임없이 울면서 불편해하는 것에 대해 생각없이 "민감한" 것이 아니었다. 황달 치료에 대한 마리의 반응은 통계적으로 볼 때, 비정상적인 것이 아니었다. 그녀가 필요로 했던 것은 낯선 상황들에 맞서기 위해 친숙한 감각들을 되찾는 것이었다. 나는 마리와 그녀의 어머니를 위해서, 마리가 그녀의 타고난 민감성을 불안의 원천이 아니라 연결을 위한 기준으로 사용할 수 있게 하는 방식으로, 분리 절차를 고안해야만 했다. 그에 따라, 나는 어머니에게 치료가 시작되는 시간에 마리에게 왜 치료를 해야 하는지, 어떻게 치료가 진행될 것인지를 설명하고, 마리를 맡게 되는 간호사의 이름을 그녀에게 알려주면서 그 목소리를 알 수 있게 해줄 것을 제안했다. 또한 4시간 후에는 어머니가 그녀를 다시 만나게 될 것이라는 사실도 알려주도록 했다.

현재, 나는 신생아들과 잠시 떨어져 있게 되는 모든 어머니들에게 이 절차를 조언한다. 신생아가 여러 명의 목소리 가운데서 그의 어머니의 목소리를 들었을 때, 그의 심장박동의 수와 호흡이 변화한다는 것, 그가 눈을 뜨고 머리를 돌리면서 그 목소리를 찾는다는 것을 알려줄 필요가 있기 때문이다. 만약 우리가 이런 지식들을 이처럼 간단하게 예방할 수 있는 상황에 사용하지 않는다면, 그것을 아는 것이 대체 무슨 소용이 있겠는가?

  페리에 부인은 마리를 보러가서, 내가 제안한대로 아기의 머리 맡에 그녀의 냄새가 배어있는 옷을 놓아주었다. 최소한 1950년대부터 우리는 신생아의 후각의 중요성에 대해 알고 있다. 자라나면서 그 예민함을 상실하기는 하지만, 신생아들은 특히 예민한 후각을 지니고 있다.[8] 게다가 신생아들은 의미 있는 후각기억(olfactory memory)을 갖고 있고, 따라서 어머니의 체취가 배어있는 옷을 그들 가까이에 놓아주는 것은 어머니가 곁에 없을 때 커다란 안도감을 준다. 그렇게 해서 마리는 그녀 가까이에 있는 옷에서 어머니의 냄새를 맡을 수 있었고, 그 옷 쪽으로 바짝 파고들기까지 했다. 4일 전까지만 해도 자신의 몸을 어머니의 자궁벽에 부딪치면서 살았던 작은 소녀가 지금은 그 어떤 것에도 접촉하지 못하는 상태에서, 연결할 수 있는 기준으로 삼을만한 아무 것도 갖지 못한 채, 전등 불빛 만이 있는 허공 속에 있어야만 했던 것이다. 그녀는 아직 사람이 자신의 신체의 경계를 분명하게 인지할 수 있는 나이에 도달하지 못했다. 그 옷은 단순한 것이지만, 유아가 "안주할 수" 있게 해주는 아기 침대의 테두리처럼, 그녀에게 확실한 테두리로 기능할 수 있었다. 어쨌든, 페리에 부인은 한 시간 후에 다시 나를 보러 왔다. 그녀는 기쁨으로 빛나고 있었으며, 그 날의 회기가 너무 좋았고, 마리는 해먹에서 평화롭게 잠들어 있다고 말했다.

  어째서 후각이 유아에게 그렇게 중요한가? 이는 아마도 이 시기 동안에 아기에게서 특별히 잘 발달하는 대뇌피질 하부층 때

---

8) 현대 행동학의 창시자인 콘라드 로렌쯔(Konrad Lorenz)는 이를 동물에게서 이론화했다; 정신분석가 르네 스피츠(René Spitz)는 기관에서 양육되는 어린이들에 관해서 이를 환기시켰다; 프랑수아즈 돌토(Françoise Dolto)는 제 2차 세계대전 동안에 이를 임상에 적용했다; 그리고 브노아 스칼(Benoit Schaal)은 1980년대 후반에 이를 실험을 통해 증명했다.

문일 것이다. 주로 전대뇌의 후각 부분인 후뇌가 일시적으로 유아를 냄새 맡기의 귀재로 만드는데, 이 부분은 나중에 퇴화하게 된다. 신경생리학적 관점에서 보자면, 이것은 하나의 작은 수수께끼이다. 다음과 같은 식으로 한 번 물어보자: 모든 사람들은 더 하거나 덜한 환상적 이미지들, 생생한 음악, 다양한 정도의 기분 좋은 신체적 접촉, 또는 이상한 음식의 맛을 담고 있는 꿈들을 꾼다. 그러나 아무도 그윽하거나 톡 쏘는, 강렬하고 달콤한, 특정한 냄새의 기억에 대한 꿈 때문에 잠을 깨지는 않는다. 다른 감각들과는 달리, 냄새는 시상(thalamus)—특정한 종류의 정동적인 기억을 위한 주요한 기제를 맡고 있는 구조—을 통해서 기억으로 처리되고 저장되지 않는 것 같다.

그렇다면, 아기는 무엇을 하는 것일까? 우리는 아기가 어머니의 젖가슴으로 파고들 때, 그가 허기를 채우려고 하는 것만큼이나 어머니의 몸과 젖의 냄새, 즉 어머니의 냄새를 맡으려고 한다는 것을 이미 알고 있다. 그는 자궁 안에서의 삶 동안에 양수를 삼킴으로써 "맛보았던" 이 냄새들을 기억에 저장하고 있는 것일까? 어머니의 냄새와 그녀가 먹은 음식의 향이 그녀의 혈액과 양수 안으로 흘러든다. 신생아들은 향수를 개발하고, 아직도 과학으로는 이해할 수 없는 방식으로 200~300가지 종류의 향기를 그들의 기억에 저장할 수 있는 전문가의 "코"처럼 기능하고 있는 것일까? 아직도 풀리지 않고 있는 그 수수께끼에 대한 해답은 신경생리학자들이 발견해야 할 몫이다. 정신분석가는 신생아의 후각을 그것과 연관된 빨기, 삼키기와 함께 어머니에 대한 최초의 접촉들 중의 하나로서 고려해야만 한다. 아기가 자신을 구성하기 시작하는 것은 바로 어머니와의 신체적 친밀함 안에서이다. 아기 자신의 몸은 쾌락의 원천으로서의 젖가슴에 연결된다; 자신의 몸, 빨아먹고 소리를 내는 입, 냄새를 맡는 코, 빠는 입술,

친숙한 소리를 듣는 귀에 대한 그의 생각, 이 모든 것이 어머니의 냄새에 달려있다. 만일 어머니가 아무런 설명 없이 사라진다면, 자신의 몸에 대한 아이의 확신은 의문 속에 빠지게 될 것이다. 원인이 무엇이든 간에, 이것이 그와 같은 부재를 채우기 위해 말을 해주는 것이 꼭 필요한 이유이다. 마리의 경우 그것은 어렵지 않은 일이었고, 그녀에게 어머니가 잠시 곁에 없게 되는 상황에 대해 설명해준 사람이 어머니 자신이었기 때문에 그것의 효과는 신속했다. 아기가 입양되는 상황, 또는 어머니가 사고를 당하거나 사망한 경우에는 이것이 가능하지 않다. 이것이 돌토가 다음과 같은 상처에서 말하려고 했던 것이 아닐까?

> 어머니와 함께 떠나버린 성감대로 인해 절단된 신체 이미지가 발생하는데, 이것은 곧 자신의 신체와의 관계 안에서 발생한 주체의 상처이다. 다시 말해서, 그것은 아기의 냄새의 감각과 삼키는 행동이 상실되는 상처를 말한다. "그 신체 이미지는 누군가가 어머니의 옷에 남아있는 그녀의 냄새를 구체적으로 또는 민감하게 가져다준다면 주체 안에서 회복될 수 있다. 그때 다시 소생하는 것은 주체의 몸, 즉 자신의 몸에 대한 근본적인 이미지이다; 이것이 기능성의 이미지, 즉 빨기의 가능성이다; 반면에, 어머니의 냄새가 없이는, 주체는 빠는 법과 삼키는 법을 더 이상 알지 못했다."[9]

아이가 "후각적인 연속성(olfactory continuity)"을 보장받아야 할 필요성은 명백하다.

---

9) Dolto, F., L'image inconsciente du corps, 212-13.

방법에 대한 추후 생각들

페리에 부인은 나의 조언과 그녀가 마리에게 했던 방법의 효과에 매우 만족한 나머지 매번 치료에 앞서 내가 들려주기를 진심으로 원했다. 당연히 나는 그 제안을 거절했는데, 그 제안대로 한다면 그녀는 그러한 개입의 "마술적" 효과를 믿게 되고, 한편으로는 계속해서 이전과 똑같은 효과를 원하게 될 것이기 때문이었다. 환자의 입장에서는 정신분석가라는 사람에 대해서보다는 정신분석 작업의 틀에 더 많이 기대하기 때문에 이러한 상황이 일어난다. 환자는 법률, 자리 잡은 절차들, 그리고 운용 규칙들이 인간(이 경우에는 정신분석가 개인)에 대한 복종으로부터 그를 자유롭게 해줄 것이고, 루소가 말했듯이, 단지 법에만 복종하는 것을 가능하게 할 것이라고 기대할 수 있다. 그것이 이와 같은 절차가 그토록 중요한 이유이다.

이 절차는 어떤 사람들에게는 세부사항, 또는 의례로 여겨질 수도 있다. 이것은 그것에서 직접적으로 이득을 얻는 간호스태프들의 의견이 아니다. 이론적인 생각들을 통해서 나의 임상의 중심적인 요점을 다듬는 데 커다란 도움을 준 정신분석가 루시앙 코흐(Lucien kokh)에 따르면, 이런 종류의 절차는 "말이 존재하도록 만드는 조건 그 자체"이다. 그것 없이는 유아와 어머니 사이에 단절된 의사소통의 연결 고리를 재확립하기가 어렵다. 만일 누군가가 말이 인간의 가장 탁월한 의사소통 수단이라는 것을 어머니로 하여금 잊게 만든다면, 정신분석적 틀은 그녀가 그것을 다시 기억할 수 있게 하기 위해 거기에 있다. 어째서 그녀는 자신의 아이가 성숙하지 않았다는 것을 핑계 삼아 그것을 금지해야만 하는가? 그것은 그녀가 장황한 독백을 늘어놓았다는 이유로 비난받을 것이기 때문인가?

아기를 조산한 어머니들을 체계적으로 방문하는 것과 관련해서, 나는 그 절차가 가져올 수 있는, 활기를 불어넣는 효과에 대해 기쁘게 생각한다. 그러한 방문 이후에 어머니들이 우울한 상태로 남아있는 경우는 거의 없으며, 그런 경우에는 대개 더 깊은 다른 원인들이 작용하고 있는 것으로 드러난다. 대개의 경우, 그들은 억제되어야만 했던 열의를 회복한다: 그들은 신생아 병동으로 달려가 그들의 아기를 보고 싶어 하지만, 그들의 상태는 주의를 요한다(특히 제왕절개 수술을 받은 여성의 경우). 조산아가 직면해야만 하는 어려움들을 통과하는 과정에서, 그의 욕망을 지탱시켜주는 것은 어머니 쪽에서의 이러한 새로운 삶에 대한 욕망이다.

황달 치료는 페리에 부인의 경험 이후로 다소 진화되었다. 이제는 이동식 태양등이 어머니의 병실에 설치되게 되었다; 어머니가 곁에 있을 수 있게 되면서 문제는 완화되었다. 그러나 어머니에게서 분리되어야 하는 다른 치료들의 경우 그 절차는 유효한 채로 남아있다.

이 절차들은 내가 나중에 논의하려고 하는 일반적인 치료 규정들에서 예외적인 경우이다. 그런 경우에 나는 체계적으로 개입한다; 다른 경우에 나는 요청이 있을 때에만 개입한다. 두 경우 모두, 목적은 어머니와 아기 사이에 출생 이전에 존재했던 심리 내적인 감각적 관계를 유지하도록 만드는 것이며, 병동의 일반적인 운용이 어머니가 말을 통해서 신생아의 감각 능력을 보완하는 것을 막지 않게 하는 것이다.

정신분석가가 산부인과 병동에서 아기에게 개입할 때, 그 분석가는 과학자가 아니다; 그는 말을 사용하는 실천가이다. 그 분석가는 프로이트 시대에 유행했던 것처럼 말로 하는 치료로서의 정신분석을 충실하게 이행하는 자이다. 또는 루시앙 코호의 말—사적인 녹음에서 발췌한—을 인용하자면: "말의 실천가로서의 자리에 있는 사람은, 또는 말의 실천 안에 있는 생각에 대한 관념에 따라 행동하는 사람은 그 누구도 평가를 수행하고 있는 사람과 같아질 수 없다. 무의식의 틀 안에서, 우리는 안[즉, 우리가 듣는 모든 것 안에서 말해지지 않은 것을 듣는]과 밖[즉, 말해지지 않은 것이 말해질 이유가 있는 것인지 그것이 의미 없고 공허한 것인지를 평가하려고 시도하는] 양쪽 모두에 있을 수는 없다." 이것이 논리적이다. 우리는 우리가 무언가를 말해야만 하는 대상에 대해 연구하고 있지 않다. 우리는 말하는 주체에게 귀 기울이고 있다. 이것은 같은 일이 아니다. 우리는 소설가이자 예술 이론가인 앙드레 말로(André Malraux)가 했던 말을 기억함으로써 정신분석이 예술적인 창조성에 지고 있는 빚을 기억하자. 그의 유해가 묻힌 팡테옹(Panthéon)에는 다음과 같은 그의 말이 새겨져 있다: "예술 작품을 파괴하는 것은 열정이 아니라, 증명하고자 하는 욕망이다."

반복

"하지만 전 이렇게 사는 게 좋아요." 코엥 부인(Mrs. Cohen)은 울음을 터뜨리면서 내게 말했다.

이것이 그녀가 내게 인사를 한 후에 한 첫마디였다. 그녀의 아들 중 한 명이 변비증상을 갖게 되었는데, 치료 효과가 없자 그녀는 나를 만나는 것에 동의했다. 그녀는 분명히 좋아보이지 않았고, 곧 바로 내게 이전 몇 달 동안의 삶에 대해 이야기했다.

그녀는 일주일 전에 쌍둥이를 출산했다. 그녀가 쌍둥이를 임신한 것을 알았을 때, 그녀는 격렬한 반응을 보였다: "아이 하나는 괜찮아요, 하지만 둘이라니!" 그녀는 쌍둥이였는데, 그녀 자신은 부모에게 폄하당했던 반면, 그녀의 쌍둥이 자매는 부모의 모든 찬사를 차지했고, 그녀는 쌍둥이 자매에게 끊임없이 스포트라이트를 양보하는 고통을 겪었다. 그녀의 과거 역사가 반복되는 것처럼 보이는 이런 현실은 그녀가 감당하기 어려운 것이었다. 그래서 그녀는 낙태시켜줄 것을 요청했다. 그러나 그녀는 마음을 바꾸었고, 처음의 관점으로 돌아가 다시 망설였다. 결국 그녀는 두 아이 모두를 낳기로 결정했다—그것은 초음파 영상을 보았기 때문이었을까? 그 후 그녀는 그것이 자신이 한 선택이므로 자신은 그것에 대해 행복해해야만 한다고 결정하고는, 스스로에게 과도하게 요구하는 상태가 되었다. 결과적으로 그녀의 선언은 모순적인 것이 되었다: "나는 울고 있어요, 하지만 괜찮아요."

　내게 떠오른 생각은 변비에 걸린 문제의 아기가 그의 특권적인 표현수단인 신체를 통해서 그의 어머니의 부인을 단순히 반복하고 있다는 것이었다. 그는 모든 치료에 저항하고 있는 변비가 그를 괴롭히고 있음이 확실함에도 불구하고, 매우 조용했다. 거기에는 다시 모든 것이 괜찮은 상황이 있었다. 아기 역시 그 어떤 것도 희석시킬 수 없는 단호함을 갖고 있었다: 그는 젖먹기와 배변을 거부했다. 나는 그에게 말했다: "네 어머니는 이렇게 사는 것이 괜찮다고 말하면서도, 동시에 괴로워하고 있단다. 너도 우리에게 같은 것을 말하고 있구나: 너는 차분하고 괜찮다고 말하지만, 네 엄마와 어떤 교류도 거부하고 있어. 너는 배가 고플 때 엄마에게 아무것도 요구하지 않고, 배불리 먹었을 때에도 엄마에게 아무것도 돌려주지 않는구나."

　이 말을 들은 아기의 어머니는 갑자기 자신이 아기에게 젖을 먹일 때 아기가 젖을 빠는 것을 기다려준 적이 한 번도 없다는 것을 깨달았다. 그녀는 쌍둥이 형제 중 하나는 배가 고파 울 때 젖을 먹였지만, 다른 하나는 요구하지 않는 상태에 있을 때 깨워서 젖을 먹였다—한밤중에 두 배로 자주 깨어야 하는 것은 어머니들에게 상당히 피곤한 일이다. 그러나 그것은 현 증상을 유발하기에 충분한 것은 아니다.

이 아기는 무엇을 하고 있었을까? 그는 어머니가 과거에 그녀 자신을 지워버려야만 했듯이 그 자신을 지우고 있었다. 그는 어머니의 부인(denial)을 자신의 것으로 만들고 있었을 뿐만 아니라, 그녀가 임신 초기에 보였던 낙태에 대한 욕망을 재연하고 있었다. 그녀는 한 아이만을 원했었는데, 그때 그는 자신의 자리를 포기했다. 그는 살아남았지만, 어떤 것도 요구하거나 주지 않았다; 그는 가까스로 존재하고 있었다; 그의 체중은 늘지 않았다. 내가 보기에, 그러한 역동이 작용하고 있었기 때문에 나는 그에게 말했다: "너의 엄마는 임신했을 때 한 아이가 아니라 두 아이를 갖게 된 것을 두려워했단다. 한 순간은 엄마가 너희 둘 모두를 원하지 않기도 했었어. 하지만 그 생각은 오래가지 않았고, 엄마는 마음을 바꾸었단다. 그래서 네가 태어난 거지. 넌 네 자신을 지워버릴 필요가 없단다 ... 너는 네 엄마가 자신의 자매에게 했던 것처럼 행동하기를 원하는 거니? 하지만 너는 네 엄마의 자매가 아니라 아들이란다." 그 다음에 나는 여기에서 밝힐 수 없는 그의 가족의 역사의 다른 요소들을 말해주었다. 중심적인 것은 그것들이 그에게 그의 가족 공간의 개요를 그려낼 수 있게 해주었고, 따라서 쌍둥이가 되는 것과 관련된 부모의 환상들에서 그것을 제거하도록 허용했다는 것이다.

아이는 신생아의 장운동을 자극하기 위해 사용되는 자두 쥬스의 도움 없이 한 시간 후에 대변을 보았다. 따라서 자두 쥬스를 처방한 것은 사실상 이 경우에 실패했다고 말할 수 있다.
　그러한 분명한 결과들은 인상적이다. 당신이 그런 종류의 사건들을 수 없이 많이 목격했다고 해도, 그것들은 언제나 당신을 놀라게 만들 것이다. 그럼에도 불구하고, 그것들은 중요한 질문들을 제기한다. 첫 번째 질문은 태어남 이전과 이후의 심리적 삶 사이의 연결에 관한 것이다. 우리는 우리가 "이전"과 "이후"에 동일한 존재를 다루고 있다는 것을 알고 있다. 그러나 문제는 아기 자신이 그 지식의 흔적을 간직하고 있느냐는 것이다; 즉, 아기와 관련된 태내 사건들이 그의 출생 이후에도 여전히 그의 일부를 구성하고 있는가라는 것이다. 코엥 부인의 아이가 그의 증상을 통해 아이를 지워버리고 싶은 엄마의 욕망에 순응함으로써 그 욕망을 반복하고 있다고 말했기 때문에, 나는 그러한 반복의 범위를 분명하게 밝힐 필요가 있다.

불가피한 강제

　반복—"우리가 밤낮으로 듣게 되는, 항상 같은 톤으로 중얼거리는 틀에 박힌 탄식의 바람"[10]—은 정신분석의 역사와 치료자들의 사무실을 지속적으로 괴롭혀온 문제이다. 그것은 분석에서 사람들이 똑같은 곤경들, 같은 행동들로, 그리고 분석을 시작한 동기였을 뿐 아니라 어려움을 지속시키는 똑같은 담론들로 반복적으로 돌아가는 경향이 있다는 특이한 사실을 말해준다.
　X는 자신의 의지와는 달리, 그의 아들에 대해서 거만하고 냉담한 거북함을 느끼는 것을 이해할 수 없고, 자신이 매주 토요

---

10) S. Kierkegarrd, Repetition: An Essay Experimental Psychology, rans. Waleter Lowrie (Princeton University Press, 1946), 44, [translation modified—trans].

일마다 아들들이 그의 사무실로 격식을 차려 방문하도록 정해놓았다고 말했다. 그는 인식하지 못한 채, 어린 시절에 그의 아버지가 사무실에서 다른 형제자매들이 함께 있는 자리에서 자신을 멸시했던 한 장면을 재연하고 있었다. 그는 한 가지 요소를 잊고 있었는데, 반복에 대한 분석을 통해 그것을 재발견할 수 있었다. 그것은 그의 아버지가 그날 그를 언급하면서 "경멸"이라는 말을 사용했었고, 이어서 한동안 그가 형제자매들과 함께 노는 것을 금지하는 "격리" 조치가 취해졌던 일이었다. 무언가가 그가 굴복했던 그 경멸과 격리의 소리 없는 울림으로 지속되고 있었다; 즉, 그가 그의 아들에 대해 보였던 거만하고 냉담한 태도가 그것이었다. 또 다른 사례에서, 한 여성은 끊임없이 그녀의 아파트 열쇠를 잃어버렸다. 어느 날 분석가로부터 질문을 받고서 그녀는 문득 자신이 트루소(Trousseau, "열쇠 꾸러미"를 의미하는) 병원에서 태어났으며, 누군가가 그녀에게 병동에서 몇 분 동안 그녀가 "분실되었다(misplaced)"고 말했던 기억이 떠올랐다.

이러한 재미있고 비극적인 예들은 이 반복 현상을 잘 보여준다. 그것은 마치 사람들이 무언가에 계속해서 부딪치는 것과도 같다. 그들은 그 반복 강박이 어디에서 오는 것인지 알지 못한다. 그들은 그것의 가능한 동기를 생각해내는 대신에, 그들을 위해 그것을 기억하고 있는 시나리오를 실연한다. 프로이트는 그 집요한 고집을 자동현상(automatism), 강제(constraint)라고 생각했다. 반복을 통한 기억의 회귀가 언어 자체의 논리와 자동현상에 의해 강요될 수 있다는 점에서, 그것의 강제적인 측면은 특히 두드러진다. 따라서 "잃어버린 열쇠들-트루소-분실되었다"라는 연상은 수수께끼에 대한 해답으로 가는, 미리 강요된 길을 보여준다. 당신이 하나의 생각으로부터 벗어나려고 애쓸수록, 당신이 사용하는 말들은 더욱 더 그것을 강요하는 상황이 발생한다.

반복의 자동현상에 대한 문헌은 너무 많다. 반복은 또한 불쾌한 마주침, 견딜 수 없는 현실의 부분과의 만남, 주체에 의해 동화될 수 없는 사실의 조각과의 만남에 따른 결과이다: 예를 들면, X가 아버지의 사무실에서 경험했던 당혹스러운 마주침이 그 것이다. 더 일반적인 예로, 프로이트가 반복 강박을 죽음 욕동과 연결시킨 이후로 그것은 잊혀진 기억들의 지평선을 따라 슬그머니 미끄러지는 유령과의 마주침이 되어버렸다. 나는 앞에서 반복을 바람에 비유한 철학자, 죄렌 키에르케고르(Sören Kierkegaard)의 문장을 인용했다. 소설가 클로드 시몽(Claude Simon)의 말을 인용함으로써 우리는 그 은유가 드러내는 지평을 바라볼 수가 있을 것이다; "곧 바람은 평원에서 폭풍이 되어 불어 닥치곤 했다 ... 목적도 없이 고삐 풀린 힘, 끝없이 스스로를 소진하도록 유죄판결을 받은 채, 끝나리라는 희망도 없이 밤마다 길게 이어지는 불평들로 신음하면서, 그것은 덧없고 소멸하는 피조물인 인간이 잊을 수 있는 능력으로 평화롭게 잠들 수 있는 것을 시기하면서 탄식하는 것만 같았다; 죽을 수 있는 특권에 대해서."11)

"**생체 시계**(The Organic Clock)"

증상을 통해 반복되는 자료의 동화되지 못한 부분이라는 이 주제는 분석 실제에서 매우 유용하다. 그 주제는 하나의 아이디어, 즉 돌토의 치료 실제를 통해 제안되었고, 프로이트의 친구이자 공동 연구자인 산도르 페렌치(Sàndor Ferenczi)에 의해 발견된 해 발견된 생각—과학적 문헌들에서는 별로 반응을 얻지 못했던

---

11) C. Simon, Le vent (Ed. de Minuit, 1975).

것으로 보이는—을 이해할 수 있게 해준다. 그것은 연대기적인 반복이라는 생각이다. 즉, 출생 이후 삶의 X 시간에 발생한 신생아의 증상은 그의 태내의 삶의 Y 시간에 발생했던 외상적인 사건에 상응하는 것일 수도 있다. 예를 들면, 아이가 임신 2개월에 발생했던 사건을 기억하고 있다가, 마치 시계처럼 정확하게 출생 후 2개월에 그 기억을 환기시키는 현상이 그것이다. 우리는 이 촉발 사건이 그에게 영향을 미친다는 것과 그는 이것을 직접적으로 그의 어머니를 통해서 감지하거나, 그것이 간접적으로 아버지에 의해 생성된다는 것을 이해해야만 한다.

   이것이 수용될 수 있는 생각인가? 이성은 아니라고 말한다. 그것은 아직 실험을 통해 입증된 것이 아니다. 그러나 임상은 그렇다고 말하고 있으며, 일부는 잘못된 것일 수 있다 하더라도, 이런 유형의 수많은 현상들이 일치한다는 것은 명백하다. 돌토는 이러한 극히 정확한 종류의 "생체 시계 아이들"에 대한 몇몇 예들을 제시한다. 과학자들이 이 주제에 대해서 심지어 그것을 정교하게 조율하는 가능성에 대해서조차도 아무런 관심을 갖지 않는 동안, 누군가가 그것을 알고 있다는 그러한 신호를 무시하는 것은 비합리적이다. 이 신호는 무시되고 있고 따라서 열 번 중 아홉 번은 신생아를 위협하는 반복으로부터 그를 구해낼 수 있는 기회를 놓치고 있다. 동일하게, 우리는 신생아에게 발생한 "말의 구멍들"이 청소년기에 불쑥 모습을 드러낸다고 말할 수 있다. 정신분석가로서 신생아에게 귀를 기울이는 것은 청소년기의 문제들을 예방하는 방법이기도 하다.

태아에서 유아로, 연속성

   어떤 이들은 출생 이전에도 인간의 아기로 생각해야만 하는 존재에 대해 태아라는 용어를 사용하는 것을 중단할 것을 요구해왔다. 정신분석가인 버나드 디스(Bernard This)는 태아라는 말을 사용함으로써 우리는 그들을 인간 존재로 존중하지 않게 되는 위험, 기술적 언어의 알리바이에 의존하게 되는 위험에 빠질 수 있다고 믿는다. 이 주장은 뱃속의 아기가 수정되는 순간부터 계속되는 인간 주체의 실체와 존재의 연속성을 나타낸다는 점에서 중요하다. 우리는 이것이 감각지각 능력의 수준에서 진실이라는 것을 보아왔다. 나는 이것이 또한 아이가 그의 어머니와 함께 확립하는 연결에 영향을 미친다는 것을 보여주고자 한다. 그럼에도, 나는 출생은 단지 거주하는 장소나 환경의 변화가 아니라는 점을 강조하기 위해 "태아"라는 단어를 계속해서 사용할 것이다.

정신분석적 임상 실제에 기대지 않고서도, 우리는 태아와 유아들을 관찰함으로써 출생 이전에 있었던 일이 출생 이후에 반복되는 현상에 대해 논의할 수 있다. 일반적인 믿음과는 반대로, 자궁 안의 아기와 그의 어머니는 하나의 단일체가 아니다. 벽—세포 영양막과 태반—이 그들을 분리시킨다. 어떤 이들은 그것은 휴지 한 장 만큼이나 얇은 사소한 차이일 뿐이라고 말할 것이다. 그것은 사실상, 진실과 오류를 나누는 경계보다도 더 얇다.

그럼에도, 그 차이는 우리로 하여금 일반적으로 인정되는 몇 가지 생각들을 재고하도록 만든다. 어머니와 아기 사이에 임신 동안의 육체적 융합이나 출생 후의 심리적 융합은 없다. 그와 관련해서 알려진 어떤 것도 현실에 기초한 것이 아니다. 더욱이, 임신 마지막 기간에 이르면, 태아와 어머니는 더 이상 같은 리듬으로 살지 않는다.[12] 임신 초기에 태아가 살아남을 수 있게 하는 것은 난소의 호르몬들이지만, 3개월이 되면 태반은 그 호르몬

---

12) B. Cyrulink, Les nourritures affectives (Ed. Odile Jacob, 1993), 59ff.

들을 대체할 수 있을 만큼 충분히 성숙한 상태가 된다. 태반은 아이 신체의 완전한 상태의 일부분이므로, 이것은 어머니에 대한 아이의 관계에서 그의 자율성에 대한 최초의 희미한 빛이다. 이제 태아는 그의 성장에 필수적인 호르몬들을 스스로 분비한다. 난소를 제거한 여성들도 임신 초기 3개월간 호르몬 대체 치료를 받는다면, 그 이후에 임신을 유지할 수 있다는 점에서, 이것은 분명한 사실이다; 그 이후로는 스스로 기능할 수 있게 된 태반이 조절 작용을 담당한다.

아기/태아는 이미 자율성의 한 몫을 담당하고 있다. 이탈리아의 정신분석가인 알레산드라 피온텔리(Alessandra Piontelli)는 이 주제에 대한 연구를 진행해왔는데, 치밀하고, 흥미진진하고, 아직 완성되지 않은 그녀의 연구는 자궁 내의 삶과 유아 사이의 연속성을 규명해냈다. 튜린 대학(The University of Turin)의 아동 정신의학부의 객원교수인 동시에 런던의 유명한 타비스톡 클리닉(Tavistock Clinic)의 아동치료사이자 교수인 그녀는 밀라노(Milan)에서 정신분석가로 활동하고 있으면서, 출생 이전과 출생 직후 시기에 대한 관찰과 연구 프로그램을 시작했다. 그 연구를 완성하기 위한 새롭고 효과적인 방법을 찾기 위한 시도로서, 그녀는 일단의 아이들에게 임신기간 동안 초음파 기술을 사용한 다음, 출생 이후 5년 동안 어머니와 아이를 추적 관찰하는 방법을 택했다.[13] 그녀의 작업은 우리들 대부분에게 무척이나 당황스러운 기록들과 새로운 사실들을 제공해주었다. 나는 여기에서 출생 전 경험이 출생 후에 반복되는 것에 대한 우리의 조사와 교차되는 그녀의 두 가지 연구 주제들만을 살펴볼 것이다: 그 동안 제대로 설명되지 못했던 현상인,

---

[13] 그녀의 방법론과 결과들은 그녀의 첫 번째 책에 묘사되어 있다, A. Piontelli, Freom Fetus to Child—An Observational and Psychoanalytic Study (New York: Routledge, 1992).

유아기 기억상실증과 쌍둥이에 대한 연구가 그것이다.

그녀는 자신이 상세하게 연구했던 쌍둥이 문제에 대한 관심이 그 연구를 시작하기 오래 전에 행했던 단기 치료에서 시작되었고, 그것이 그녀에게 깊은 인상을 주었다고 말했다. 문제가 된 것은 지능이 높고 민감한 18개월 된 아이였다. 잠을 너무 적게 자고, 하루 종일 단 일분도 조용히 있지 못하는 문제로 부모들이 그녀의 사무실로 아이를 데리고 왔다. 한마디로, 그는 부모들을 미치게 만들고 있었다.

피온텔리는 곧 바로 그가 발견하지 못하는 무언가를 찾으려는 듯, 치료실 구석구석을 뒤지기 시작하는 것에 주목했다. 그의 부모들은 그가 집에서도 밤낮으로 비슷한 조사를 하면서 시간을 보낸다는 사실을 확인해 주었다. 그들은 덧붙이기를, 그가 새로운 동작—앉기, 기어 다니기 등—을 익힐 때마다 마치 "무언가를 뒤에 남겨두고 떠나는 것"에 대해 강렬한 공포를 느끼는 것 같다고 말했다.

피온텔리는 그가 또 다른 반복 행동을 하는 것에 주목했는데, 그것은 우리가 누군가를 잠에서 깨울 때와 비슷하게, 방 안에서 발견한 여러 가지 물건들을 흔드는 행동이었다. 그녀는 자신이 마음속에 느끼고 있던 생각, 즉 그가 다시는 발견하지 못하고 절망했던 상실한 대상을 찾고 있는 것처럼 보인다는 생각을 아이에게 직접 말하기로 결정했다. 아이가 갑자기 하던 행동을 멈추고 오랫동안 그녀를 응시하는 의외의 순간이 오자, 그녀는 이 기회를 이용해서 아기에게 말했다: "너는 마치 그 물건들이 죽었을까봐 두려워 그것들을 흔들고 있는 것 같아." 이 말에 그의 부모들은 울음을 터트렸고, 18개월 된 제이콥(Jacob)이 분만 2주 전에 자궁 내에서 죽은 티노(Tino)와 쌍둥이였다는 것을 설명했다. 따라서 제이콥은 아직도 티노를 찾으면서, 모든 물건들을 남김없이 수색하고 있었던 것이다. 치료실에서 물건들을 움켜잡았던 것처럼, 그는 어머니의 자궁 안에서 티노를 흔들었던 것일까? 우리는 알 수 없다. 그러나 피온텔리는 그 순간 이후로 제이콥에게 커다란 변화가 일어났으며, 그의 행동에 수반되었던, 그의 형제의 죽음에 대한 강렬한 죄책감을 그에게 다시 말해주는 데는 단지 몇 회기로 충분했다고 보고한다. 부모들은 그 일을 계기로 티노를 애도할 수 있었다. 그들이 그의 이른 죽음에도 불구하고, 그에게 이름을 지어주기를 고집했다는 것은 그들이 그를 개인적인 존재로 여겼다는 것을 말해준다. 그러나 그 때까지 그들은 그의 죽음으로 인해 그들이 경험했던 고통과 죄책감의 강렬함에 대해서는 생각조차 못하고 있었다. 이 책을 시작하면서 논의했던 르메르씨에 부인의 사례에서와 마찬가지로, 그 전언어기의 아이는 말의 결핍—그의 부모를 괴롭히는 동시에, 희망 없고, 쉴 틈 없는 수색을 하도록 그를 몰아가고 있었던—을 사람들에게 알리고 있었던 것이다.

 여기에는 이상한 중복이 일어나고 있다. 임신에 영향을 미쳤던 그 끔찍한 사건은 아이가 끊임없이 괴로운 상황에 처하는 운명으로 반복되었다. 피온텔리는 이에 대한 강렬한 기억을 간직했고, 이후로 그녀의 태아에 대한 연구(그들이 쌍둥이인지에 관계없이)에서 태아의 움직임에 깊은 관심을 갖고 주목하게 되었다. 물론 그녀가 한정된 수의 사례들을 다루기는 했지만, 그 관찰에서 여러 가지 분명한 사실들이 발견되었다. 우선, 아이들이 출생 이전에 이미 활동적이라는 사실이 그것이다. 임신 9주와 12주째 사이에 태아들은 팔과 머리를 움직이고, 다리를 오므렸다 폈다 하고, 엄지손가락을 빠는 행동들을 시작하고, 심지어는 일정한 성적 행동의 증거까지도 보여준다; 이 움직임들은 출생 이후에 그들이 행동하는 것과 동일한 유형의 것들이다. 또한, 임신

8주째가 되면서 태아들은 자극에 대한 반응으로서 이러한 움직임들을 개시하고 선택하는데, 이 몸짓들은 출생 이후에도 역시 특징적으로 동일하다. 태어난 이후에는 더 큰 중력이 작용하기 때문에 이 움직임들의 질과 정확성이 달라진다는 점 외에는 변화가 없다. 둘째로, 쌍둥이가 자신의 또 다른 자아에 대해 자궁 안에서 보이는 움직임은 명백하며, 그가 조직된 행동을 한다는 사실을 말해준다. 초음파 회기 동안에 관찰된 일반적인 태도들은 출생 이후에 다시 나타난다: 한 명이 다른 한 명을 보호하고, 한 명이 다른 한 명의 뒤를 따라다니는 등, 그 외의 여러 경향성이 그것이다. 만약 사람들이 말하듯이, 쌍둥이의 삶이 제2의 자아와 같은 쌍둥이 형제나 자매를 발견하는 것에서 시작된다면, 그들(또는 세쌍둥이들)은 특권적인 위치에 있게 된다. 그들이 출생 시에 "정상적인" 신생아들보다 더 조숙한 것으로 보이지는 않는다. 그러나 확실하게 입증할 수는 없었지만, 피온텔리는 모든 사례에서 정서적 민감성과 반응에 대해 말할 수 있고, 이런 사례들의 일부는 어머니의 마음 상태에 달려있다고 믿는다. 세 번째로, 아이들 특히 쌍둥이들은 그들의 놀이에서, 그리고 말을 하자마자 언어의 교환을 통해서 그들의 태아기 삶의 모든 것을 그대로 반복한다. 2-4세 사이에 발생하는 이 반복은, 마치 그들의 현 정체성이 태아기 삶의 조각들에 달려있기라도 하듯이, 거의 강박이 된다. 피온텔리에게 있어서, 이것은 단순히 비디오테이프처럼 과거를 재생하는 반복강박이 아니다. 이것은 그것을 정서들과 연결하고, 의미를 부여하려는 노력, 즉 과거를 재구성하려는 시도이다. 한마디로, 그것은 상징적 진전, 즉 정교화 (elaboration) 작업이다.

반복에 대한 연구에 기여한 부분 외에도, 피온텔리의 작업으로부터 얻을 수 있는 첫 번째 지식은 출생 이전과 이후 사이에 연속성이 있다는 것이다. 아기와 함께 하는 정신분석 실제에서 일차적인 것은 연결들을 보존해야 할 필요성이다: 여기에는 어머니는 물론이고 아버지 또는 그의 "대리자"와의 연결, 사회 (예를 들면, 입양 아기의 경우)와의 연결뿐만 아니라, 출생 이전 기간과의 연결도 포함된다. 아이는 그의 출생 이전부터 존재하는 타인들에 대한 감각적인 연결을 갖고 태어난다. 그것이 돌토가 우리에게 가르쳐준 것이고, 실험적 과학을 통해서 우리가 알게 된 것이며, 피온텔리와 우리가 나중에 이야기하게 될 다른 사람들의 관찰이 증명하는 것이다. 그런 점에서 아기는 진정으로 한 명의 사람이다. 내가 이전의 작업에서 주장했듯이, 아기의 전역사(prehistory), 심지어는 원역사(protohistory)라는 것이 존재한다.14) 어린 아이는 정도 차이는 있지만 좌절을 겪을 수밖에 없는 운명을 타고 난다; 그들은 자신들을 구성하는 내면의 언어의 욕조(language bath) 속에서 상징적으로 살아간다. 이 모든 것이 사실이다. 나는 아이는 이미 많은 연결들로 구성되어 있는 존재이며, 그가 "번성할" 수 있을지의 여부는 그 연결들이 보존될 수 있는지 아닌지에 달려있다고 말하는 것으로 이 문제를 요약하고자 한다.

햅토노미(Haptonomy)15)의 공헌

어떤 사람이 다른 한 사람과의 연결을 보여주고자 할 때, 설령 그것이 순전히 관습적인 것이라고 해도, 그는 그 사람과 접촉

---

14) M. Szejer, R. Stewart, Ces neuf mois-là(Robert Laffont, 1994, 2003).
15) 햅토노미는 네덜란드인 프란츠 벨드만(Frans Veldman)이 창시하고 발달시킨 접촉(touch)과 음성(voice)을 사용하는 치료법이다. 이는 프랑스에서 부모들이 출생 이전과 이후의 아기들과 의사소통하기 위해 사용된다.

을 하게 된다: 악수를 하고, 뺨에 키스하거나, 그가 러시아 사람이라면 입술에 키스할 것이다. 그런 접촉(contact)을 만들어내는 것은 피부이다. 정확히 말하자면, 피부 접촉과 피부로 느끼는 (압력) 민감성은 배아발생 과정에서 나타나는 첫 감각 자질들(sensorial qualities)에 속한다.

아기는 제대로 기능하는 청각 조직을 갖추기—임신 후기에야 가능한—훨씬 전에, 양수 속에 살면서 울리는 음향의 진동을 인식하고 식별한다. 햅토노미 치료자들은 아기가 때로는 "그의 피부를 통해서 듣는다"고 말한다. 카트린 돌토(Catherine Dolto, 프랑수아즈 돌토의 딸인)가 말하듯이, "똑똑한 피부(intelligent skin)"는 태아가, 그의 아버지의 목소리처럼 알고 인식 가능한 목소리를 향해 움직이도록; 어머니의 "체내의" 초대들(신체적인 접촉 없이)에 응답하도록: 그것에 말이 동반되든 아니든 간에, 그리고 그것이 어머니, 아버지, 또는 치료자 중 누구에게서 오는 것이든 간에, 피부접촉에 반응하도록 만든다. 피부 접촉이 태아를 초대하는 자궁 내의 놀라운 발레는 신체를 언어로 초대하는 첫 시작을 구성한다.

"똑똑한 피부"라는 용어는 단지 표현상의 문제가 아니다; 그것은 인간에 대한 더 넓은 시각을 전제로 한다. 제2차 세계대전 이후 햅토노미 치료[16]가 발달했을 때, 그것은 태아의 감각지각 능력, 초기 기억, 그리고 출생 이전의 부모-아이 관계의 문제들에 대한 독창적인 접근 방식을 택했다.

---

16) 이 부분에 있어서, 나는 프랑스에서 처음으로 햅토노미를 옹호하고 입증했던 카트린 돌토에게 크게 빚지고 있다. 햅토노미에 대해 더 이해하기를 원하는 이들은 그녀의 글, "Haptonomie pré- and postnatale", Journal de Pédiatrie et de Puériculture, no. I (1991):36-46; "Génération, espoir et souffrance", in Actes du Colloque "Souffrances, quel sens aujourd'hui?" (Erès, 1992), 111-12를 참조할 수 있다. 또한 Frans Veldman, Hatonomie—Science de l'aggectivité (PUF, 1989)를 보라.

햅토노미 치료사들은 임신한 여성, 태아와 함께 하는 작업을 통해서 어머니에 의해 경험되는 모든 신체적, 정동적, 심리적, 정서적 사건들이 아이의 환경에 즉각적인 영향을 미친다는 사실을 발견했다. 아이는 "진정으로" 자신과 관련된 것에 반응한다. 이를 통해서, 어머니는 아이와 극도로 미묘한 관계를 갖는 것이 가능하다는 것을 알게 된다. 만일 어머니가 아버지를 그렇게 하도록 초대한다면, 아버지 역시 아이와의 접촉을 시작하고, 촉각적이고 음성적인 "정동적" 연결을 확립할 수 있을 것이다. 아버지는 또한 어머니에게 충분히 주의를 기울이는 것을 통해서 간접적으로 관계 안에 아이를 포함시킬 것이고, 그렇게 함으로써 아이는 욕망하는 주체로서의 자기 자신을 드러내도록 초대받을 것이다.

햅토노미 치료사의 도움으로 확립된 세 방향의 관계(또는 다중 임신의 경우에는 그 이상의) 안에서, 아이는 매우 분명하게 그의 쾌락이나 불쾌, 연결에 대한 욕망, 또는 휴식과 평온함에 대한 그의 욕구를 보여준다. 햅토노미 치료사들은 아이가 자신이 받는 "정동적인 확인"에 감사한다면, 그 아이는 출생을 넘어 잘 견딜 수 있는 기본적인 안전감을 발달시킬 것이라고 말한다. 다시금 그는 자신의 응답들을 통해서 정동적으로 그의 부모들을 확인하는데, 이것은 부모와의 삼각관계 안에 있는 그리고 쌍둥이 관계 안에 있는 매우 특별한 역동의 신호이다. 자궁 내의 삶을 시작하면서, 아이는 외부 세계에 관심을 갖고, 친숙한 목소리들에 반응하며, 그들에게로 더 가까이 다가갈 뿐만 아니라, 그의 현존이 정동적 맥락의 한 기능으로 느껴지도록 만든다. 비록 우리가 아직은 그것에 대해 설명할 수 없지만, 아이는 어떤 특정 상황들에서 시작한 몸 흔들기 동작들을 기억에 저장하는 것으로 보인다. 여기에서 다시 한 번, 어머니와 아이 사이에 융합 같은

것은 없다: 진정한 행위자로서의 아이에 대한 인식은 아이와 그의 부모들에게서 임신과 출생의 경험을 수정한다.

아이를, 자궁 내의 삶을 시작하면서 의미와 의사소통을 추구하는 존재로서 인식하는 햅토노미 치료는 예방적인 목표를 갖는다. 예를 들면, 임신 기간 동안 햅토노미 치료사에 의해 "접촉된" 아이들이 종종 출생 후에 일반적인 아이들보다 더 기민하다는 것은 분명하다. 자각과 관련된 무엇인가가 그 세 방향의 태아의 대화 형태에 의해 미리 점화된다. 병리적인 임신—아이의 질병, 또는 죽음—의 경우에, 햅토노미 치료는 그가 그저 잠재적인 수동적 희생자로서 그의 자리에서 제거되지 않도록, 전혀 다른 방식으로 부모가 아이의 고통을 함께 할 수 있도록 해준다. 비슷하게, 반향하는 몸짓들을 통해서 현존하는 아이는 그와 그의 부모들 사이의 관계를 손상시키는 잠재적인 거부, 양가감정, 금지, 그리고 비극을 수정한다.

연결을 유지하기

출생 시에 가장 중요한 것은 "청각-촉각적" 접촉을 유지하는 것이다. 최신 기술에 인해 항상 가능한 것이 아닌 이것은 여전히 필수적인 것으로 남아 있다. 수중 환경 안에서 태아는 그가 인지하는 소리를 향해 자유롭게 움직일 수 있었다; 공기가 있는 환경에서 이 과제는 훨씬 더 힘들어진다. 물론, 신생아 관찰은 아기가 생후 4시간 이내에 아버지의 목소리를 찾아내며, 만약 그때 그가 아기에게 말을 한다면, 아기는 어떻게든 그를 향해 고개를 돌린다는 것을 보여줄 것이다. 그리고 물론 같은 실험연구는 신생아에 대한 집중적인 돌봄과는 상관없이, 출생 직후에 바로 유아침대로 데려갔던 아기보다 어머니의 배 위에 올려놓았던 아기가 훨씬 덜 운다는 것도 보여준다. 그러나 그럼에도 불구하고, 아기는 매우 무방비한 상태에 있다.

앞에서 인용한 두 사례에서처럼, 아이는 자신이 알고 있는 사람들—이 경우에는 부모들—에 대한 지각의 중재를 통해서만 자신의 위치를 알 수 있다. 우리는 앞에서, 태어나기 "이전"과 "이후"의 아이가 같은 존재인지, 그가 자신이 그렇다는 것을 아는지에 대해 질문을 제기했었다; 이제 우리는 어머니와의 그리고 그녀의 파트너와의 감각적 연속성이 유지된다는 전제하에 "그렇다"라고 답해야 한다. 그것이 태어나는 아이에게 출생은 폭력적인 행위가 아니라는 것을 확인시켜주는 필수적인 조건이다.

벨클레어의 조산원들은 그 사실을 잘 알고 있다. 그들은 분만 이후에 모든 것이 순조롭다는 것이 확인되고, 부모들이 허락한다면, 가능한 한 빨리 분만실을 떠난다. 그들은 언제라도 개입할 준비가 되어있는 상태에서 거리를 유지한다. 그들은 출생 이후의 이 순간은 그 세 명(또는 두 명)의 주인공들의 것이며, 의료진으로서의 그들의 임무는 방해하는 식으로 개입하지 않는 것임을 알고 있다.

나 역시 종종 분만에 참여한다. 그렇게 참여한 첫 순간들 중에 기억나는 한 가지는 아기가 출생 후에 일상적인 처치를 받느라고 어머니로부터 분리되는 고통스런 순간이었다. 그 고통을 감소시키기 위해, 나는 아버지에게 아기에게 경계를 제공할 수 있도록, 그리고 안심이 되는 따뜻한 울타리를 줄 수 있도록, 아이의 손을 잡아 주면서 그에게 말을 하도록 제안했다. 그러자 아기는 "목소리를 따라" 그의 아버지가 있는 쪽으로 고개를 돌리면서 그를 찾으려 했던 반면에, 나와 조산원의 목소리에는 전혀 반응하지 않았다. 이것은 내 마음속에서 질문들을 불러일으켰다. 나는 그 후로도 이런 현상을 반복해서 여러 번 볼 수 있었다.

출생에 뒤따르는 순간들이 지닌 폭력성에 대한 나의 민감성 때문에 너무 놀랄 필요는 없다; 정서적으로 가장 멀리 있는 전문가들 역시 이것을 경험하고 있는 것으로 알려져 있다. 신생아에게 행해지는 일상적인 처치는 매우 공격적인 것이 될 수도 있다. 그것이 비강을 깨끗하게 하는 것이든, 남아있는 양수와 점액을 빨아내는 것이든, 동작 그 자체가 해가 되는 것은 아니다. "부드럽게" 항문, 콧구멍, 귀, 배꼽 부분을 닦아내기 위해서는 철저한 전문적인 기술과 능숙함이 요구된다. 아기의 체중을 재고, 신장을 측정하고, 자궁 안에서처럼 아직도 움츠리고 있는 아기의 팔, 다리를 펴주고, 눈과 코 안에 있는 이물질을 없애기 위해 점안액을 넣어주는 행동들이 아기에게 일련의 공격으로 경험되지 않도록 하기 위해서는 정확하고 숙련된 손길을 필요로 한다. 물론, 공격성으로 치자면, 이 행동들은 상대적으로 온순한 것들이다. 그러나 이 처치들이 아기가 어머니로부터 떨어져 있는 동안 시행될 때, 그것은 아기에게 특별한 영향을 미치게 될 것이다. 친숙한 느낌의 일차적 원천으로부터 멀어짐에 따라, 아기는 그를 안심시켜주는 모든 수단을 잃게 되기 때문이다.

아기는 이미 알고 있는 것을 찾으려고 한다. 나는 내가 만나는 어머니와 아기 사이의 연결이 깨지거나 손상된 것으로 생각될 경우, 생후 며칠 내로 어머니의 피부에 아기의 피부가 직접 닿도록 안아주라고 제안한다. 산후우울감으로 인해 무방비 상태에 있는 여성들이 이런 경우에 해당된다. 아이디어는 아주 단순하다. 어머니는 아기를 가슴의 맨살 위에 눕히고, 필요하다면 아기에게 말을 한다. 그렇게 함으로써, 아기는 이미 알고 있고, 이제는 그가 인식할 수 있는 다른 신체와 닿고, 듣고, 냄새 맡고, 보는 것을 통해서 연결된 상태를 유지한다. 그렇게 감각적으로 근접해 있는 것은 출생 이전의 연결을 다시 실현하면서 구조를 형성하는 기능을 갖는다. 그러나 종종 나뿐만 아니라 캥거루 유닛에 의해 추천되는 그러한 피부 접촉은 어머니가 그것을 원하는 경우에만 바람직하다. 어머니에게 그것을 억지로 하게 만드는 것은 오히려 어머니와 아기 모두에게 해로운 일이 될 수 있다. 그리고 왜 강요하겠는가? 어머니가 되는 데는 많은 방식들이 있으며, 어머니 각자는 자신만의 방식을 발달시켜야 한다.

이것의 목적은 어머니와 아이 사이에 감각적 연결을 유지하게 하는 것이며, 그것은 종종 어머니의 가볍게 지나가는 우울증의 영향으로부터 신생아를 보호하는 것으로 충분하다. 좀 더 심각한 경우에는, 그것이 고통스러운 것이기는 해도, 어머니가 자신의 역사를 말할 수 있는 기회가 되기도 한다. 어쨌든, 그 연결을 유지하는 것은 필수적이며 양자 모두에게 유익하다.

소아과의사 마리 티리옹(Marie Thirion)의 가치 있는 작업을 통해서, 소아의학 역시 어머니-아이 연결에 대한 담론을 우리에게 제공한다. 티리옹은 그녀의 저서에서, "자궁 안의 착상이 즉각적으로 그의 생존 또는 제거를 결정짓게 되는 수정된 상태 직후의 최초의 날들과 정확히 닮은 상황에서, 신생아가 태어난 이후에 살아남기 위해서는 살아있는 무언가에 뿌리를 내리고, 인간관계 안에 자신을 착상시켜야만 한다"[17]고 말한다. 이것은 매혹적인 관찰로서, 내가 방금 말했던 것과 일치하는 것이다. 티리옹은 덧붙이기를, "태어나는 순간에 무참하게 어머니로부터 분리되어서 그녀의 냄새, 목소리, 애무로부터 단절된 아이는 이 연결들을 창조할 수 없다 … 어머니가 더 이상 침대 옆에 있는 다른 이들에게 말을 거는 것이 아니라, 팔에 아이를 안고 자기 자신과 아기에게 이야기할 때, 피곤해

---

17) Marie Thirion, Les compétences du nouveau-né (Ramsay, 1986).

진 아이는 잠이 든다. 그는 연결을 창조해낸 것이다."

 정신분석가는 단지 하나의 세부사항을 바꾸는 것을 통해서 이것을 사용할 수 있다: 정신분석가에게 그것은 관계를 창조하는 문제가 아니라, 관계를 유지하는 문제이다. 이것은 새로운 애착이나 생태학자 보리스 쉬릴니크(Boris Cyrulnik)가 의미하는 각인 또는 연결의 문제가 아니라, 지각과 언어를 통해서 이미 존재하고 있는 의사소통을 유지하고 재확립하는 문제이다.

 연극적인 비유를 사용하자면, 자궁내의 삶은 의상 리허설이라고 말할 수 있다. 그 연극에 참여하고 있는 사람들은 적어도 감독으로서의 어머니와 선택된 청중이다: 아버지는 파트너로서, 또는 가까운 친구들과 가족들이 거기에 참여할 수 있다. 감각 목록은 개정되고, 다른 목소리들이 들리고, 도입부의 구성(plot)은 이미 절정으로 치닫는다. 탄생은 알지 못하는 청중들 앞에서의 초연이다. 어느 누구도, 심지어 "연출자"조차도 그 모험이 얼마나 오랫동안 계속될지, 얼마나 성공을 거둘지 알지 못한다. 확실한 것은 그 연극의 제대로 된 개시가 리허설을 하는 동안에 확립된 연결들에 달려있다는 것이다. 신생아 배우들이 극의 대사들을 어떻게 듣고 말할 것인지, 그것들을 어떻게 암기할 것인지, 그리고 문제가 발생할 경우에 어떤 "지도(coach)"가 그들이 상황에 대처하는 데 유용할 것인지는 이제 곧 알게 될 것이다.

3장

신생아의 말, 언어 그리고 기억

"인간은 눈먼 사람처럼 살아간다. 말은 그의 흰색 지팡이이다."
—크리스티앙 보뱅(Christian Bobin)

우리가 앞 장에서 보았듯이, 신생아와의 대화는 반복에 대한 도발적인 질문들을 제기한다. 출생 이전의 사건들은 출생 이후의 상황들에서 재연되는가? 신생아들과의 대화를 통해 제기된 가장 명백한 또 하나의 질문은 신생아가 우리를 얼마나 이해하고 우리는 그를 얼마나 이해하는가이다. 시작부터 빗나간 경로는 피하자: 신생아가 언어를 이미 습득한 사람처럼 이해하는 것은 아니다. 과학자나 다른 누구라도 그 문제를 생각하느라 시간을 낭비할 필요는 없다. 신생아는 치료자가 하는 말의 의미를 이해하지 못하지만, 그럼에도 불구하고 치료사를 즐겁게 해주기 위해 아기가 낫기를 바라는 치료사의 소망에 복종한다는 주장을 믿는 사람은 아무도 없을 것이다.

신생아에게 하는 말

신생아와의 정신분석적 대화는 그 무엇보다도 그의 신체에 영향을 미친다. 문제가 꼬일 때는 지치게 하는 반면에, 증상의 해소는 힘을 준다는 점에서, 그것은 사실상 정신분석가에게도 영향을 미친다. 이 문제에 대한 돌토의 뛰어난 통찰은 다음과 같다: "상처는 아기의 어머니와 아버지의 동의하에, 그와 어머니 모두가 경험했던 고난에 대한, 아기가 알고 있는 누군가의 진실된 말에 의해서만 복구되거나 극복될 수 있다 … 오직 말만이 상징적인 방식으로 아기의 내적 응집력을 다시 확립할 수 있다 … 어떻게 그렇게 하는지는 우리가 아직 모르지만, 그들과 관련된 진실을 의사소통하기 위해 그들에게 말—사실들과 관련된 그리고 그것에 대해 어떤 가치 판단도 유보한—을 할 때, 놀랍게도 아이들, 아기들, 유아들은 그 말을 이해한다는 사실을 우리는 알고 있다; 어떤 가치판단도 없는, 사실과 관련된 말."[1]

이것은 맞는 말이다: 우리는 어째서 그런지는 모르지만, 그렇다는 것을 알고 있다. 어머니와 아버지가 그들의 유아에게 말하는 것을 관찰하기 위해서 당신이 정신분석가가 되어야 할 필요는 없다. 사람들은 아이들의 몸짓들은 아니더라도, 그들의 서로 다른 옹알이 소리에는 기꺼이 의미를 부여한다. 그것을 넌센스로 취급한다면, 인류의 정신 건강은 위험에 처하게 될 것이다.

어떤 이들은 신생아는 언어를 이해하지 못하며 우리의 개입, 기껏해야 우리의 의도를 인지하는 것이라고 반박할 수도 있다: 우리 목소리의 음색(timbre), 우리가 짓는 미소의 호소(appeal), 우

---

[1] Dolto, L'iamage inconsciente du corps, 213.

리가 사용하는 억양(tone). 왜 아니겠는가? 언어학에서 운율—강세, 억양—이라고 부르는 요소들은 대화자의 성(sex)에서 시작해서 그의 신체적 체질과 결합되는데, 이것들은 의사소통의 일부이다. 그러나 존재하고 있는데도 우리가 이해하지 못하고 있음을 말해주는 다른 신호들은 없는가? 우리는 이미 몇 가지 경로로 연구를 진행해왔다.

첫 번째 경로는 마그네틱 방식의 경로이다. 돌토는 언어 이전 단계의 아이는 녹음 테이프처럼 기능한다고 주장했다. 즉, 아이는 정확한 의미를 이해하지는 못해도, 음소들(phonemes)뿐만 아니라 단어들(words)과 구절들(phrases)을 녹음할 수 있는 능력을 지니고 있다. 그는 그것들을 기억에 새기는 방법과 그 단어들과 구절들이 몇 년 후 그에게 심리적으로 중요한 상황에서 적절하게 다시 나타날 수 있는 방식으로 저장하는 방법을 알고 있다. 돌토는 삶의 시작과 끝이 하나의 이미지로 합쳐지는 것을 보여주는, 훈련분석가 중 한 명이 보고한 가슴 뭉클한 사례에 대해 다음과 같이 말한다.

이 여성은 당시 치료가 불가능한 암으로 고통당하고 있었지만, 어떻게든 여전히 그녀의 전문가적인 일과 사회생활을 꾸려나가고 있었다. 그녀의 마지막 회기가 된 회기에서 그녀는 형언할 수 없는 행복감을 느낀 꿈에 대해 이야기하면서, 만일 그것이 지속된다면, 완전한 위로가 될 것이라고 말했다: "그 행복감은 내가 [꿈에서] 들었던 의미 없는 음절들로부터 왔어요."[2] 3일 후에 그녀는 하반신이 마비되었고, 그 후 얼마 지나지 않아 죽었다.

그 여성은 영국인이었고, 생후 1개월에서 9개월까지 인도에서 살았다. 그 시기에 그녀는 계속해서 그녀를 품에 안고 흔들어주

---

[2] F. Dolto, Séminaire de psychanalyse d'enfants (Seuil, coll. "Points essais"), 2:174ff.

었던 젊은 인도 여성의 보살핌을 받았다. 그녀는 나중에 그들의 이별이 너무 가슴 아픈 광경이었다는 이야기를 들었다. 돌토는 직관적으로 꿈속의 알아들을 수 없는 음절들이 그 인도 여성이 발음했던 단어들일 수도 있다고 생각했다. 좀 더 자세히 조사해 본 결과, 그것은 인도의 모든 보모들이 아기들에게 말해주는 한 문장이었던 것으로 판명되었다: "나의 작은 아가야, 너의 눈은 별들보다 더 아름답구나." "행복감이라고 불린, 말로 다 표현할 수 없는 자기애적 즐거움을 전달해준" 이 음소들은 그녀를 안고 다녔던 그 보모를 잃어버린—어떤 의미에서 그녀의 다리를 잃은—작은 소녀를 위한 마지막 성례전이 되었다. 그 말들이 이후에 다시 떠올랐을 때, 그것은 그녀 자신의 다리의 상실과 세상에 대한 작별인사를 예견하고 있었다.

이 사례를 통해서 우리는 아이가 아무런 언어도 습득하지 못한 상태임에도 불구하고, 의미론적으로 그리고 구문론적으로 언어와 관련된 조각들을 듣고, 이해하고, 기억한다는 것을 알 수 있다. 이해한다(comprehend)는 것은 어원학적으로 "지니다(to take with)"라는 의미를 갖는다: 아이는 그가 판독할 수 없는 암호화된 메시지를 지니고 있고, 그 메시지는 아이를 구성하는 한 부분이 된다. 게다가 그것은 알지 못하는 사이에 아이의 신체에 영향을 미친다. 이 여성의 경우에는 그녀의 몸이 그 사건을 기억했던 것으로 보인다: 그녀는 그 사건에 대한 꿈을 꾼다. 돌토가 말하듯이, 그녀는 최초의 사건이 일어나는 동안 그녀의 신체 시스템에서 발생했던 것과 동일한 종류의 붕괴가 일어나고 있는 시기에 그 사건에 대한 꿈을 꾼다. 그녀의 과거에서, 그것은 막 걷기 시작한 자율적인 신체로서의 그녀 자신을 보는 순간이었다. 그녀는 그녀에게 부착되어 있던, 그녀를 위해 걷고, 그녀와 함께 있었던 그 보모/신체로부터 분리되고 있었다. 현재에서 그것은 하반신 마비와 살아있는 세상으로부터의 분리에 대한 예상이었다. 전조적인 꿈일까? 흥미로운 것은 몸이 그 수수께끼 같은 구절을 기억하고 있었다는 점에서, 몸 자체가 어떤 의미에서 언어의 장소라는 생각이다. 그러나 몸은 그것을 기억하지만 메시지는 판독될 수 없기 때문에, 그 메시지는 잊혀진—또는 거절된, 배제된—의미와 결합된다. 이 사례에서 신체는 원래의 글이 지워지고, 그 위에 다른 글이 덧씌어진 고대문서(palimpsest)와도 같다.

신생아의 말이 갖는 의미에 대해 말하는 것이 가능한가?

나는 신생아가 그의 어머니의 목소리에 민감하다는 사실을 이미 말했다. 이제 우리는 한 걸음 더 나아가, 그가 그것을 들었을 때 어떤 반응을 보이는지 알아볼 것이다. 내가 앞에서 언급했던 음성학자인 마리-클레어 버스넬은 지난 20년 간 아이에게 어머니의 목소리가 미치는 영향에 대해 연구해왔다. 그녀는 자신의 연구에서 태아, 신생아, 조산아들의 심장박동의 빈도수와 변동을 관찰했다. 이 변동들이 어머니의 목소리가 주는 자극에 대한 반응들로서 발생한다는 것이 그녀의 가설이었다. 그녀의 연구 계획서에 관한 세부사항들을 제쳐둔다면, 우리는 적어도 네 가지 근본적인 요점들에 주목하게 된다.

첫째, 아기는 그의 어머니의 목소리를 인식하고 선호한다; 그녀는 아기가 다른 사람들의 목소리보다 "어머니의 목소리를 더 잘 듣는다"는 것을 보여주었다. 둘째, 아기는 어머니가 다른 사람들—이 경우에는 실험을 하는 사람들—보다 아기 자신에게 이야기할 때 더 잘 반응한다. 셋째, 아기 또는 태아는 어머니가 그에 대해 생각할 때, 그리고 그 생각들을 그와 소통할 때 더 잘 반응한다. 넷째, 여기에서 우리는 하나의 광대한 영역이 열리는 것을 보는데, 아기는 그가 처음으로 듣는 다른 것들보다 친숙한 이야기나 음악에 더 많이 반응할 뿐만 아니라, 그 이야기가 그 또는 그의 어머니에게 정서적인 의미를 갖는 것일 수록 더 큰 반응을 보인다는 사실이다.

이것이 의미하는 바가, 신생아가 의미론을 지니고 있다는 것인지, 기억하는 능력을 타고났다는 것인지에 대한 결정은 독자들 각자의 몫이다. 버스넬 자신은 아이의 반응들이 정확하게 그녀가 이해한 것을 나타낸다고 결론 내릴 권한을 갖고 있지 않다고 느낀다. 하지만 그것은 정신분석이 말하는 것을 본질적으로 확인해주는 것임이 명백하다.

더욱이, 버스넬은 태아에 대한 과도한 자극은 기대되는 효과를 상쇄하고, 심지어는 아이에게 해로울 수 있다는 것을 보여주었다는 점에서, 이것은 예방에 대한 권고이기도 하다. 이것은 임신 초기의 아기들을 훈련시키는 일에 헌신적인 이들에게는 실망스러운 일이 될 것이다. 물론, 태아와 함께 잠시 동안 음악을 듣는 시간들은 아무런 해가 되지 않을 것이다. 그러나 최근에 버스넬이 상기시켰듯이, 태아에게 배우는 프로그램을 체계적으로 적용하는 것은 끔찍하고도 쓸모없는 일이라는 것)[3]을 말하는 것은 과학자들의 윤리적인 의무이다.

버스넬은 미국인 연구자인 길버트 고틀립(Gilbert Gottleib)이 행했던 유명한 오리실험을 상기시키면서, 이러한 의무에 대해 설명했다. 우리는 새끼오리가 부화 이후에 살아남기 위해서는 엄마오리의 목소리를 알아야만 하고, 그것을 배워야만 한다는

---

[3] M. C. Busnel, fourth Salon International Psychiatrie et Système Nerveux Central, Paris, 19 October 1996 에서의 언급들.

것을 알고 있다. 새끼오리가 죽기를 원치 않는다면, 알에서 깨어 나는 즉시 엄마오리의 목소리를 듣고, 엄마오리를 따라가야만 한다. 따라서 실험자들은 야외에서 새끼오리에게 필요한 자극을 알에게 직접적으로 제공하는 것이 새끼오리의 습득 과정을 용이 하게 하는지를 알아내고자 했다. 그래서 그들은 알의 껍질을 열 고 새끼들에게 엄마오리의 목소리를 들려주는 동시에, 그들의 눈에 빛을 비추었다. 결과는 참담했다. 새끼오리들은 아무것도 배우지 못했다. 그 두 자극은 상호보완하기보다는 서로를 무효 화하는 것 같았다. 시각이 더 나중에 나타나는 것이기 때문에, 그 들의 눈에 밝은 빛을 비추는 것이 청각적인 습득 능력을 상쇄했 을 가능성이 있다. 실험자들이 두 자극을 성공적으로 도입한 경 우에도, 새끼오리의 습득 과정은 정상에 비해서 심하게 뒤쳐졌 다. 그리고 엄마오리의 목소리를 들려주지 않고 눈에 빛만을 비 춘 경우에는 아무런 효과도 나타나지 않았다.

그러므로 우리는 "우리의 어린 새끼오리들"을 지나치게 자극 할 필요가 없다는 것을 알아야만 한다!

신생아의 말하기(Speech)

오늘날 거의 모든 신경생물학자들은 "정서적인" 참여 즉, 대 뇌 변연계(limbic system)와 대상 다발의 대뇌 앞쪽 피질(anterior cortex of the cingulum)의 협조 없이는 습득이나 암기가 가능하지 않다는 생각을 받아들이고 있다. 일부 학자들은 더 나아가 우리 는 인지한 것을 기억에 새길 때, 그에 상응하는 정서 또한 암기한다고 제안한다. 저장된 정보의 모든 조각들은 그것들과 연관된 정서들과 짝을 이룬다. 그것이 신경생리학자인 안토니오 다마지오(Antonio Damasio)의 가설, "신체 표지들(Somatic markers)"의 요지이다.[4] 다마지오에게 있어서, 결정을 내리는 모든 전략은 추구하는 행동에 관한 정보를 뇌에 전달하는 신체의 일반적인 상태에 의해 영향을 받는다. 이 신체 표지들은 경보처럼 기능한다: 예를 들면, 푸아그라를 먹는 상상을 하면서 입 안에 침이 고이거나, 돼지감자 요리를 상상하면서 위가 아파지는 것처럼. 근저에 이러한 신체 표지들을 갖고 있는 조직들은, 한편으로는, 모든 개인의 삶에서 외부 세계와 특별한 사건들에 관련된 데이터들을 분류하는 전두엽 피질(prefrontal cortex)이고, 다른 한편으로는, 내가 앞 장에서 다루었던 모든 종류의 정보들을 처리하는 체지각적 피질(somatosensory cortex)이다. 이 조직들에 삶에 대한 우리의 배움이 달려있다. 달리 말하자면, 다마지오의 저서 장 제목이 말해주듯이, 몸이 없이는 정신적 표상도 없다(No body, no mental representation).

카리나(Karina), 삶에 대한 두려움

나는 신생아의 언어, 정서 그리고 몸 사이의 연결에 대한 몇 가지 예들을 인용했는데, 그것은 내가 만난 신생아들이 내게 알려준 것이 바로 그것들이었기 때문이다. 다마지오는 그들은 아직 신체 표지들을 생성할 만한 시간을 갖지 못했다고 말하겠지만, 3일 된 아기들의 신체들은 모든 종류의 경보를 보내오고 있

---

[4] A. R. Damasio, L'erreur de Desartes—La Raison des emotions, (Ed. Odile Jacob, 1995).

었다: 호흡기관에 대한 공격, 소화장애, 비정상적인 체중, 수면 장애, 거식증, 호흡에 대한 거부, 감염들—모든 것이 신체의 각 부분에서 표현된다. 이것들은, 사람들이 말하듯이, 신체기관들의 언어일까? 그렇지 않다. 그렇다면, 나는 내가 한 말들이 어떻게 아기의 신체적인 질병에 직접적인 영향을 줄 수 있었는지 이해할 수 없을 것이다.

태어난지 2일 된 작은 소녀인 카리나는 잘 먹지 않아서 체중이 위험할 정도로 감소한 상태로 저긴장증(hypotonic)을 앓고 있었다. 조산원조차 그녀를 빈사상태라고 묘사했다. 나는 그녀의 부모들이 거의 마비상태이며, 딸의 불행에 직면해서 무기력한 고통 외에는 아무런 반응을 보이지 않고 있다는 말을 들었다. 나는 그녀의 침대 옆으로 갔다.

어머니가 내게 말하기를, "이해하시죠, 나는 5년 전에 아기를 잃었어요. 그건 끔찍했어요, 그리고 이제는 카리나가 ..."

이 여성은 불임으로 오랫동안 고통 받았고, 벨클레어에서 시험관 수정을 여러 번 시도한 끝에 결국 불임을 극복했었다. 그러나 그 결과로 임신했던 아들은 태어나기 전에 죽었다.

"우리는 모든 것을 준비했었어요. 아시겠어요? 아기 침대, 유모차, 자동차 안전시트, 장난감들 ... 세례가운도 준비했었어요. 그게 다 무슨 소용이 있었겠어요? 우리는 빌려왔던 것만 빼고는 모든 옷을 다 내다버렸어요. 우리는 조카에게 유모차를 주어야만 했어요 적어도 그 애는 아이들을 가질 수 있을 만큼 젊었으니까요"

이 여성은 44세였고, 어린 카리나는 그녀의 첫 번째 살아있는 아기였다. 그녀는 침대에서 일어나더니 울면서 그녀 옆에 앉았고, 마치 아이가 시체라도 되는 것처럼 기도를 했다. 그녀는 카리나에게서 오로지 죽은 아들만을 보고 있었다; 그러므로 카리나의 운명은 그녀의 오빠의 운명에 연결되어 있었고, 그녀의 어머니는 마치 살아있는 아이를 갖는 것을 금지 당하고 있는 것 같았다. "이제 카리나는 먹으려 하지 않고, 우리의 눈앞에서 죽어가고 있어요. 그럴 리는 없지만 ... 우린 미신을 믿지 않지만, 남편과 나는 이번에는 그런 일이 다시 일어나지 않게 하기 위해 모든 것을 하겠다고 맹세했어요. 우리는 운명을 시험해서 벌을 받지 않도록 그녀를 위한 것은 사실 아무것도 가져오지 않았어요. 필요한 건 잠옷 한 벌하고 젖 병 몇 개뿐이었어요. 그것조차도 필요하지 않지만요. 이제는 카리나에게 무언가 잘못되었다는 것이 분명해요."

이민자인 그 어머니는 자신이 겪어야 했던 고립에 대해 말했고, 해외에 살고 있는 그녀의 조부모들에게 아이를 보여주러 갈 계획이었다고 말했다. 그 말을 하는 중에 살아있는 무언가가 그 모습을 드러냈는데, 나는 그 순간을, 그녀가 자신의 가족 안에서 자리를 차지하는 것을 막고 있는 것으로 보이는—그녀의 부모가 첫 아이와 해내지 못했던—애도에 대해 말하는 기회로 삼았다: "네 부모님은 네가 네 오빠처럼 살아남지 못할까봐 두려워 어떻게 해야 할지, 무엇을 생각해야 할지 모르고 계시는 거란다. 하지만 너는 오빠와는 다른 사람이고, 태어나기로 결정했네. 그런데 네가 살아남기로 결정했는지는 아직 잘 모르겠구나. 만약 살기를 원한다면, 먹어야 한단다. 선택은 너에게 달려있지만, 부모님들은 너를 돕기 위해 무엇이든 할 준비가 되어 있다는 걸 너도 알고 있을 거야."

아이는 아무런 반응을 하지 않았다. 나는 어머니에게 카리나와의 연결을 다시 확립하기 위해서 그녀의 피부를 엄마의 피부와 직접 접촉시키도록 조언했다. 그 연결은 그녀가 딸의 생명에 대해 갖고 있는 믿음만큼이나 약해져 있는 것 같았다. 나는 그녀에게 그렇게 하면 카리나는 그녀가 필요로 하는 지지와 안전감을 회복할 수 있을 거라고 설명했다. 그런 후에 나는 그 병실을 떠났다.

나는 복도에서 카리나를 담당하고 있는 소아과의사와 신생아실 간호사를 만나게 되었다. 소아과의사는 아이의 체중을 증가시켜야만 하는 급박한 상황이라고 판단해서, 젖을 강제로 먹이는 방법을 고려하고 있었다. 간호사는 엄마가 옆에 없는 상태에서의 젖병 수유를 제안했다. 그녀는 그 엄마가 너무 서투르기 때문에 오히려 아기에게 그녀의 불안을 전달하게 될 위험성이 있다고 말했다. 즉, 엄마가 오히려 아기의 식욕을 달아나게 할 수 있다는 것이었다. 두 사람 모두 더 이상 지체할 시간이 없다고 주장했다.

나는 재빨리 개입해야 할 필요성은 존중하지만, 몇 시간만 더 기다려줄 것을 요청했다. 내가 볼 때 가장 중요한 것은 카리나가 그녀의 의지로 먹기를 선택하고, 그녀의 어머니와의 문제를 해결하는 것이었다. 어머니로부터 분리해서 카리나에게 수유하는 것은 무능감으로 인해 그토록 자존감이 낮아진 이 엄마를 강요하는 위험을 감수해야만 했을 것이고, 그것은 문제를 악화시켰을 것이다.

소아과의사는 계획을 보류하는 데 동의했다. 45분 후에 카리나는 배고파했고, 어머니가 주는 우유를 거의 60ml나 먹었다. 그날 이후로 그녀의 몸무게는 증가했고, 그녀의 부모들은 병원을 떠날 때, 나에게 와서 그들의 안도감을 표현했다.

마티유(Mathieu), 작은 수다쟁이

어떤 이들은 아기에게 전화번호부를 읽어주는 것도 똑같은 효과를 가져올 것이라고 말하는 정신분석가 세르게이 레보비치 (Serge Lebovici)에게 동의할 것이다. 그러나 만일 전화번호부를 읽어주는 소리를 들었다면, 비명을 질러댔을 한 아기가 있는데, 그 아기의 이름은 마티유이다.

  그의 어머니는 병원을 떠나게 되면 그녀를 기다리고 있는 문제들로 인해 힘들어하고 있었기 때문에, 나는 그를 산부인과 병동에서 만났다. 우리 셋은 긴 대화를 했다. 대화 도중에 그녀는 자신이 집안일을 해주는 대신 그녀에게 아파트의 방 두 개를 빌려주고 있는, 한 "신사"의 집에서 살고 있다고 설명했다. 그는 그녀에게 호의를 베풀고 있었지만, 그것은 이 여성이 그 집에 살고 있는 동안 그녀가 제공하는 실제적인 편안함과 그의 사생활 보장에 대한 문제가 없을 때에 한해서였다. 아기가 태어난 것은 그 "신사"의 기호에는 맞지 않는 것이었으므로, 이 한정된 친절함은 곧 사라질 운명에 처해 있었다.

  그녀가 다시 그 "신사"에 대해 말하면서 이번에는 "X씨"라고 그의 이름을 불렀을 때, 마티유는 비명을 질렀고, 대화는 방향을 바꾸었다. 대화의 마지막 부분에서 그의 어머니는 나에게 중얼거렸다: "당신을 믿으니까 말할 수 있지만, 그걸 다시 말하지는 말아주세요: X씨는 마티유의 아버지예요." 마티유가 이미 그것을 나에게 알려주었으므로, 나는 별로 어렵지 않게 그것을 충분히 이해한다고 말할 수 있었다. 이것은 과연 우연의 일치일까?

  어쨌든, 그는 아버지의 이름을 아이에게 말해주는 것이 어머니의 몫이라고 보는 최근의 정신분석적 사고에 대해 거부 반응을 보였다. 그 순간부터 아버지의 이름은 마티유에게는 더 이상 빈자리가 아니었다. 만일 부모 중 어느 한 쪽이 불편하게 느낀다면, 마티유의 무의식은 전형적인 유아기 기억상실증을 통해서 나중에 그 조각상에 베일을 씌울 것임이 확실하다. 어떤 이들은 아기에게 말하는 것은, 직설적으로 어떤 말을 듣는 것을 견디지 못하는 부모들에게 간접적으로 말한다는 점에서만 유용하다고 말할 것이다. 이것은 우아하고 영리한 언급이며, 어떤 경우에 혹자는 그에 따라 행동한다. 그러나 그 "계략"을 수용하는 것은 무례한 것이 아닐까? 이는 부모들이나 아기에 대해서가 아니라, 진실에 대해서 무례한 것이다.

가능한 한 빨리, 시저의 것은 시저에게로 보내는 것이 좋다: 만약 부모가 문제의 중심에 있다면, 당신은 부모에게 말해야 할 것이다. 만약 그것이 아이라면, 아이에게 말하도록 하라. 결국, 그가 환자이다.

모리스(Maurice)와 성자

나는 때때로 아이가 들을 수 있도록 아이 엄마에게 말한다. 조산아들과, 내가 언급한 바 있는, 황달 증세가 있던 아기인 마리 페리에가 그런 경우였다. 나는 직접 아기에게 말할 수 없는 경우에, 그 말이 효과가 있을 것이라는 희망을 가지고 아기 엄마에게 말을 한다. 나는 또한 해결책이 명백하게 부모에게 있다고 여겨지는 경우에, 아기 앞에서 어머니나 아버지에게 설명한다. 모리스가 그러한 경우였다.

생후 6일 된 모리스는 체중 문제를 겪고 있었다. 그의 경우에는 이미 적절한 몸무게를 넘어서고 있는 것이 문제였다. 지금은 내가 웃으면서 말하고 있지만, 그 당시 그의 체중 증가는 그를 위험에 빠뜨리고 있었다. 병원 스태프들이나 그의 부모들 중 누구도 왜 그가 우화에 나오는 황소만큼 커지기를 원하는 개구리처럼 끝없이 부풀어 오르는지 이해할 수 없었다. 그는 매우 쾌활

한 부모들의 다섯 번째 아이로 태어났으며, 어머니는 상상하기 힘들만큼 다정하고 자상했다. 그러나 그의 부모들이 그를 임신했을 때 그들이 자발적으로 상담을 했던 성자 또는 무슬림 성인은 그를 "다르다"라고 지목했다. 아이의 운명에 대한 그 선언은 모리스의 아버지를 공황 상태에 빠뜨렸다. 그는 아주 조용한 목소리로 최근에 아이에 대해 꾼 끔찍한 악몽에 대해 말해주었는데, 그 이야기는 시작부터 모리스를 깨우고 울게 만드는 즉각적인 효과를 발휘했다. (설령 아이가 나를 이해하지 못했다고 해도, 적어도 그는 그의 아버지를 이해했다. 가장 끔찍한 꿈을 침착한 태도로 이야기하는 아버지의 친숙한 목소리에 그가 두려움으로 반응한 것은 의심의 여지없이 또 하나의 우연의 일치였다.) 나는 대화 중에 그의 어머니 또한 남편의 불안을 또 다른 형태로 공유하고 있다는 것을 깨달았다. 아기가 어떠한 움직임이라도 보이면, 그녀는 곧 바로 그 문제의 "다름"에 대한 생각을 떠올리면서 겁에 질렸다. 그러자 그녀는 체계적으로 그에게 젖을 먹였다. 그녀는 사실상 일주일 동안 그를 "진정시키기" 위해서 똑같은 전략을 사용했다고 말했다. 그렇게 해서 모리스의 체중이 늘어났던 것이다. 그녀는 아이를 "진정시키고 있다"고 믿으면서 자신을 진정시키고 있었다. 너그러운 성격을 갖고 있고 총명한 아들인 모리스는 기꺼이 젖을 빨았고, 아버지의 악몽을 전혀 두려워하지 않는다는 것을 보여줌으로써 어머니를 안심시키고 있었지만, 그녀는 모리스가 배가 고프다고 상상했다. 어쨌든, 내가 그의 부모들에게 그가 미래에는 "다를" 수도 있겠지만, 지금 그들이 해야 할 일은 그를 보호하는 것이고, 그 반대가 되어서는 안 된다고 설명했을 때, 그는 더 이상 배고파하지 않는 것처럼 보이게 되었다. 그로부터 2일 후에 상황은 진정되었고, 모리스의 체중은 다시 정상 수준으로 되돌아갔다.

신생아의 타고난 언어능력

하나의 언어를 이해하는 능력과 그것을 말하는 능력이 각각 다른 것이듯이, 언어를 습득하는 능력과 타고난 언어능력은 각기 다른 것이다. 이런 생각에 대해 정신분석과 신경생물학은 동의하고 있다: 인간의 아기는 아직 언어를 습득하지 못한 상태이지만, 다른 영장류 새끼들과는 달리 이미 언어 습득을 가능하게 하는 기제들을 가지고 태어난다. 적어도, 그것이 가장 중요하고 혁신적인 신경과학자 그룹의 관점이다. 최근의 작업[5]에서 제랄드 에델만(Gerald M. Edelman)은 언어가 새로운 것을 발견하는 즐거움을 준다는 내용을 담고 있는, 언어에 대한 논문들―얼핏 보아도 전문가가 아닌 이들을 주눅들게 하는―을 발표했다.

그의 작업을 간략하게 요약해보겠다. 그에 따르면, 우리가 하나의 언어를 말하고 이해하고, 그것을 우리 안에 구성하기 위해서는 적어도 두 단계를 필요로 한다. 첫 번째는, 그가 사물에 대한 일차적 의식(primary conscious of things)이라고 부른 것을 갖고 있어야 한다; 즉, 우리의 지각들(perceptions)을 하나의 시리즈로 배열할 수 있는 능력이 있어야 하는데, 이것은 우리의 과거 경험들과 그것들이 수반하는 "대가들"(만족 또는 불쾌)의 기능이다. 이것은 현실이 우리에게 제시하는 현재에 관한 정보에 반응하는 것과, 그것을 우리의 기억을 통해 걸러내는 것을 의미한다. 그 능력이 없다면 말하기에 문제가 생긴다. 이러한 관점에서 "맹시(blindsight, visual anosognosia)"라고 불리는 것을 예를 들어 보겠다. 맹시는 일차적 시각 피질의 병변에 의해 발생한다; 이 상

---

[5] G. M. Edelman, The remembered Present: A Biological Theory of Consciousness (New York: Basic Books, 1989). 12장 "The Conscious and the Unconscious"와 에필로그를 보라.

태에 있는 사람은 완전한 시각을 지니고 있음에도 불구하고, 볼 수 없다고 말한다. 예를 들면, 그는 포크를 집어 들고, 그가 사용해왔던 것처럼 그것을 사용할 수 있지만, 만일 누군가가 그에게 앞의 테이블 위에 무엇이 있느냐고 묻는다면, 그는 "아무것도 보이지 않는다"라고 대답할 것이다. 일차적 의식은 두 종류의 신경조직들 사이에 최초의 지각적 "자동처리과정(bootstrapping)"을 도입한다: 경험한 쾌락적인 일들의 정보를 천천히 처리하는 변연계와 대뇌부; 새로운 상황에 대해 배울 수 있는 것이 무엇인지를 재빨리 분석하는 시상피질계. 여기까지는 별로 복잡한 것이 없으며, 이 측면에서 우리는 결국 우리의 사촌인 침팬지와 크게 다르지 않다. 그 시스템 안에서, 우리는 현재 경험의 전적인 지배하에 있고, 제한된 관점을 갖는다.

두 번째 단계는 에델만이 상위-의식(higher-order consciousness)이라고 부르는 것으로 구성되어 있고, 인간의 일차적 특징들인 이것은 언어와 밀접하게 연결되어 있다. 이 단계는 우리가 언어 덕분에 우리의 일차적 의식이 특별한 가치를 부여하는 감각들을 사용하고, 그것들에게 "구체적인 모습"을 주는 것으로 구성된다. 나는 앞에서 향수업계의 "코들"에 대해 언급했다; 와인을 맛보는 사람들도 마찬가지로 언급될 수 있을 것이다. 에델만에 따르면, 그들의 재능은 언어 덕분에 점점 더 세련되어가는 감각들에 기초한 열정의 결과로 볼 수 있다. 신경생리학자의 관점에서 보자면, 상위-의식은 단어들과 구절들, 그것들의 여운, 의미, 그리고 발달되고 암기된 구문론(syntax)을 담당하는 언어의 대뇌피질과, 생각들의 분류를 맡고 있는 전두엽피질 간의 이차적이고 의미론적인 자동처리과정의 결과이다. 사실상, 말하기 위해서 우리는 그저 소리가 아니라 하나의 의미를 가진 생각들에 관련된 소리를 내야만 한다. 흥미로운 것은 에델만이 이 능력들을 "상징적 기억(symbolic memory)"과 동등한 것으로 본다는 점이다. 즉, 우리는 단지 무언가를 말하고 싶기 때문만이 아니라, 우리가 지어내는 것이기 때문에, 우리가 말을 하는 동안에 상상하기 때문에, 그리고 비와 맑은 날씨에 대해 말하는 동안 세상을 직면하는 자신에 대해 말하는 것이기 때문에 말을 한다. 분명히 이러한 관점은 그것이 제공하는 뇌의 기능들에 대한 설명을 넘어 개인의 고유성에 초점을 맞추고 있다는 점에서, 정신분석가의 관점과 잘 맞는다. 언어에서의 창의성은 개인적인 문제이다. 그것은 삶을 괴롭히는 문제들에 직면한 모든 존재가 하는 행동이다; 그것은 개인이 맡는 향기라고 말할 수도 있을 것이다. 말하기가 (개인이 속한 공동체의 영향 하에서) 습득된 유능함인지, 언어를 습득하는 기제가 선천적인 것인지에 관한 문제는 정신분석가인 나에게 큰 관심사가 아니다. 언어가, 감각처럼, 다른 사람과의 공동 작업을 통해 구성되는 것이고, 그리고 아기들과 함께 한 나의 작업 덕분에 알 수 있었던 바, 그 구성체가 말로 표현하는 언어 자체가 출현하기 전에 발생한다는 것을 말하는 것이 내게는 더 중요하다. 에델만은 상징에 대한 의미 부여는 공식적으로 수행되지 않는다고 주장한다; 상징적 구조들은 처음부터 의미를 갖고 있다. 이상화된 인지적 모델들은 개념적인 구체화(embodiment)에 호소하며, 개념적인 구체화는 언어 이전의 신체 활동들 덕에 발생한다.

  에델만이, 사용된 상징들이 세상에 존재하는 것과 직접적으로 일치하지 않을 때, 인간은 연결들을 확립하기 위해 은유와 환유를 사용한다고 설명하는 것은 특별히 흥미롭다. 이것은 다른 이들이 은유와 환유의 입장에서 해석해왔던, 꿈의 응축과 전치의 주제와 관련된 전체 정신분석 이론의 측면과 교차한다. 나는 여기에서 그것을 반복하지는 않겠고, 다만 언어의 창의성과 관련된 라깡의 명언을 인용해보겠다. 만일 은유가 한 단어를 다른 단어로 바꾸는 것으로 구성되는 것이라면, 아이들의 실수는 창의적이다: "고양이는 멍멍, 강아지는 야옹야옹 … 그것이 아이가 담화의 힘을 말하고 사고를 시작하는 방식이다."[6)]

4일째: 자신의 목소리를 듣게 되는 순간

따라서, 인간의 뇌는 말을 하도록, 또는 적어도 소리를 내도록 프로그램되어 있을 수 있다. 다른 곳에서와 마찬가지로, 산부인과 병동에서 아기는 옹알이를 하고, 비명을 지르고, 울고, 미소 짓는다. 하지만, 그것이 언어일까? 어쨌든, 우리는 그것이 의사소통을 위한 노력이라는 증거를 부인할 수는 없다. 물론 일상적인 아기 다루기는 그것이 연극에서의 대사처럼 목표를 가진 의사소통이 아니라는 것을 보여준다. 그것은 차라리 연못에 아무렇게나 돌을 던지는 것과도 같다: 모든 것에 인사를 하듯이 말이다.

산부인과 병동에서 우리가 첫 번째로 듣게 되는 것은 분명히 신생아가 가장 좋아하는 음성 표현법인 울음소리이다. 때때로 아기가 내는 소리, 또는 울음소리의 정도가 성인이 참을 수 있는 한계를 초과할 때, 나는 개입해달라는 요청을 받는다. 태어난 지 4일된 아기가 끊임없이 울고 있는 이유에 대해 해석해주었던 사례가 기억난다. 밤 근무 간호사들 중 한 명이 내가 그 아기에게 말을 한 후에 그가 우는 소리를 듣지 못했다고 내게 말해주었다. 그녀는 덧붙이기를, "제가 만약 알았더라면, 더 일찍이 그에게 그 이유를 알려줬을거에요; 그랬더라면 우리는 3일 밤 동안이나 그렇게 힘들지 않았을 거에요!" 틀림없이 아기도 마찬가지였을 것이다. 그 간호사가 그 아이를 지목했다는 사실 자체가 아

---

6) J. Lacan, "Le temps logique", 891.

기가 무언가를 말하고 있다는 것을 그녀가 알고 있었고, 정신분석가가 그 말을 이해할 수 있을 것임을 알고 있었다는 것을 말해준다.

우리는 또한 병동에서 산부인과의사가 수술복을 입고 분만실 옆 복도를 따라 달리면서, "그녀가 원하는 방식대로 아기를 분만했어요"라고 숨을 헐떡이며 소리치는 탄성과 기쁨의 말들을 들을 수 있다. 더 일반적으로, 산부인과 병동은 때때로 모든 음악가들이 콘서트를 시작하기 전에 모여있는 리허설 홀과도 같다; 그들은 주변에 있는 사람들과는 완전히 독립적으로 각자 목을 가다듬거나, 현악기의 활이 손에서 미끄러지지 않도록 송진을 바르고, 악기들을 조율하고, 음계를 연습하고, 발성 연습을 한다.

그 외에도, 산부인과 병실에서는 비명이 들린다. 최상의 경우에는 아기들의 옹알이 소리가 들린다. 그것은 흔한 일이고, 모든 사람들을 활기차게 한다. 그것은 해로운 것이 아니다. 또한 그것은 우리가 언어를 사용하기 위해 거쳐 가야만 하는 것으로서, 돌토가 말하는 연대기적 반복에 대한 가설들, 그리고 신경과학의 가설들과도 일치한다. 만일 우리가 인간 행동을 전문적으로 연구한 생태학자 보리스 쉬릴니크에게 주의를 기울인다면, 비명지르기와 옹알이가 말하기를 위한 첫 번째 씨앗임을 알 수 있다. 어떤 증거를 댈 수 있을까? 쉬릴니크는 주파수를 분석하는 기계를 연구에 사용해서 신생아들의 비명을 녹음했다. 그는 신생아들이 다른 아기침대에 있는 신생아들과 "반응을 주고 받으면서" "자기들끼리" 있는지, 아니면 서로 이야기하는 성인들과 함께 있는지에 따라, 비명들의 막대그래프들(다른 목소리의 주파수를 나타내는 그래프들)이 달라지는 것에 주목했다. 간략하게 말하자면, 전자의 경우에 그것은 불협화음이었고, 후자의 경우에는 4일째가 되자 분명하게 음률적인 측면을 띠었다.[7] 실험은 결정적이었다. 내가 앞에서 언급했던 감각들과 마찬가지로, 말하기(아기의)는 말하기(성인, 또는 아기의 쌍둥이 형제나 다른 아기의)를 필요로 한다.

그러한 주장 덕에 나는 출생 후 3~4일 경에 나타나는 산후 우울감을 더 잘 이해할 수 있었다. 생후 첫 며칠 동안에 아기들이 내는 소리들은 단지 그들의 상태를 반영하는 비명인 것으로 보인다: 차갑고 현실적인 짧은 담화. 그들은 그들이 원하는 것을 주장하기 위해 비명을 지른다: "나는 배가 고파", "나는 추워", "나는 자고 싶어, 지금 너무 시끄러워", 또는 "나는 불편해", "나는 배가 아파". 이것들은 그들이 느끼고 있는 것에 대한 단순한 주장들, 즉 그들의 감각들에 대해 말해주는 일종의 노래들이다. 그때 갑자기, 어머니가 자신의 욕구들을 충족시켜주는 사람이라는 것을 아이가 알게 되면서, 또 다른 사적이고 섬세한 기제가 어머니와 아이 사이에 자리 잡게 된다. 즉, 새로운 종류의 언어 조절(language modulation)이 시작되는데, 그것은 어머니의 기능이고 어머니에게 말해진 것이라는 점에서 다른 것이다.

만일 그 새로운 음성 의사소통이 실패하면, 예를 들면, 어머니가 너무 우울해서 이 새로운 의사소통에 응해줄 수 없는 경우, 신생아는 증상에 의지하게 된다. 예를 들어, 배앓이, 게우기, 또는 토하기가 울음에 동반될 것이다. 소아과의사들이 잘 알고 있듯이, 사실상 그 순간에 아이와 어머니 사이에는 정규적인 핑퐁게임이 시작될 수 있다.

배앓이로 고통스러워하는 두 아이를 둔 한 여성의 사례가 그러한 경우였다. 그들의 약한 소화능력 때문에 수유 시간은 그녀에게 고문과도 같았다. 그녀가 아기들의 배앓이로 인해 불안해 했기 때문에, 우리는 아기들이 어머니의 불안을 느낀 결과 위통

---

7) B. Cyrulnik, Le naissance du sens (Hachette, 1991).

이 생겼다는 것을 쉽게 가정할 수 있었다; 그것은 밑바닥 없는 구덩이와도 같았다. 다행히도, 3~4개월 후에 그들의 위장기능은 나아졌다; 그들은 스스로 기능할 수 있는 다른 방식을 찾았고, 게워 올리고 그들의 위를 아프게 하던 방식을 멈추었으며, 모든 것은 정상이 되었다. 사실 그 어머니는 그들에게 모유를 먹이지 못하는 것으로 인해 죄책감을 느끼고 있었고, 아이들의 배앓이에 대해 분유 탓을 했다. 이 주장은 상업적인 아기용 분유가 이제는 잘 자리 잡고 있다는 점에서 잘못된 것이다. 하지만 그녀에게는 그것이 진짜 이유였다. 그러던 어느 날, 그녀의 둘째 아들의 위장 장애가 괜찮은지 보러왔던 그녀의 아버지가 무심코 말했다: "결국 너와 똑같구나; 아이들이 너를 닮았어."

"무슨 말씀이세요? 저는 모유를 먹었잖아요."

"그랬지, 하지만 넌 항상 배가 아팠어. 처음에는 너의 엄마도, 나도, 어느 누구도 어떻게 해야 너를 편안하게 해줄지 알 수가 없었어. 너를 달래기 위해서 매일 밤 너를 안고 밤새도록 서성거렸던 일이 생각나는구나!"

그녀는 설령 아기에게 젖병으로 분유를 먹인다고 해도 좋은 엄마가 될 수 있다는 생각을 받아들이기 시작했다. 다시 말해서, 이 여성은 새로운 생각으로 인해 안도할 수 있었다. 앞으로 그녀의 아이들은 더 편안해질 것이다; 그들은 복통을 덜 겪게 될 것이고, 그녀가 자신들에게 모유를 먹이는 것을 허용할 수 있을 것이다.

언어 목욕(Language Bath)과 첫 미소

미소는 어떠한가? 아, 첫 미소의 아름다움 … 그러나 쉬릴니크에 따르면, 그것은 시각적인 환각이다. 첫 미소는 신경펩티드

(neuropeptide) 분비에 따른 결과이고, 그것을 본 어머니가 그것을 자신에 대한 보상이라고 잘못 해석하는 것이다. 쉬릴니크를 좀 더 따라가보자. 그는 앞에서 말한 내용과는 반대로, 산후우울감, 즉 그들의 아기들이 미소 지을 때 냉담한 채로 있는 우울한 여성들에 대한 예를 든다. 그들은 아기들 주위에 그가 "차가운 감각적 세계"라고 부르는 것을 만들어내며, 그렇게 함으로써, 아기들의 수면과 그들의 미래의 성장을 위태롭게 한다는 것이다.

그것은 분명히 심각한 우울증 안에 있는 위험 요소이지만, 대부분의 산모들에게 어느 정도는 영향을 미치는, 불가피하지는 않더라도 정상적인 것인, 고전적인 산후우울감에서는 발견되지 않는 것이다. 반대로, 이 어머니들의 무능감—"나는 그를 어떻게 돌봐야 할지 알 수가 없어요, 절대로 못 해낼 거에요"—과 경미한 우울은 아기에게 인간처럼 행동하라는 불가피한 호소인 것으로 보인다. 아기 편에서, 그의 응답은 구강적 의사소통의 시작을 나타낼 것이다.

이 주제는 임상 사례에 의해 뒷받침될 필요가 있으며, 이것을 명료화하기 위한 더 상세한 설명은 "림보"에 대해 할애한 5장에서 다룰 것이다. 쉬릴니크와의 이 사소한 불일치를 넘어, 나 역시 산부인과 병동에서 매일 볼 수 있는 언어 목욕의 필요성을 느끼고 있다. 아마도 쉬릴니크는 그 점에서 그가 나중에 설명한 것에 내가 충실했다고 판단할 것이다: "언어가 열리기 위해서는 신경학적 전제조건들뿐만 아니라, 정동적 선행조건들이 필수적이다. 말하기를 지원하고 그것을 만드는 행동 체계는 아이 주변에 있으면서 아이가 말을 걸 수 있는 사람, 말을 하기 위한 다른 누군가의 현존을 전제로 해서 발생한다; 또 다른 말이 자기 자신의 말에 응답해야만 한다."[8] 쉬릴니크는 그가 상징주의와 언어로 발달하기 위한 전제조건이라고 믿고 있는 지정 과정(the process of designation)의 측면에서, 언어 목욕의 존재를 보여준다. 사실상 다른 영장류와는 달리, 인류는 손가락으로 가리킴으로써 한 대상을 지정하는 것을 자발적으로 배우며, 다른 사람이 어떤 것을 가리키고 있을 때, 그것을 이해한다. 쉬릴니크의 관찰에 따르면, 인간은 약 1세에 그 기술을 습득한다. 그는 비디오테이프를 사용하여 녹화한 관찰들에서 아이가 손가락으로 가리키는 행동을 할 때 거기에는 예외 없이 다른 행동이 함께 수반된다는 사실에 주목했다: 아이는 "실험"이 행해지는 동안 그와 함께 있는 부모, 또는 성인을 쳐다보기 시작하며, 그 또는 그녀에게 소리내어 단어를 말하려고 시도한다. 그것이 이 생태학자가 "언어는 ... 아이와 아이가 지정하는 것의 대면 관계 안에서가 아니라, 사물에 대한 그리고 그가 애착하고 있는 사람에 대한 이중적인 정동적 관계 안에서 발생한다"9)라고 말하는 이유이다.

음절을 형성하는 타고난 능력

유아에 의한 그리고 유아와 함께 하는 의사소통에 대해 좀 더 알아보자. 나는 언어장애에 대한 놀랍도록 효율적이고 새로운 임상적 접근 이론을 제시한 신경학자이며 실어증학자인 지젤 젤베르(Gisèle Gelbert)의 생각을 빌려올 것이다.

젤베르에게 있어서, 아이가 말을 하는 것은 누군가 아이에게 말을 하기 때문에 가능한 것이다. 맨 처음에 있었던 것이 말일까? 그렇지 않다. 처음에 있었던 것은 "어떠한 외부의 말 이전에

---

8) 같은 책, 57ff.
9) 같은 책, 55.

아이가 가진 구조"[10]에 의해 지지된 생각(thought)이었다. 인간의 뇌는 말하기를 위해 프로그램되어 있다; 아이는 "음절을 형성할 수 있는 타고난 능력"을 지니고 있다. 그러나 소리를 듣고 식별하는 것과 그 소리를 재현해내는 것 사이에 하나의 단계가 개입하고, 소리를 재현하는 것과 창조하는 것 사이에도 다른 하나의 단계가 개입한다. 젤베르에 따르면, 이것은 아이가 "자신만의 구어적 제안(oral propositions of his own)"을 허용하게 될 "외부의 구어적 제안(external oral propositions)"—예를 들면, 어머니로부터—의 출현이다. 아이가 듣는 말은 "듣는 동시에 분석될 것이다." 귀에 들리는 언어가 그의 언어가 될 것이다.

젤베르는 그녀의 설명에서, 언어를 제공하는 다른 것들에 의존하는 것을 선호하면서, 심리정동적인(정서에 대한 마음의 반응과 관련된) 맥락을 제외시켰다. 정신분석가들은 정동적 측면이 없는 심리적 측면이란 존재하지 않으며, 전자가 후자를 구조화한다고 말할 것이다. 누군가가 아기에게 말을 했기 때문에 아기가 말을 하게 된다는 신경학자의 주장을 유지해보자. 이것은 단순히 자명한 현상이 아니다. 왜냐하면 그것이 한편으로는 소위 모국어가 출생 후에 어머니와 함께 구성된다는 사실과, 다른 한편으로는 출생 이전에 존재하는 정신(psychic)에 의존한다는 것을 의미하기 때문이다.

신생아의 "언어" 문제와 관련해서, 이 영역이 아직도 활짝 열려있다는 것이 분명하다. 이것에 대한 과학적인 설명을 시도함에 있어서, 우리는 신생아가 무엇을 "이해하고", 무엇을 "말하는지"가 불확실한 상태로 남아있다는 것을 잘 알고 있다. 그들은 어떤 언어로 말하는가? 우리는 알지 못한다. 우리가 아는 것은

---

10) G. Gelbert, Lire, c'est vivre (Ed. Odile jacob,1994).

그들이 용어의 언어학적 의미를 이해하는 것은 아니라는 것이다: 그들의 의미론, 음성학, 그리고 구문론은 우리들의 것과는 다르다. 역으로, 정신분석적으로 듣는 과정에 의해 지원되는 임상적 경험은 그들이 "이해하고" "말한다"는 생각에 확실성을 제공한다. 그들은 어떻게 말하는가? 그들은 자막이 없는 고유한 언어, 최초의 언어(original language)로 말한다. 이것을 입증하는 유일한 방법은, 정신분석가의 이런 저런 개입에 아이가 보이는 반응에 대해 정신분석가가 느끼는 것이 어떤 것인지 일별할 수 있도록 그러한 임상적 경험에 대한 설명을 제공하는 것이다. 그 이상의 주장을 하는 것은 주제넘은 일이 될 것이다; 그것은 작가 폴 발레리(Paul Valéry)가 말했듯이, "매우 위험한 상태, 즉 자신이 이해한다고 믿고 있는 상태"11)로 빠져들 수 있다. "맑은 마음은 그것이 이해하지 못하는 것을 이해할 수 있는 것으로 만든다"라고 그는 덧붙인다. 우리는 고통을 겪고 있는 신생아들로부터 다양한 방식으로 배우기 위해서, 그와 같은 이상(ideal)을 포용하려고 시도해야만 한다. 아기들이 이해하지 못하는 것이 무엇인지, 그리고 그들의 신체에 영향을 미치고 있는 것이 무엇인지를 그들을 돌보는 사람에게 이해시키려고 시도하지 않는다면, 이 아기들이 과연 무엇을 할 수 있겠는가?

---

11) P. Valéry, Tel quel (Gallimard, "Pléiade"), 497.

기억

　제랄드 에델만은 "일차적 의식"과 "상위-의식"에 대해 말했다. 이 모든 것에서 무의식은 어떤 관련성을 갖는가? 흥미롭게도, 오늘날 무의식을 중요하게 생각하는 사람들은 기억에 관심을 갖고 있는 실험연구자들이다. 만약 우리가 지금까지 말해왔던 모든 것, 즉 태아와 유아의 감각능력, 반복 그리고 언어가 공통적인 전제조건으로서의 기억을 가지고 있다는 사실에 기초해있다고 말한다면, 그것은 전혀 놀랄 일이 아닐 것이다.

　유아 관찰의 선구자 중의 한 사람인 정신과 의사 대니얼 스턴(Daniel Stern)은 유아에게 기억은 자기의 영속성(permanence of self)을 보장해준다는 사실을 확인시켜주었다; 이것은 신생아와 관련해서 위니캇이 말한 "존재의 연속성(continue to be)"개념을 상기시킨다. 스턴이 그의 가설들로부터 이끌어낸 임상적 결론들이 항상 모든 사람들에 의해 수용된 것은 아니지만, 이 새로운 발견은 특별히 흥미롭다. 그에게 있어서, 기억은 그가 일반화된 상호작용들의 표상들(RIGs: representations of interactions that have been generalized)이라고 부른 것의 양태를 따라, 타자와 함께 구성된다. 아기는 그의 엄마와 함께 "살아온 삶의 특별한 일화들(예를 들면, '엄마가 나를 재우려고 침대에 데려갔을 때, 엄마의 마음이 딴 데 가 있어서 잠자리 의식의 동작들만을 반복하느라고 나는 지쳤고, 엄마는 내가 잠으로 들어가도록 도와줄 수가 없었다)과 일반화된 일화들(엄마가 나를 재워줄 때 일어나는 일)을 구분하고, 분류하고, 기억하는 법을 배운다."[12] 결과적으로. 기억

---

12) D. Stern, The Interpersonal World of the Infant (New York: Basic Books, 1985), 177.

의 기초는 지각적인 것만큼이나 정동적인 것이다. 이제 신경생물학은 이것을 보여줄 수 있는 지점에 도달하고 있는 것으로 보인다.

창조적인 기억

우리는 어떤 종류의 기억을 말하고 있는가? 그것은 믿을 수 있는 것인 동시에 부정확한 것으로서의 고유한 인간의 기억이다. 삶에는 우리와 가까운 사람들의 죽음처럼 우리가 일반적으로 잊을 수 없는 사건들이 있다. 신생아들도 그것들을 잊지 않는다. 나는 앞에서 피온텔리에게서 치료를 받았던 유아—자궁 안에서 죽은 쌍둥이 형제를 찾고 있던—를 인용했다. 불행히도 나는 평균치보다 쌍둥이나 세쌍둥이 출산율이 높았던 벨클레어에서 이와 비슷한 사례들을 많이 보아왔다. 비극이 발생했던 쌍둥이들, 그리고 너무 많이 울기 때문에, 먹지 않기 때문에, 또는 그들의 어머니가 우울하기 때문에 의뢰되었던 모든 아기들은, 내가 그들이 상실한 형제자매의 애도에 관해 말해주었을 때 평정상태를 회복했다. 나는 이처럼 조산으로 태어나거나, 어머니로부터 분리된 사례들에 적용될 수 있는 체계적인 예방책을 만들어내는 지점에 이르렀다. 게다가, 이와 같은 곤란한 상황들이 발생할 때는 빈번히 조산원들 스스로가 내게 와서 말한다: "X 부인의 쌍둥이 아기 중 한 명이 태어나기 전에 죽었어요. 그 아기가 밤낮으로 울고 있는데, 우리가 어떻게 해야 할까요?" 또는 "그 산모는 세쌍둥이를 임신했었는데, 그 중 한 아기가 죽었어요."

대체로 부모들은 그들 자신들이 아기에게 그가 직면해야만 하는 고통에 대해 알려준다. 그럼에도 불구하고, 증상을 통해 추가적인 작은 도움이 필요하다는 신호를 보내는 일이 종종 발생한다.

다시 한 번 말하지만, 그 작은 도움은 신생아에게 말을 하는 것으로 이루어진다. 왜 그들에게 말을 하는가? 다시 한 번 말하자면, 그렇게 하는 것이 자궁 안에서 함께 있었던 존재의 죽음을 경험했고, 태어난 이후에는 그것의 절박한 메아리와 같은 무언가로 인해 고통스러워하고 있는, 이 아기들의 감각들 사이에 발생한 틈새를 연결해주는 방법이기 때문이다. 출산 전후의 애도는 항상 고려되어야만 한다.

사실상 이 신생아들이 기억하는 그 사건은 틀린 것이지만, 잘못 알고 있는 것은 아니다. 그들의 증상들이 "합리적인" 한계가 없는 무의미한 것처럼 보일 수 있다는 점에서 그것은 틀린 것이다. 하지만 이 증상들의 원인인 태내에서의 슬픔이 완전히 정당한 것이라는 의미에서 그것은 맞는 것이다. 만약 아래에서 제시되듯이, 자신의 비탄을 기억할 뿐만 아니라 그들 자신들의 것이 아닌 비탄까지도 기억하는 신생아의 사례를 살펴본다면, 내가 왜 이런 말을 말하는지 이유가 분명해질 것이다: 그들이 틀린 내용을 기억하고 있지만, 잘못 기억하는 것은 아니다.

검은 옷의 숙녀

한 여성이 자매를 잃는 슬픔을 경험한지 얼마 되지 않아 임신 중에 그녀의 어머니를 잃었다. 그녀는 분만 후에 침대에 누워있는 동안 여전히 끔찍한 수의를 걸치고 있는 것처럼 보였는데, 그런 이유로 나는 그녀를 검은 옷의 숙녀라고 부르기로 했다. "절약하라, 절약하라!" 햄릿에게 그랬듯이, 그녀에게도 "장례식을 위해 구운 고기가 결혼식 만찬 테이블을 차갑게 장식하고 있었다." 그 여성은 극도로 깊은 슬픔에 잠겨있었지만, 아기를 위해 용감한 표정을 유지하려고 애썼다. 그녀가 죽음과 출생 사이에 확립한 관계는 그녀의 어머니가 손녀인 에바(Eva)를 보지 못했다는 슬픔 위에서 이루어진 것이었다. 아기 역시 목구멍에서 나오는 견딜 수 없는 울음을 심하게 울었다. 오페라를 좋아하는 나는 그 안에서 울음소리를 만들어내는 작은 목소리가 슬픔으로 구체화되는 것을 들었다. 에바는 잠이나 젖, 관심, 또는 위안이 부족해서가 아니라, 고통으로 인해 울고 있었다: 그 고통은 결핍과 필요 너머에 있는 것이었다. 내가 오페라를 언급한 이유는 그녀의 비명이 공적인 것이었기 때문이다. 그녀는 실제로 우리가 그날 가졌던 새로운 산모들과의 모임을 울음바다로 만들었다. 그녀는 그곳에 있는 동안 끊임없이 울었는데, 청중들은 짜증이 나기는커녕 아이가 읊조리고 있는 고통에 압도되었다.

   신생아의 울음은 엄마의 젖을 돌게 만든다는 말이 있다.[13] 그 문제에 대한 나의 견해는 나중에 언급할 것이다. 어쨌든, 그 검은 옷의 숙녀는 나와 만나 대화를 나누는 중에 젖이 전혀 나오지 않는다고 불평했고, 그것 때문에 그녀의 아기가 비명을 지르고 있다고 생각했다. 사실상, 아기는 실제로 허기진 상태가 아니었고, 따라서 간호사들은 아기에게 분유를 먹이는 문제를 두고 망설이고 있었다. 그들은 그로 인해 모유가 나오지 않을 수도 있다는 점을 염려했다. 사실, 약간의 지체가 발생하기는 했다; 그러나 추론컨대, 그녀가 자신의 아기를 굶기고 있다는 생각은 맞는 것이 아니었다. 젖은 우리가 대화를 나눈지 2시간이 채 지나기 전에 나오기 시작했다. 그것은 물론 예상했던 정도의 시간이었는데, 그 대화가 카타르시스 효과를 가져왔음을 보여준다.

---

13) 모유수유 동안에 어머니에 대한 아기의 관계에 대해서는 A. Naouti, "La bouche et le voeu tu" in Revue de Médecine Psychosomatique (September 1987)를 보라.

덧붙이자면, 이 여성은 아기의 울음에 민감해질수록 점점 더 무기력함을 느꼈다. 그 결과, 그녀는 자신이 바뀌지 않는다면 아기는 위로를 받을 수 없을 거라고 믿었다. 앞에서 말했듯이, 그녀의 어머니는 그녀가 임신 중일 때 세상을 떠났다. 그녀의 어머니와의 관계는 항상 힘든 것이었는데, 만일 가족 내에 모성적인 다정함이 있었다고 한다면, 그것은 여동생을 자신의 딸처럼 돌보았던 검은 옷의 숙녀인, 그녀 자신으로부터 나온 것이었다. 그런데 검은 옷의 숙녀가 임신을 하자, 그녀의 어머니가 그녀와 가까워졌다. 그녀가 한 번도 경험하지 못했던 다정함을 느끼는 순간, 그녀의 어머니는 그 여성이 좋은 어머니가 될 것을 확신한다고 털어놓았다. 그녀의 어머니는 전에는 한 번도 해본 적이 없는 일을, 즉 그녀를 지지하고, 지원하고, 도와주는 일을 했다. 검은 옷의 숙녀는 이렇게 말했다: "마침내 내가 어머니를 갖게 된 거죠!" 검은 옷의 숙녀가 애도하고 있던 것은 새로운 엄마였다: 그녀가 마침내 찾아냈지만, 곧 바로 상실했던 엄마, 그리고 딸에 대해 자신감을 갖게 해주었던 엄마. 그 엄마를 상실함에 따라 그 여성은 "좋은 엄마"가 될 수 있다는 자기-확신 역시 상실했고, 그녀의 아기를 먹일 충분한 젖조차 상실했다. 그녀는 그녀의 아기가 대가를 치르고 있다고 상상했다.

나는 그 아기가 어떤 대가를 치르고 있었다고는 생각하지 않는다; 그녀는 그저 점수를 기록하고 있었다. 그녀는 할머니가 돌아가셨다는 소식으로 인한 어머니의 변화와 스트레스를 기록했고, 기억에 저장했으며, 그 죽음을 비통해하고 있었지만, 실제로 그 이유는 알지 못하고 있었다. 그녀의 어머니는 비탄에 압도되어 있었고, 그녀에게 활력을 주기에는 너무 힘든 상태였으므로, 그녀는 어머니에게 말할 수 있는 시간을 가질 수 없었다. 그 아기는 자신이 어머니의 슬픔의 원인이라고 믿었기 때문에 울고 있었다. 그녀는 어머니를 위로할 수 없다고 느꼈기 때문에 한층 더 심하게 울었다. 그것이 그녀가 어머니를 "차지하는" 방식이었다. 나는 아기에게, 그녀가 임신 기간 동안 엄마가 경험했던 고통을 잘 기억하고 있다는 것을 내가 알고 있고, 그녀는 그것에 대해 아무런 책임도 없다고 말해주었는데, 이 말은 그녀를 사로잡고 있던 악순환을 깨뜨릴 수 있었다. 그리고 아기의 어머니에게는 그녀의 어머니의 죽음이 그녀가 아기를 먹이지 못하는 나쁜 어머니가 될 것이라는 나쁜 징조가 아니라는 점을 말해주었다. 그것은 많은 것은 아니었지만, 충분한 것이었다. 아이의 울음은 멈추었고, 몇 시간 내로 어머니의 젖이 나오기 시작했을 때, 마침내 검은 옷의 숙녀와 아기는 안심할 수 있었다.

기억 과정

어떻게 검은 옷의 숙녀의 아기가 어머니의 슬픔을 잘못 이해했는지를 더 충분히 이해하기 위해서, 뇌와 그것의 기억에 대해 살펴보자.

첫 번째 요점; 똑같은 뇌를 가진 인간은 없다. 쌍둥이라 할지라도, 뇌는 똑같지 않다. 의학박사인 이즈라엘 로젠필드(Israel Rosenfield)가 기억의 창작(The Invention of Memory)[14]에서 설명했듯이, 배아의 발달 단계 동안에 발생하는 세포들의 분화는 단지 유전적인 프로그램에 따른 것이 아니다. 하나의 세포가 뉴런이 될 것인지, 간세포가 될 것인지, 피부세포가 될 것인지는 그 세포들의 위치와 세포배아의 발생기간 동안의 그것들의 움직임

---

14) L. Rosenfield, The Invention of Memory (New York: Basic Books, 1988).

에 달려있다. 뇌를 조직하는 체계를 미리 디자인한 위대한 유전자 건축가 따위는 없다. 우리는 어떤 자리에 떨어지고, 움직이고, 다른 것들과의 관계 속에서 스스로를 조정하는 조각들을 다루고 있다. 이 "조각들"은 에델만이 CAMs, 즉 세포접착 분자(cell adhesion molecules)라고 부르는 접착제에 의해 연결된 세포들의 집단이다. 예를 들어, 뉴런들의 특정한 N-CAMs는 절대로 간 또는 피부 세포들의 특정한 CAMs 안으로 떨어지지 않도록 주의를 기울이면서, 다른 N-CAMs와 융합할 것이다: 그것 각자의 영역으로 들어갈 것이다. 다른 종류의 그룹들이 함께 하거나 따로 떨어지는 정도를 정하는 것이 이 CAMs이다. 따라서, 한편으로는 이것이 모든 인간의 뇌 가운데서 한 가족의 유사성을 보장하는 유전적 배경이기도 하다. 이 배경 위에 세워지는 CAMs는 세포의 지형학과 그것들의 두서없는 여정의 한 기능으로서, 개인적인 변이들에 대한 방어벽이기도 하다. 그리고 이 변이들은 대부분 맥락에 의존한다.

두 번째 요점: 신경조직 시스템은 세포배아가 발생하는 동안에 자리를 잡는다; 단지 연결의 정도만이 출생 후 외부의 자극들에 의해 변할 것이다. 에델만과 로젠필드에 따르면, 이 변이들은 앞에서 규정한 것처럼 뉴런 하위집단으로 구성된 진정한 뉴런 지도를 완성한다.

세 번째 요점: 이 체계 안에서 기억은 정확하게 말해서 국지적인 과정이 아니다. 확실히 기억들은 뇌의 어딘가에 저장되어야 한다. 하지만 그 위치들을 다시 찾는 것이 왜 그렇게 어려운가? 신경심리학자인 데이비드 마르(David Marr)의 연구 이후로, 기억은 창안 과정(inventive process)으로 생각될 수 있는 것 같다. 이것이 의미하는 바는, 우리가 마술사들처럼 우리의 과거를 다시 만들어낸다는 것이다. 또는 로젠필드에 의해 인용된 영국의

심리학자, 프레드릭 바틀렛(Frederic Bartlett)을 인용하자면: "기억한다는 것은 셀 수 없이 많은 고정되고, 생명력 없고, 파편화된 흔적들을 다시 흥분시키는(re-excitation) 것이 아니다. 그것은 경험에 대한 조직화된 과거 반응들의 전체적인 적극적 집합을 향한, 그리고 이미지나 언어의 형태에서 공통적으로 나타나는 약간은 두드러지는 세부사항들에 대해 우리의 태도가 갖는 관계로부터 세워진, 상상력 있는 구성 또는 재구성이다. 따라서 그것은 요점을 반복해서 암기하는 가장 기초적인 경우에 조차도 거의 정확할 수가 없으며, 그러한 정확성은 전혀 중요하지도 않다."15)

기억은 믿을만 하지 않다. 이에 대해 의문을 품는 사람들을 위해, 꿈을 예로 들어보자. 꿈이 기억 속의 내용과 관련되어 있기는 하지만, 최소한 그것들을 변형시켰다는 생각에 이의를 제기할 사람은 아무도 없을 것이다. 임신 기간의 중반을 넘어가면서 태아는 꿈을 꾼다. 우리는 태아에게 있어서 기억하는 것은 꿈꾸는 것이라고까지 말할 수 있다. 태아는 드물게 깨어있는 시간 동안에 지각한 정보들을 가지고 꿈을 위한 양식으로 삼는데, 그의 꿈들은 어떤 의미에서는 이 감각 자료들을 해석하고, 그것들을 자신이 편리한 대로 저장하는 기능을 한다. 쉬릴니크에게 있어서, 그것은 자궁내의 심리적 삶의 탄생을 말한다.16) 하지만 태아는 어떻게 그의 정보를 꿈을 통해서 저장하는가? 신경생리학자들이 단기 기억, 즉 몇 분에서 3일 사이의 기간 동안에 보유되는 기억만을 설명할 수 있는 현 상황에서, 이것을 아는 것은 특별히 중요하다. 반면에 꿈은 기억들이 장기간 보유될 수 있도록 "안정화"되는 장소이다.

---

15) 같은 책, 193.
16) B, Cyrulnik, Les nourritures affectives (Ed. Odile Jacob, 1993), 61.

기억 과정에 관한 가장 대담한 가설은 정보가 두 개의 주요한 고속도로를 통해서 기억된다는 주장이다. 정보는 먼저 일차적인 뇌의 지각 영역들(예를 들면, 시각 및 청각 영역)에 도달하기 위해 체감각적 회로(somatosensorial circuit)를 통해 움직이며, 그것의 처리 능력을 가진 뇌의 영역들에 서로 다른 지각적 자료들을 분배하는 시상의 입체교차로를 통과한다. 그것은 기억으로 되기 위해 지나가야 하는 고속도로이며, 복잡한 고속도로처럼 꽤나 정체된다. 기억되어야 하는 정보량의 99퍼센트가 그와 같은 교통정체를 겪는다. 그런 사실에도 불구하고, 모든 정보들은 빠르게 이동하려고 시도한다. 뉴런 시냅스들을 통해서 고리의 한쪽 끝에서 다른 쪽 끝으로의 이동 시간은 300ms(천분의 일초)도 안 된다. 이것이 빠른 정보-처리 회로(rapid information-processing circuit)이다.

그것과 병행해서, 정보는 두 번째로 대뇌 변연계("정서들의 자리")와 접촉하고 있는 전두엽 피질(에델만의 "고차원 의식"의 장소)이 위치한, 시상하부에 중심 축을 갖고 있는 자율신경계 회로(neurovegetative circuit)를 택한다. 그 이차 축은 교통량이 훨씬 적고, 속도제한이 더 잘 지켜진다. 그것은 전체 교통량의 단지 1퍼센트에 해당하며, 정보의 여행 시간은 400ms 또는 심지어 500ms보다 더 많이 걸린다. 이것이 느린 정보-처리 회로(slow information-processing circuit)이다.

여기에 문제의 가장 어려운 부분이 있다. 이 두 번째 축은, 비록 부차적인 것처럼 보이지만, 실은 결정적이다. 우리가 복잡한 고속도로를 달리는데, 갓길을 따라 고속도로 순찰대가 계속 따라오면서 우리가 과속을 할 때마다 속도를 늦추라고 요구한다고 상상해보라. 이것이 이러한 느린 정보처리 회로에서 일어나고 있는 일이다. 이 "순찰대"는 더 이상 전기가 아니라 효소에 의한 수정을 통해 빠른 정보 교통량의 속도를 통제하고, 길을 바꾸고, 속력을 낮추도록 지시할 수 있다. 그런 후에, 그것은 정보가 주 고속도로로 다시 돌아가는 것을 허용하면서 사라진다. "정지, 그렇지 않으면!"이라는 이 게임은 모노아민-조절 뉴런들(monoamine-modulating neurons: 도파민, 세로토닌, 또는 노르에피네프린을 전달하는 뉴런들)에 의해 규제된다. 이것들은 파킨슨병에서 차지하는 역할로 인해 주의를 끌어왔고, 그것이 가진 조절 기능으로 인해 많은 향정신성 약물에서 사용되고 있다. 이 뉴런들은 정보의 속도를 늦추거나, 정보를 더 안전하게 기록하기 위해 첫 번째 회로에서 정보를 추출해내는 일을 한다. 이는 마치 고속도로 순찰대가 우리에게 성찰해볼 시간을 주기 위해 다시 돌아가서 더 느린 속도로 그 길을 가보라고 초대하는 것과도 같다. 이 현상들에 대한 더 정확하고 덜 비유적인 설명을 원한다면, 프랑스 대학(College de France)의 신경약리학자인 장-폴 타쎙(Jean-Pol Tassin)의 논문들을 보라.[17] 예술가이며 소설가인 파스칼 퀴나르(Pascal Quignard)가 한 말은 이 문제와 관련된 과학자의 담화를 반향하고 있다: "기억의 기능에 의해 제시된 어려움은 신체의 물질 안에 각인된 것을 저장하는 문제가 아니다. 그것은 하나의 덩어리로 저장되었던 것을 선별하고, 분류하고, 회상하고, 그것에서 고유한 요소를 끄집어내는 문제이다. 잊는 것은 기억을 상실하는 것이 아니다. 잊는 것은 과거의 덩어리의 일부를 다시 마음으로 데려오는 것을 거부하는 것이다."[18] 프로이트가 이미 말듯이, 예술가는 정신의 진실을 드러내는 데 있어서 과학자보다 항상 앞서 있다.

---

[17] J, P, Tassin, "Peut-on trouver en lien entre l' inconscient psychanalytique et les connaissances actuelles en neuro-biologie?" in Neuro-Psy 4. no. 8 (1989): 421-34; idem, "Schizophrenie et neuro-transmission: Un excés de traitement analogique?" in L' Encéphale (1996), supplement 3, 91-98.

꿈 기억

신경조절물질의 역할을 가장 잘 보여주는 것은 수면 현상이다. 한 사람이 수면상태가 될 때, 거기에는 신경전달물질의 상대적인 금지가 발생하는데, 꿈들은 그 물질들이 순간적이나마 강렬하게 재 활성화되는 순간을 나타낸다.

1970년대 이후, 신경생물학자 미쉘 주베(Michel Jouvet)의 꿈꾸기에 대한 연구결과는 일반 대중뿐 아니라 과학적 공동체의 관심을 이끌어냈다. 주베는 그가 "역설적 수면(paradoxical sleep)"이라고 부른 전기적인(electrical) 뇌활동 단계와 꿈꾸기 사이에 상관관계가 있음을 보여주었다. 그는 역설적 수면상태에서 잠을 깨울 때 사람들이 꿈을 이야기한다는 사실을 발견했고, 그 결과, 역설적 수면이 꿈꾸기의 핵심이라고 결론 내렸다. 그 이후로, 추후 국면에 대한 연구가 이루어졌다. 사실상, 과학자들은 느린 수면 동안에, 즉 역설적 수면의 다른 국면들 사이에 "미세한 깨어남(microwaking)"의 국면들이 있다는 것을 보여주었다. 이 미세한 깨어남의 기간들은 그 시점까지는 쉬고 있던 신경조절물질들이 갑자기 활성화되는 순간과 일치한다. 그 시점까지 모든 정보는 수면 동안 빠른 처리과정의 대상이었는데, 갑자기 신경전달물질들이 그것을 느린 처리과정으로 옮겨놓는다. 갑자기, 수면에서 깨어나 의식 상태가 된 뇌는 정보의 속도를 줄이고, 300ms 이내에 그것을 이야기하는 데 30분이 소요되는 꿈을 만들어낸다. 꿈이 이야기(narrative)를 조직하는 것을 가능하게 하는 것은 정보를 일관성 있는 것으로 만드는 이 "느린" 시스템이다. 좀 더

---

18) P. Quignard, Le nom sur le bout de la langue (POL ed., 1993).

퉁명스럽게 말하자면, 타쌩(Tassin)이 주장하듯이, 우리가 꿈을 꾸는 것은 우리가 깨어났기 때문이라고 말할 수 있다.

기억을 끌어당기는 장들(fields)

우리의 여정을 계속해보자. 우리는 빠른 정보처리 과정을 유비적(analogical)이라고 부를 수 있다. 그것은 비슷한 두드러진 요소들을 선택하는 것과 그것들을 끌어당기는 장들(attracting fields)의 형태로 기억하는 것으로 이루어져 있다. 이 장들은 기억을 구성하는 요소들과 비슷한 모든 새로운 지각적 요소들을 "끌어당긴다." 그것들은 즉시 이 요소들을 자신들이 저장한 것들과 비교한다. 일단 확인이 완료되면 새로운 요소는 알려진 전체적인 형태에 의해 추론되는 것을 통해서 인식된다. 우리가 한 눈에 얼굴을 알아보는 것은 그 얼굴에서 3-4가지의 두드러진 요소들을 무의식적으로 인식하는 과정에 의해서이다. 그 다음에 우리는 이 몇 가지 요소들에 기초해서 즉각적으로 얼굴을 재구성한다. 동일하게, 유아는 엄마의 얼굴이 미소를 짓든, 슬픈 표정이든, 또는 긴장하거나 편안한 표정이든 상관없이, 엄마의 얼굴을 알아본다. 또한 그는 옆모습의 3/4 정도만으로도 그 얼굴을 인식할 수 있다. 그 처리과정은 빠르며, 그렇기 때문에 실수의 원인이 되기도 한다. 만일 서로 다르지만 같은 두드러진 특징들을 지니고 있는, 친밀하지 않은 두 얼굴들이 제시된다면, 우리는 그 둘을 혼동할 수 있다. 양쪽 모두가 같은 장으로 끌어당겨질 것이기 때문이다. 만일 우리가 하얀 칸 하나가 검게 칠해진 체스판을 받는다면, 우리는 그 작은 차이로 인해 방해받지 않고 여전히 그것을 체스판으로 "인식"할 것이다. 반면에, 느린 처리과정은 인지적이고(cognitive) 논리적인 과정이다. 체스판의 예에서, 그 과정은 우리가 체스판을 기억하도록 허용할 것이고, 그런 후에 각각의 요소들을 관찰하고 분석할 것이며, 흰색이어야 할 한 칸이 검은 색으로 칠해졌다는 것을 인식할 것이다.

    타쌩의 견해에서, 빠른 처리과정, 또는 적어도 빠른 과정과 느린 과정 사이에서 항상 변화하는 균형은 프로이트가 무의식이라고 부른 신경생물학적 기반으로 동화될 수 있다. 이 가설은 높은 수준의 과학자가 제시하는 과감한 생각이다. 그는 언어를 습득하기 전 시기의 태아와 아이는 대부분 전두엽피질이 성숙한 상태가 아니기 때문에 빠른 처리과정에만 접근할 수 있다고 덧붙인다; 느린 처리과정은 나중에 인지의 발달과 병행해서 나타날 것이다.

    그러나 아기 혼자서 그 과정을 만들어낼 수 없다는 점에서, 산후기간 동안의 아기들에게 "이미 만들어진" 느린 처리과정이 존재한다고 가정하는 것이 가능한 것일까? 그것은 임상적 관찰들을 설명하기 위해 타쌩이 세운 가설이다. 그의 논문에 담긴 어떤 생각도 신생아가 그에게 주어진 인지적인 정보의 조각을 유비적으로 처리할 수 있고, 그후에 스스로 그것을 인지적으로 재처리할 수 있는 능력을 갖추게 된다는 주장과 충돌하는 것은 전혀 없는 것으로 보인다. 나는 그 가설의 유효성을 실험적으로 입증하는 일은 과학자들의 지혜의 몫이라고 본다.

정보를 추출하기와 정보의 속도 늦추기

    어떤 것을 기억에 저장한다는 것은 무엇을 의미하는가? 타쌩에게 있어서, 그것은 정보의 속도를 늦추기 위해 빠른 정보-처리로부터 정보를 추출하는 것(extracting)을 의미한다. 하지만 그는 정보의 속도를 늦추는 것이 그것이 저장되는 것을 허용하는 것은 아니라고 주장한다. 우리는 어떤 것에 접근할 때마다 그것을 분석할 수는 있지만, 이후에 그것은 유비적으로 저장되어야만 한다. 그렇기 때문에 인지적 과정은 자체의 유비적인 저장고를 수정할 것이고, 새로운 끌어당기는 장들(attracting fields)의 출현을 도울 것이다. 그 순간에, 거기에는 역설적으로 "빠른" 사건과 "느린" 사건이 같이 있게 될 것이다. 즉, 유비적인 저장고 안에 인지적인 요소들이 있게 될 것이다. 타쎙에게 있어서, 인지적 처리과정을 통과한 다음 다시 유비적으로 저장되는 이 정보는 정신분석에서 말하는 무의식을 구성한다. 이론적으로, 우리는 어떤 고통스럽거나 과도하게 쾌락적인 요소들이 그것에 합병되지 않는 한, 그것에 접근할 수 있고, 그것을 다시 활성화시킬 수 있다. 그럴 경우, 억압이나 부인이 발생한다. 더욱이 그것은 필요한 억압이다. 왜냐하면 억압이 없다면 우리는 기억력 이상증진(hypermnesia)이라는 지옥으로 들어설 것이기 때문이다. 신경생리학자인 알렉산더 루리아(Alexander Luria)가 묘사한, 자신이 경험했던 것 어느 하나도 잊을 수가 없었던 환자를 생각해보라; 그는 그의 초기 몇 년 동안의 청각적이고 시각적인 기억들에 묶인 채로, 현재의 시간 속에서 살 수도 없었고, 미래를 계획을 하는 것도 불가능했다.

유아기 기억상실증

가장 초기 아동기의 기억들을 회상해내는 것은 극도로 어려운 일인 것 같다. 사람들은 누구나 유아기 기억상실증이라는, 빈약하게 설명된 현상에 부딪친다. 그러나 정신분석을 받았던 사람들 중 일부는 자신들이 생후 첫 2년 동안의 주요 기억들을 회복했다고 주장한다. 게다가 혼수상태로부터 깨어났거나, "죽었다가" 다시 살아난 사람들은 과거가 하나의 흐름으로 스쳐 지나가는 이미지를 보았다고 말한다. 신경생리학자들은 이것들은 기껏해야 차폐 기억들(screen memories)이며, 최악의 경우에는 상상에 의한 구성물이라고 주장한다. 타셍도 거의 같은 말을 한다: 우리는 빠르고/유비적으로만 처리된 초기 체계들을 의식적으로 재활성화시킬 수 없다. 즉, 빠르고/유비적으로 처리된 것을 느리고/인지적인 과정을 통해 재활성화시킬 수 없다. 기호 식별을 위해 보유된 두드러진 요소들은 너무 단순하기 때문이다.

따라서, 오직 유비적으로만 작업하는 신생아는 자신이 작업하고 있는 것을 공유할 수 없다는 점에서, 그의 처리과정의 "속도를 늦출 수" 없다. 달리 표현하면, 그는 어떻게 말을 하는지 알지 못한다. 그는 닫힌 고리이다. 그렇다면, 검은 옷의 숙녀의 딸의 울음을 우리는 어떻게 해석할 것인가? 억압되었던 태아기의 정서들이 유아기 기억상실증을 넘어 여전히 영향을 미친다는 피온텔리의 확신을 우리는 어떻게 이해해야 할까?

우리가 말했듯이, 피온텔리는 초음파 관찰을 통한 자신의 태아연구를 그 아이들이 출생한 이후 5년간의 인터뷰를 통해 보완했다. 그녀가 보기에, 모든 증거들은 2-4세 사이 아이들이 놀이에서 그들의 태내에서 겪었던 과거를 재현하고 있음을 보여준다. 그들의 놀이가 보여주듯, 인간 아기가 사회적 동물이라는 생각에는 누구나 쉽게 동의할 것이다. 스턴이 말하듯이, 유아에게 있어서 타자는 "자기(self)를 조절해주는 다른 사람"이다; 아이가 그의 주체성(subjectivity)을 구성하는 것은 타자를 통해서이다. 그러나 피온텔리가 논의하는 아이들은 그들이 태아기의 과거를 놀이에서 재현할 때 그것에 의미를 부여하고, 그것에 관련된 정서들을 표현하려고 시도한다. 그들은 단지 과거를 반복하는 것이 아니라, 그것을 가공한다. 피온텔리가 인용한 파브리지오

(Fabrizio)라는 소년은 입과 두 눈을 가진 베개의 그림을 그린 다음에 이렇게 말했다: "베개들이 움직여요. 나는 한 번도 평화로웠던 적이 없어요, 밤에 잘 때조차도요." 그 말이 암시하는 것은 그의 자궁 내의 삶에 대해 알고 있는 사람에게는 아주 분명한 것이었다. 그는 쌍둥이 형제 죠르지오(Giorgio)와 함께 양막 주머니를 공유했었다. 그 결과 그의 쌍둥이 형제는 사실상 그의 베개였고, 입과 두 눈을 가진 그 베개는 끊임없이 움직였다.

아이들이 약 4세 반이 되면, 유아기 기억상실증이 효력을 발생시킨다. 그 시기에 아이들의 놀이나 이야기들은 여전히 태아기의 경험들을 반영하지만, 그것을 의식하지는 못한 채 간접적으로만 다룬다. 오히려 이야기들과 게임들은 태아기의 기억들—말실수나 증상적인 행동들로 환원된—과 아이들의 현재 삶의 투사물들이 혼합된 신화들이 된다. 태어나기 전에, 그리고 태어난 후에도 싸우는 습관이 있었던 쌍둥이 마리사(Marisa)와 베아트리체(Beatrice)의 예를 들어보자. 그들은 5세 이후에는 더 이상 원형적인 전투의 기억들이 표면화되는 것을 허용하지 않았고, 겉으로는 드러나지 않는 그림의 형태로만 그것을 표현했다. 쌍둥이 중 한 명은 그녀의 집을 그리면서 꼼꼼하게 모든 식구들의 이름을 썼는데, 당연히 쌍둥이 자매의 이름만은 빼놓았다. 다른 쌍둥이는 집을 그린 후 "집에서 멀리 떨어진 곳!"이라고 쓰고 나서, 또 다른 집은 그녀의 집이고, 거기에는 한 아이밖에는 있을 수 없다고 설명했다.

피온텔리는 태아기의 기억은 아닐지라도 성인들이 분석에서 재발견한 초기 삶에 대한 기억들은 역사적인 사실이라기보다는 재구성된 것이라고 결론지었다. 그렇지만 정확성을 중요시하는 그녀의 성향 때문에, 그녀는 이 기억들을 더 잘 이해하기 위한 방법으로 초음파 기술의 개선에 희망을 걸었다.

나 역시, 태아기에 외상이 있었다면 그것은 무의식적인 것으로 남게 된다고 생각한다. 만일 표현되지 못한 기억—말하자면, 유비적인 기억—이 신생아에게 존재한다면, 그것은 어떻게 해서든 표현되어야만 한다: 부모와 조부모들, 또는 가능하다면 친구들의 도움으로; 만일 그 표현이 금지되어 있다면, 정신분석가의 도움을 받아 표현되어야만 한다. 신생아와 함께 작업하는 정신분석가의 역할은 그 이름 없는 기억에 이름을 붙여주고, 표현되지 않은 의미, "언어의 구멍"만이 있었던 자리를 언어로 채워주는 일이다. 분석가가 아이에게 들려준 말들, 또는 그가 성장하는 것을 가로막고 있는 그의 부모들의 무의식에 대한 해석들은 출생 후 증상 안에 뿌리내리고 있는 어떤 것으로부터 아이를 자유롭게 해준다는 점에서 정당화될 수 있다.

우리는 모두 말의 결핍으로 인해 고통 받는다. 말이 상실된 것으로 드러날 때, 그것은 삶의 역사 안에서 발견될 수 있다. 그 역사는 가능하다면 그것의 주인공들에 의해 누군가에게 말해질 필요가 있다. 정신분석적 맥락 안에서 아기에게 말하는 것에 관해 생각하기 전에, 우리는 그 역사가 다른 사람—이 경우에는 정신분석가—에게 말해질 수 있는 공간을 마련해야만 한다. 그런 의미에서, 필요한 것은 오직 해석만이 아니다. 정신분석가의 현존은 때때로 언어의 구멍들을 채워주는 말, 엄마 편에서의 말이 되기도 한다. 그러나 그것은 그와 같은 가능성을 보장하는 장치, 즉 정신분석 회기들을 통해서만 가능할 것이다.

4장

산부인과 병동에서
정신분석으로 치료하기

"가장 친밀한 신뢰감은 때때로 그림자처럼 스쳐가는, 결코 잊을 수 없는 사람들에게서 느껴진다."

―클레버 헤이든(Kleber Haedens)

하루는 분만과정이 진행되는 동안에 한 남성 조산원이 나를 호출했다. 분만이 너무 오래 지속되고 있었는데, 그는 정신적인 문제가 그 산모의 분만을 가로막고 있다고 생각했다. 다른 일로 바빴던 나는 아기가 나오려는 시점―상황이 악화되고 있던―에야 도착했다. 인사를 나눈 후, 나는 곧 바로 그 산모에게 말했다: "안녕하세요? 저는 최대한 당신이 아기를 잘 맞이하는 것을 돕기 위해 왔어요." 그녀는 눈을 크게 뜨고 나를 바라보더니, 곧바로 아기를 낳았다.

불임 치료를 받고자 하는 여성들이 병원에서 선임 컨설턴트를 만나고 간 그날 임신이 된다는 말이 있다. 이것은 우리 직업

분야에서는 저속한 농담의 주제이기도 하다. 그렇기는 해도, 이 것은 얼마나 갑작스러운 변화인가! 나는 남자도, 선임 컨설턴트도 아니며, 이 여성을 알지도 못했다. 그럼에도 불구하고, 조산원은 내가 방에 들어선 그 순간부터 분만의 역동이 바뀌었다고 확언했다. 그 어머니가 내게 이유를 알려주었다: "당신은 나를 정말 놀라게 했어요. 당신은 정해진 전체 분만 과정 중에 있던 사람이 아니었는데, 아직 태어나지도 않은 아기를 보살피려고 그 곤란하고 힘든 순간에 온 거에요!" 나는 그녀의 말을 일어난 일에 대한 문자적인 해석으로 받아들인다. 내가 그곳에 도착한 것과 내가 했던 짧은 말이 실제로 무언가를 촉발시켰다면, 그 무언가는 그녀가 그녀 자신을 출산할 수 있는 가능성이었을 것이다. 나는 문제의 바깥에 있었고, 말하자면 그녀가 내 옆에서 아이를 낳을 수 있도록 허용했다; 즉, 그녀와 아이가 결합되어 있는 내적 원으로부터 그녀 자신을 분리해내는 것을 도왔다. 그렇게 함에 있어서, 누군가에 의해 "외부로부터 보여지게 됨"으로써, 그녀는 아이를 그녀 자신과 다른 존재로서 볼 수 있었고, 그 결과 그녀는 아기로 하여금 바깥 세상으로 머리를 내밀도록 허용할 수 있었다.

 여기에서 우리는 분만의 급박함을 예상하는 것은 모니터 기구를 지켜보는 것만으로는 충분하지 않다는 것을 알 수 있다; 우리는 경계들과 관련된 점들 역시 고려해야만 하며, 각각의 기능을 점검해야만 한다. 삶으로 들어가는 것은 유아에게 달려있다; 임신으로부터 퇴장하는 것은 어머니에게 달려있다.

정신분석의 규칙(Protocol)

외부 세계에서처럼 산부인과 병동에서도 모든 사람들이 정신분석에 의존하는 것은 아니다. 이것은 정신분석가들이 그들의 동시대인들이 겪는 고통을 직면할 수 없어서가 아니라, 그들에게 요청하는 이들에게만 응답할 수 있기 때문이다. 누군가는 이것을 임의적인 규칙이라고 말할 수도 있을 것이다. 사실상 그것은 임의적인 것이지만, 충분한 사고를 거친 바람직한 규칙이다. 치료사는 체력이 허락하는 한, 항상 "정신적인 건강 응급 서비스"를 제공할 권리를 갖고 있고, 그곳에 있는 모든 이들을 급히 도울 의무가 있다. 그렇지만 가족들이 아무것도 요청하지 않을 경우, 착한 사마리아인의 역할을 하는 것이 역효과를 가져올 가능성에 대해 경계해야 한다. 사실상, 한 주체를 지배하는 무의식적 욕망의 정확한 자리를 찾아내는 것은 요청과 그것의 효과에 의해서만 가능하다; 이런 것들이 정신분석가가 작업하는 데 필요한 기본적인 요소들이다.

나는 때때로 정신과 의사, 또는 심리학자의 자격으로 신생아의 의료 기록을 읽는 것이 사실이지만, 가능한 한 그런 상황을 피한다. 이것은 전문가로서의 성실성이 부족해서가 아니다; 나는 "자유롭게 떠다니는" 나의 경청방식이 의료기록에 의해 영향을 받게 하고 싶지 않기 때문이다. 사례의 99퍼센트에서, 진료기록에 나타나있는 요소들은 간호팀 스태프들의 설명을 통해 알 수 있는 것들이었다. 말로 듣는 것과 그것을 기록으로 읽는 것 사이에는 큰 차이가 있는데, 전자는 이미 환자의 요청이 간호사에게 불러일으킨 온갖 정동들로 충전되어 있기 때문이다.

신생아들의 경우는 다소 특별하다. 그들은 보호 하에 있고, 그들의 요청은 부모가 그것을 인식하는가에 달려있다. 부모들이 그들의 아이가 겪는 고통을 다른 사람들과 공유하기를 거부한다면, 나는 개입하지 않는다. 그 요청은 다른 장소와 다른 시간에 다시 나타날 수도 있고, 말로 표현될 수 있는 다른 방법을 발견할 수도 있을 것이다. 분석가들은 출산 후 직접적인 개입을 강제하는 것을 통해서, 우연성의 문이 닫히게 해서는 안 된다.

이런 주장이 "잔인하다"고 느끼는 사람들에게, 나는 스태프들이 위험한 상황이라고 느끼는데도 부모들은 아무런 요청도 하지 않는 상황에서 내가 개입하지 않는 규칙에 좌절감을 느끼는 스태프들에게 했던 것과 같은 똑 같은 말을 해주고 싶다: 우리가 사람들의 삶 속에 있는 어떤 것, 또는 그들의 비극을 항상 변화시킬 수는 없다는 사실을 받아들여야만 한다. 그들의 동의 없이 개입하는 것은 무관심보다도 더 나쁜 일일 수 있다. 그것은 존중심이 결여되어 있고, 무책임하며, 실패가 예정된 행동이다. 왜냐하면, 그것은 시작부터 주체가 겪는 고통의 원인이 되는 것—무의식적 욕망—에 대한 고려를 거부하는 것으로 이루어져 있기 때문이다. "당신의 이익을 위해 이것을 하고 있는", "당신이 잘 되기를 바라는" 사람들의 목록에 정신분석가의 이름을 올린다는 것은 불미스러운 일이다. 이것은 정신분석가가 지닌 경험적 지식의 특이성들 중의 하나이다.

간단히 말해서, 나를 정신분석가의 위치에 있게 하는 것은 스태프들에 의해 전달되는 부모들의 요청이다. 병동에 어떠한 실제적이거나 상상에 의한 필요가 있다고 해도, 나의 일은 고통스러운 말을 위한 공간을 만드는 것이므로, 나는 요청이 있을 때에만 응답할 수 있다.

그러므로 이 개입들에는 경계선이 있어야만 한다. 그 경계는 프랑수아즈 돌토에 의해 발전된 주간보육센터의 두 방들 사이에 그려져 있는 선과 비슷하다. 아이들은 자전거나 스쿠터를 타고 이 선을 넘어가는 것이 금지되어 있다. 문제의 분리선은 소음과 떨어지는 물건들로부터 어린 아이들을 보호하기 위해서 고안되었다. 하지만 왜 다른 곳이 아니라 그 곳에 선을 그었을까? 아무도 기억하는 사람이 없다. 돌토 자신이 인정했듯이, 그 규정은 변경할 수 없는 것만큼이나 바보스러운 것이었다. 그렇게 임의적인 것이었음에도 불구하고, 그 경계는 아이들을 위해 가장 중요한 인간화 기능(humanizing function)을 수행했다. 첫째로, 그들에게 규칙을 설명하고, 그것에 관해 논쟁하도록 허용하는 것을 통해서, 아이들은 규칙을 이해할 수 있게 되었다. 뻔한 사실일까? 꼭 그렇지는 않다. 한 아이가 그것을 이해하지 못하는 경우조차도, 그가 세발자전거를 타고 있을 때 그것을 운전하고 있는 사람은 자기 자신이며, 그의 발이 그가 선을 넘도록 자전거를 밀었기 때문에 그가 선을 넘게 되었다는 말을 듣게 되면, 그는 놀라게 된다. 그가 이 모든 것을 이해하는 것은 놀라운 일이다. 다음은 돌토가 걸음마 아기와 이야기하는 장면으로서, 사적인 비디오 녹화에서 발췌한 것이다.

"그 선의 다른 쪽에는 아기들이 마루에서 기어 다니고 있어. 그래서 그 선이 있는 거란다 ... 만일 너희 아빠가 오토바이나 차를 가지고 오신다고 해도, 아빠가 그걸 타고 다른 방으로 가는 건 허락되지 않는단다."
"아니에요, 아빠는 그렇게 할 거에요, 아빠가 오면, 아빠는 차를 가지고 저기로 들어갈 거에요."
"아, 넌 그렇게 생각하는구나? 난 그렇게 생각하지 않는단다. 오늘 밤에 아빠에게 물어보면 되겠네."
다음 날:

"그래, 아빠에게 물어보았니?"
"아빠는 차로 오지 않을 거라고 했어요. 하지만 엄마가 그러는데, 우리 집에서 나는 세발자전거를 타고 거실로 들어가도 된대요."
"여기는 집에서와는 다르단다. 여기는 메종 베르트(Maison Verte)이고, 그건 허락되지 않아. 그건 너에게도, 나에게도, 네 엄마에게도, 그리고 여기 오는 모든 사람들에게도 다 똑같이 적용된단다."
"—."

이 사례에서 아이의 인간화는 규칙을 갖고 놀이하고, 그 규칙을 깨는 척하고, 누군가 다른 사람이 이해했다는 것을 알고는 웃음을 터뜨리고, 다시 제자리로 돌아가는 것을 통해 이루어진다. 왜냐하면, 결국 그에게 가장 중요한 것은 메종 베르트이고, 그는 거기에 머무는 것을 좋아하기 때문이다. 간략하게 말하자면, 그 게임에서 그가 도움을 받는다면, 누군가가 그에게 관심을 보인다면, 규칙을 위반하는 데 따른 즐거움은 규칙을 준수하는 능력으로 변형된다.

나는 돌토의 정신을 따라, 벨클레어에서 나의 일을 위한 경계를 세우기 시작했다. 정신분석가 드니스 바스(Denis Vasse)는 이렇게 말한다: "우리는 경계가 있을 때, 억압하지 않고, 보호하려 들지 않으며, 두려움에 떨지 않는다. 경계가 존재할 때, 우리는 말한다."[1] 그것이 내가 일반적인 원칙으로서 확립한 요청 규칙(request protocol)의 목적이다. 이 규칙을 확립함으로써, 우리는 단지 치료만이 아니라 말을 할 수 있다. 나의 위치에서 치료를 한

---

1) D. Vasse, Se tenir debout et marcher (Gallimard, coll. "Sur ke champ," 1995), 248.

다는 것은 이러한 어머니들과 아기들의 행동에 책임을 진다는 것이고, 그들이 말할 수도 있었을 이야기와 상관없이, 내가 줄 수 있는 조언이나 처방을 주는 것이 될 것이다. 그것은 응급 시에 유용할 수도 있다. 하지만 종종 그보다 더 많은 일들을 해야 할 수도 있다.

카데르(Khader)와 악마의 눈

산모병동의 2층에서 들려오는 소음: 한 남자가 시끄럽게 소리치고 격노하는 목소리. 그것은 이곳에서는 드문 일이다. 그 큰 목소리는 쩌렁쩌렁하게 전체 복도에 울려 퍼진다. 32호실 환자의 남편이 병실에 30분간 머무는 동안, 그는 모든 사람들을 불안하게 만들고 있었다. 그는 그의 아내에게 온갖 폭언을 퍼부었다; 아기는 공포에 질려서 비명을 지르고, 눈이 퉁퉁 붓도록 울고 있었는데, 이는 4일 된 아기에게서 볼 수 있는 모습이 아니다. 게다가, 그 아버지는 방에서 나와 조산원들, 간호사들, 의사들. 산모들 등 지나가는 모든 사람들을 힘들게 했다. 경비원이 불려오고 나서야 사태가 진정되었다. 사람들은 가능한 한 그 아버지를 진정시키면서, 아기를 부드럽게 달래주고, 아기 어머니를 위로했다. 그렇게 2층 복도는 다시 일상의 고요함을 되찾았지만, 32호실은 엉망이었다. 다음 날, 조산원들 중 한 명이 내게 전 날의 소동에 대해 이야기하면서, 그 아기를 만나달라고 요청했다. 그녀는 그것이 아기에게 좋을 것 같고, 어머니도 동의했다고 말했다. 그래서 나는 32호실을 방문했다.

"안녕하세요? 저는 미리암 슈제이입니다. 당신이 아들에 관해서 저를 만나기를 요청했다고 들었어요. 무슨 일인가요?"

"보세요, 아기가 온종일 울어요, 이 아기는 아파요. 황달에 걸렸고, 오늘 아침에는 결막염까지 걸렸어요. 제가 우는 건 다른 이유 때문이에요. 전 피곤해서 그래요."
"아들 이름이 뭔가요?"
"카데르에요. 저기, 그게요, 그의 이름은 아제딘(Azzedine)인데, 남편의 부모님들은 카데르라고 부르는 게 훌륭한 무슬림에게 더 잘 어울린다고 생각하세요."
"그분들은 종교적인가요?"
"네, 특히 시어머님이요. 시부모님들은 전통에 대해 대충 생각하는 그런 분들이 아니어서 세세한 것에 엄청 신경을 쓰세요. 우리나라에서는 남편의 가족이 그걸 결정하게 되어 있어요; 그리고 저는 그들이 생각하기에 옳지 않은 것은 어떤 것도 하도록 허락되지 않아요. 하지만 저는 아제딘이라는 이름이 더 좋아요."
"그분들과는 지금까지 늘 그런 식이었나요?"
"네, 그리고 어쨌든 그들은 저나 저의 가족을 좋아하지 않아요. 그들은 저의 오빠와 아버지가 쓸모없는 사람들이고, 제가 아이들을 어떻게 훌륭한 무슬림으로 키워야 할지 알지 못할 거라고 말하죠."
"남편은 어떤가요?"
"저는 그를 사랑해요. 하지만 그는 일자리를 찾지 못하고 있기 때문에, 그의 아버지는 그가 아무것도 할 수 없는 사람이고, 자신의 말을 들어야만 하고, 자신이 하라는 대로 해야 한다고 말해요. 하지만 그건 사실이 아니에요. 시아버지는 보수적이에요. 시어머니는 너무 소유욕이 강하고요. 제 남편은 외동아들이니 당신도 상상할 수 있을 거에요 … 결국 전 질려버려서 시부모의 집에서 나왔어요. 남편도 동의했어요. 이제 전 그들이 카데르를 유괴해서 자신들의 전통대로 키우려고 할까봐 두려워요. 하지만 남편과 저는 그걸 원하지 않아요. 카데르는 우리가 키우고 싶어요."

 카데르는 자고 있는 것 같았다. 나는 정치적인 문제까지는 아니지만, 그에게 그의 이름과 그가 처한 가족적인, 그리고 문화적인 상황에 관해 설명하고 이야기했다. 카데르는 동요하는 모습을 보였다. 그래서 나는 전 날 일어났던 장면에 관해 그에게 이야기했다: "내 생각에 어제 너의 아버지가 소리쳤을 때, 네가 너무 불안하고 무서웠을 것 같구나. ..."

 "아뇨, 아뇨, 내 아들은 두려워하지 않았어요. 남편이 좀 크게 소리치긴 했지만요. 아기는 두려움을 못 느껴요."

 이 말에 카데르는 격렬한 경련을 일으켰고 그의 팔과 다리는 경직되었다. 잠시 후 그는 이완되었고 다시 잠들었다. 나는 그 두 현상이 동시에 일어났다는 사실에 주목하면서, 어머니와 대화를 계속했다: "어제 무슨 일이 있었죠?"

 "그게, 남편이 왔었는데 친구 두 명을 데려왔어요. 아기가 태어나고 첫 달 동안에는 낯선 이들에게 신생아를 보여줘서는 안 되고, 그걸 지키지 않으면 아기가 악마의 눈길을 끌게 된다는 걸 알고 있으면서도 말이에요. 우리나라에서는 아기들을 데리고 나갈 때는 천으로 싸서 가려요. 그렇지 않으면 아기들에게 불행한 일이 닥쳐올 수 있거든요. 그래서 전 너무 화가 나서 남편에게 친구들을 데려온다고 나에게 미리 알려줬어야 했다고, 그러면 아이를 감출 수 있었을 거라고 말했어요. 그러자 이번에는 남편이 폭발했고, 상황은 더 악화되었어요."

 나는 즉시 결막염이 카데르의 오른쪽 눈만을 감염시켰다는 사실을 생각했다. 나는 그에게 설명했다: "카데르, 너는 네 몸 안에 악마의 눈을 들여놓을 필요가 없단다. 너는 부모님이 바라셨던 대로 프랑스에서 태어났어. 그리고 여기에서 새로 태어난 아기를 보러 오는 것은 아기에게 나쁜 운을 가져오는 게 아니라,

그를 존중한다는 뜻이란다. 네 아버지와 어머니는 가족의 전통을 존중하고 계시지만, 동시에 이 나라의 관습들을 익히는 것이 자연스러운 일이라는 걸 알고 계신단다. 네 부모님처럼 너도 꼭 아플 필요 없이 같은 규칙들을 받아들일 수 있단다."

"당신 말이 맞아요. 하지만 다른 일이 또 있어요. 카데르는 온종일 잠만 자고 젖을 먹겠다고 보채지를 않아요. 왜 그런지 모르겠어요."

카데르는 그의 어머니가 그 말을 끝마치도록 놔두지 않았다. 그는 정확히 바로 그 순간에 움직이기 시작했고, 깨어나서는 어머니의 젖을 찾았고, 먹기 시작했다.

"보세요, 그는 여전히 필요한 것을 요구하는 법을 알고 있어요."
"제가 뭔가 실수한 거라면 오히려 다행이에요."
"어쨌든 그는 당신이 하는 말을 이해했어요!"

나는 그 시점에서 우리의 대화를 마무리하고, 눈물을 흘리는 눈과 악마의 눈에 대한 이야기 때문에 다소 당황한 상태로 그 방을 나왔다. 그것은 믿음이었을까, 미신이었을까, 아니면 전통이었을까? 내가 카데르의 어머니를 겁에 질리게 만들었던 악마의 눈과 카데르의 결막염 증상을 연결시킨 것이 옳은 일이었을까? 나는 자신의 남편을, 박해하는 가족 사슬 안에 있는 하나의 연결고리로만 보는 카데르의 어머니 앞에서, 그런 사실을 아이와 공유했어야만 했을까? 결국 나는 그들과 전통을 공유하고 있지 않다; 그 문제에 얽혀들어간 나는 누구였을까? 그날 나는 "장난삼아" 주문을 거는 아이들의 게임에 대한 생각에 빠진 상태로 절반 정도의 확신만을 지닌 채 벨클레어에서 퇴근했다.

모두에게 다행스럽게도, 아기의 부모와 같은 나라에서 온 소아과의사가 마침내 이 문제에 대해 그 어머니와 의논할 수 있었다. 그녀는 카데르의 부모가 처한 문화적 환경을 잘 알고 있었고, 대화는 아주 따뜻했던 것 같았다. 내가 이틀 후에 그 병동에 갔을 때, 나는 카데르를 보러 갔다. 나는 그가 훨씬 좋아졌으며 그의 어머니의 태도가 변했다는 것을 알 수 있었다.

"정말 좋아요, 선생님. 카데르의 눈은 이제 아무 문제가 없어요. 더 이상 울지도 않고, 마른 눈을 하고 있어요. 그리고 이제는 비명도 지르지도 않아요. 믿을 수가 없을 정도에요!"

그 어머니는 카데르를 안고 있었는데, 그에게 몇 분 동안 귓속말을 했다.

"소아과 선생님을 만났는데, 그 분이 모든 게 정상으로 돌아왔다고 말했어요. 우리는 잠시 이야기했는데, 정말 친절한 분이에요."

"그 분이 당신을 안심시켜주었나요?"

"네. 그녀 자신이 프랑스에서 첫 아이를 낳았을 때 어땠었는지, 자신의 남편이 아기를 돌보는 것을 자기 가족들에게 설명하는 것이 얼마나 어려웠는지를 말해주었어요."

"실제로 당신과 좀 비슷하네요."

"네, 하지만 이제 잘 될 거에요. 남편은 카데르를 위한 이동식 식탁을 조립하고 있고, 제가 볼 수 있도록 도면을 그려주었어요. 심지어 그가 얼마나 정성껏 그것을 조립하고 있는지도 말해주었어요. 그래서 ... 잘은 모르지만, 어떻게 하는 건지 이해할 수는 없지만, 재미있었어요. 그의 부모님들은, 글쎄요. 그분들은 그이의 부모님이시죠. 하지만 그는 정말로 저를 도와주고 있어요. 제가 집에 가면 모든 걸 정리해야 할 거에요. 그이가 어떤지 알거든요. 집이 깨끗한 상태는 아닐거에요. 제가 집을 치우는 동안 그이는 카데르를 돌볼 거에요. 그리고 그 후에 우리는 축하 파티를 열 거에요."

모든 것이 어느 정도 정상적인 상태로 돌아가고 있었다. 카데르는 더 이상 울지 않았고, 잘 먹고 있었다. 그의 어머니는 더 이상 걱정하지 않았고, 그녀의 남편을 위해 새로운 자리를 만들고 있었다; 그녀는 자신의 나라와 다른 나라에 거주하는 어려움에 관해 이야기할 자격이 있는 누군가를 발견했다; 그녀가 그때까지 자신을 어떻게 보호해야 할지 알고 있었던 것처럼, 이제는 그녀의 아이를 보호할 준비가 되어 있다고 느꼈다. 카데르의 아버지는 바쁘게 지내고 있었다. 그리고 나는 주문을 거는 놀이에 관한 나의 어린아이 같은 두려움을 잊어가고 있었다. 간단히 말하자면, 그 아버지의 말에서 튀어나왔던, 그리고 아들의 눈에 드리워졌던 동일한 그 말은 순환과정 속으로 되돌려졌다. 말을 흐름 속으로 되돌려 놓는 것은 역할을 다시 정립하게 만들어 준다: "당신은 아버지입니다. 단지 당신 가족의 대리자나 희생자가 아닙니다"; "당신은 어머니입니다. 당신의 아들을 보호하는 것은 당신에게 달려있습니다"; "당신은 당신 부모님들의 아들입니다. 당신 부모님들이 가진 두려움이 당신이 사물을 분명하게 보는 것을 막아서는 안 됩니다!"

요청

　그러한 말이 발생하기 위해서는, 단순히 복도에서 요란하게 내뱉는 말이나 진료 기록부에 기록되는 말이 아닌, 경청되는 말이 되기 위해서는 규칙이 필요하다. 병원 스태프들이 올바른 판단을 내릴 수 있기 위해서는, 경청과 해석을 허용하는 정신분석 회기의 작업 틀과 결합된, 듣기의 질을 요구한다; 게다가, 이 사례에서는 맥락—이 경우에는 문화적인—에 대한 고려도 요구되고 있다. 조산원의 통찰력, 신생아실 간호사의 기술, 소아과의사의 재능, 정신분석가의 해석: 이것들 중 어느 것도 그 자체만으로는 문제 해결을 보장할 수 없다. 진정한 보살핌이 이루어지는 것은 이들의 공동 작업을 통해서이다. 그 공동 작업이 조정되기 위해서는, 다시 한 번, 역할들이 명확해야만 한다. 규칙은 마치 자신이 어느 부분의 대사를 말하고 있는지 알 수 있게 해주는 모니터나 대본과도 같다. 그것은 연극에서 잊어버린 대사를 알려주는 사람의 역할 그 이상이며—그것을 기억하고 있는 유일한 사람은 그녀이므로, 우리는 고통 속에 있는 그 사람에게 대사를 말해주지 않는다—누가 어떤 역을 맡고 있고, 어떤 장면에서 배우들이 나와야하는지를 상기시켜주는 기록이자 지침이다. 나는 그 규칙이 수용되게 하기 위해 노력해야만 했다는 것을 앞에서 말한 바 있다. 그것은 전적으로 타당한 것이다. 돌토가 안토니 보육원에서 일하면서 구상했던 작업에 의해 고무된 나의 아이디어는 정신분석가로서의 나의 개인분석 작업을 병원 상황으로 옮겨놓는 것이었다. 이것은 벨클레어 병원에서는 새로운 것이었고, 아무도 그 규칙의 필요성을 선험적으로 이해할 수 있는 상황이 아니었다. 나는 그것을 설명해야만 했다. 모든 분야의 스태프들과 가졌던 기초적인 모임들이 내가 그렇게 할 수 있는 기회를 제공해주었다.

  아무런 전례가 없었기 때문에, 우리는 논의를 통해서 하나씩 필요한 것들을 만들어나갔다. 모든 정신분석가들과 마찬가지로, 그때까지는 나도 내 개인 클리닉이나 의료-심리센터에서 분석을 받을 수 있는 사람들, 치료비를 감당할 수 있는 사람들의 요청에 의해 작업했다. 이 요청들이 받아들여졌는지, 사람들이 그들이 감추고 있던 무의식적 욕망을 발견하는 기회를 가졌는지는 또 다른 문제이다. 하지만 그런 요청에 대한 책임은 그들 자신에게 있었다. 나는 또한 의료-심리센터와 나의 클리닉에서 아동복지국에서 내게 의뢰한, 입양된 아이들도 진료하고 있었다. 이 경우에는 책임 소재, 또는 더 좋게 말해서, 보호권(guardianship)이 분석을 요청하는 개인에게 있는 것이 아니라, 명백하게 기관들에게 있다. 그러나 병원에서 우리는 더 이상 의료-심리센터에서처럼 개인 정신분석 치료나 상담을 하는 것이 아니라, 기관 내에서 정신분석적 상담을 한다. 말이 정신분석적으로 이해될 수 있는 작업 틀을 건설하는 데 있어서, 나는 이중적인 문제를 다루어야만 했다. 한편으로는, 산부인과 병동에서 요청을 누가해야 하는가 하는 것이었고, 다른 한편으로는, 아동복지국이 위탁 가정에 보내진 아이들에 대한 중재자 역할을 했던 것처럼, 이 요청을 하는 주체들에 대한 조정자(mediator) 역할을 병동 내의 누가 맡을 것인가 하는 것이었다.

나는 어떤 요청에 귀를 기울여야 하는가? 또는 더 편하게 말해서, 내가 누구를 보러가야 하는가? 아기? 아니면 어머니와 아버지? 나는 세 명 모두라고 말하겠다. 아버지가 거기에 없다면, 적어도 어머니와 아기가 될 것이다. 두 사람 중에 한 사람이 없다면, 다른 한 사람에게도 설명할 수 없다; 한 사람 없이 다른 한 사람이 하는 말을 듣는 것은 불가능하다. 내가 하는 말은 사람들이 생각하는 것처럼, 그렇게 신비한 것이 아니다: 나는 그저 출산 전후와 분만 이후의 공간 안에서 모든 것들이 매우 밀접하게 서로 연결되어 있음을 말해줄 뿐이다.

증상의 자리는 우리가 카데르의 이야기에서 보았듯이 세 부분으로 이루어져 있다. 아버지가 소리치는데, 그것은 경고의 신호이다; 어린 소년이 결막염에 걸리는데, 그것은 정확히 말해서 증상이다; 어머니는 가족적인, 그리고 문화적인 갈등의 한가운데에 있는데, 그것은 문제의 정점을 구성한다. 증상의 자리는 아이,

어머니, 아버지일 수도 있고, 그 셋 모두일 수도 있다. 특정 사실들에 대한 정보를 내가 알게 될 때, 모든 것은 이들 세 사람과의 사적인 관계 속에서 발생한다. 나는 카데르에게 직접적으로 말했고, 그것은 그의 증상이 사라지게 했지만, 동시에 남편 및 아이와의 관계에서 어머니의 위치를 변화시켰다. 먹지 않으려고 했었던 카리나의 경우에, 나는 카리나의 어머니에게 먼저 말을 함으로써 그녀가 자신의 어머니와 동일시할 수 있게 했고, 그래서 이제는 그녀 자신이 어머니가 되어 오랫동안 유지되어온 금지를 깰 수 있게 했다. 아이가 젖을 먹기 시작한 것은 어머니에게 했던 이 말들의 효과일까, 아니면 아이에게 설명하는 말을 어머니가 들었기 때문일까? 아마도 양쪽 모두일 것이다. 그렇지만 출생 후에 입양이 예정되어 있는 아이의 경우는 규칙의 예외에 해당된다. 그런 경우에는, 비록 그 말들이 어머니의 것이기는 하지만, 아이에게만 설명을 해준다. 어머니가 직접 아이에게 설명을 하든지, 아니면 아이를 보는 것을 거절하든지 간에, 그 말들은 아기에게 전달될 필요가 있다. 나는 증상이 아버지-어머니-아이의 삼자관계 안에서 작용한다고 믿는다. 그것은 때때로 아기의 신체의 통합에 영향을 미치지만, 촉발 요인은 어머니의 눈물, 또는 다리가 부러지거나 히스테리 상태가 되는 아버지일 수 있다. 나는 종종 "아기를 위한 정신분석가"라고 불리는데, 그것은 종종 내가 어머니들에게 나를 소개하는 말이기도 하다. 그러나 내가 보여주고자 했던 것은, 내가 신생아들의 정동적이고 감각적인 연속체와 작업을 한다는 것이었다. 그 말은 다른 전문가들이 나의 존재를 어머니들에게 알릴 때, 내게 많은 꼬리표를 붙인다는 것을 의미한다. 그 이름들은 어느 정도 보증서의 의미를 갖는데, 그 보증의 정도는 그것들이 새로 온 스태프들로부터 온 것인지, 또는 나를 잘 아는 스태프들로부터 온 것인지에 달려있다. 나는 때로는 "정신과의사"이고, 때로는 "심리학자"이며, 때로는 "당신을 도 와줄 수 있는 미리암이라는 사람"이거나 "아동정신과의사"이다. 그들은 단순하게 "정신분석가"라고 말하는 것에 대해 확실히 저항감을 느끼는데, 그들의 마음에서 그것은 장기치료와 명백한 비정상("그래도 우리는 그들에게 그들이나 그들의 아기가 미쳤다고 말하지는 않을 것이다!")이라는 의미를 내포하고 있기 때문이다. 그런데다 산모들은 산부인과 병동에 길어봐야 일주일 동안 머물게 되고, 나는 일주일에 이틀만을 벨클레어에 근무하기 때문에, 한 번이나 두 번 또는 많아야 세 번의 회기만을 가질 수 있다. 어머니와 아기가 항상 가벼운 마음으로 대화를 끝마친다고는 말할 수 없지만, 한 번에서 세 번의 회기는 종종 아기들이 출생하는 그 순간부터 그들의 미래를 위태롭게 만드는 무언가로부터 벗어나게 하는 데는 충분하다. 그리고 만일 심각한 장애가 발생했음을 보여주는 구조적인 문제들이 이후에 그 모습을 드러낸다면, 누구라도 자유롭게 정신분석을 시작할 수 있을 것이다. 그럴 때 나는 내게 요청하는 부모들에게 내가 신뢰하는 정신분석 전문가들을 알려준다. 중요한 것은 그들의 요청이 산부인과 병동을 벗어난 또 다른 맥락에서 새롭게 형성된다는 것이다.

스태프, 병동의 중재자들

보호 기관들이 아이와의 면담의 틀 안에서 중재자로서의 역할을 하는 것처럼, 도움을 요청하는 사람과 정신분석가 사이에서 중재를 맡아줄 사람은 누구인가? 조산원들, 간호사들, 소아과 의사들, 사회복지사들, 산부인과의사들: 다시 말해, 아기들과 계속적으로 접촉하는 모든 이들이다. "별 문제는 없는지", 또는 내가 고통 속에 있는 아기를 도울 수 있다는 것을 부모들에게 말해야만 하는지를 알아내기 위해서, "짚어내고", 문제를 알아차리고, 병실을 가득 채우고 있는 사람들의 맥박을 재는 사람들이 이들이다. 아기들의 부모들이 원하는 바를 내게 전해주는 사람들도 바로 이들이다. 한 마디로, 이들이 그 규칙의 보호자들이다.

그들은 프란츠 카프카(Franz Kafka)의 『심판』(The Trial)에 나오는 법의 문들을 지키는 수호자들과는 달리, 말에 접근하는 것을 돕기 위해 거기에 있다. 만일 그들이 아무개 산모가 나를 만나는 데 동의했다고 내게 연락하면, 나는 그녀를 만나러 간다. 거의 드물기는 하지만, 만일 그들이 자신들이 보기에는 8호실에 있는 산모가 내 도움이 필요한 상태인데도, 나를 만나기를 원치 않는다고 말한다면, 나는 그녀를 보러 가지 않는다. 비슷하게, 외부의 누군가가 나에게 어떤 아기나 어머니를 지목하지만, 스태프들 모두가 그렇게 조언할 정도는 아니라고 생각한다면, 나는 그 어머니가 나를 만나기를 원하는지를 먼저 물어본 다음에 행동한다. 스태프들과 나는 연결되어 있으며, 우리 사이의 그러한 상호 연결에 대한 윗선에서의 간섭은 없다. 스태프들은 그것을 알고 있고, 따라서 필요성이 법을 만들어낸다; 우리가 서로에게 보이는 신뢰가 우리의 공동 작업을 위한 조건이다.

물론, 나의 작업의 주요 부분이 마치 자연스러운 것이기라도 하듯이, 첫 날부터 기능했던 것은 아니다. 나는 내가 하려고 하는 일이 무엇인지 사람들이 알게 만들어야만 했다. 나의 화법은 그들에게 새로운 것이었고, 때로는 그들을 당황스럽게 만들기도 했는데, 그 이유는 그들이 맡고 있는 일상적인 업무 이외에 추가적으로 "정신과의사 역할"을 맡게 되었다고 생각했기 때문이다. 하지만 그들의 섬세함은 나를 놀라게 했다. 나는 처음에는 사실 그들이 정신분석가를 필요로 하지 않는 어머니들을 내게 보내거나, 또는 더 심하게는 내게 아무도 의뢰하지 않을까봐 걱정했었다. 나는 처음에 의뢰에 대한 두 단계 전략을 세웠었다. 그들은 내가 봐야 한다고 생각하는 아기들에 관해 내게 이야기했고, 그러면 나는 그것이 내 능력 범위 내에 있는 일인지 아닌지에 대해 그들과 조율했다; 그런 후에야 그들은 아기 어머니들에게 내가 보러 올 수도 있다고 제안했다. 그러나 그들이 매우 숙련되게 그 필요성을 판단했기 때문에, 우리는 빠른 시일 안에 한 단계를 건너뛰기 시작했다. 그들이 나의 관심사에 대해 너무 잘 알고 있었기 때문에, 나는 사람들이 나를 만나기를 원하는지에 대해 직접적으로 물어보는 일을 그들에게 맡겼다. 내가 아침에 병원에 도착하면, 그들은 이러 저러한 사람들이 나를 기다리고 있다고 말해주었고, 나는 그들을 만나러 갔다. 일반적이지 않은 상황에서, 이유가 분명하지 않은데도 누군가가 내게 의뢰될 수도 있었다; 그러한 경우에 나의 원칙은 일단 가서 만나봄으로써, 나를 만나기를 원했던 어머니들을 존중해주는 것이었다. 여기에는 또한 병원 스태프들의 교대근무로 인한 문제도 포함되어 있었다: 나는 주기적으로 내가 하는 일의 의미에 대해 다시 설명해야만 했다. 개인적인 논의들, "고참들"과의 복도에서의 대화 등이 필요했지만, 일반적으로는 "신입들"을 우리 팀에 통합시키는 데 필요한 몇 장의 메모들로 충분했다.

일반적으로, 조산원들은 그 일이 수반하는 측면을 "즐기는"것까지는 아니라도, 그 일이 산출해내는 정서, 책임감 때문에 산후병동보다는 분만실에서 일하는 것을 선호한다. 사실 세상 안으로 아이를 맞이하는 기쁨과 견줄만한 것은 없으며, 그것이 이끌어내는 풍부한 정서들은 영원히 고갈되지 않는다. 그럼에도 불구하고, 이 규칙이 기능하도록 만들었던 많은 조산원들은 산후병동에서 벌어지는 이 새로운 일에서 또 다른 즐거움을 발견했다고 증언한다. 그들의 개입들에는 그들의 일을 더 가볍고, 더 흥미롭게 만드는 인간적인 무언가가 있다. 나의 행복과 신생아들의 행복은 그들이 보여주는 인간성과 효율성에 달려있다. 그런 의미에서 정신분석가 루시앙 코흐(Lucien Kokh)의 표현을 빌리자면, 그들은 환자들과 작업하는 진정한 살아있는 탐구자들(living probes)이다.

맥락을 이해하기

스태프들의 중재 기능은 모든 사람의 재능 및 감수성을 촉진시킨다. 그것은 맥락에 대한 그들의 이해를 통해서만 이루어진다. 사실, 어떤 것이 정상적인 고통인지 그리고 어떤 것이 피로에 의한 지나가는 우울인지를 판별하는 것은 그러한 것들에 대한 지식 그 이상의 것을 필요로 한다. 벨클레어에서 이 역할을 했던 스태프들이 그렇듯이, 이 일을 하는 사람은 산후우울감의 고통이 어머니-아기 관계가 제대로 자리 잡도록 구조화하는 역할을 한다는 것과, 그렇기 때문에 그 관계를 존중해야만 하고, 그 우울감이 그러한 역할을 요구하고 있는지 귀를 기울여야 한다는 것을 이해해야만 한다. 그들은 신생아나 부모들에게 무언가 자연스럽게 흘러가지 않고 있는 상황들과 해롭지 않은 산후우울감을 구별하는 법을 알고 있어야 한다.

그들은 또한, 내가 이미 말했듯이, 어떤 이유로도 내가 개입하지 않는 경우들—예를 들면, 어머니가 나의 개입을 거부하는 경우—을 알고 있다. 어머니가 거부한다는 것은 무엇을 의미하는가? 스태프들은 그 점에 관해 매우 분명하게 알고 있기 때문에, 그들 중 누구라도 나의 개입의 의미를 부적절하게 설명하지 않는다는 것이 확실하다. 부모들은 항상 나를 만나보라는 권유를 거부할 만한 여러 가지 적절한 이유들을 말한다. 그것은 단순히 적당한 때가 아닐 수도 있고, 또는 그들이 무의식적으로 아이가 그 증상 속에 그대로 남아있기를 바라기 때문일 수도 있다; 그럴 때 아이를 달래기 위해 개입하는 일은 소아과의사에게 맡겨진다; 권유했던 스태프들을 위로하고, 그들의 요청이 반드시 환자에게 받아들여질 수는 없다는 것을 이해시키는 일은 나의 몫이다.

  이 모든 것들은 저항을 자극할 수 있다는 점에서, 이 일에 참여하고 있는 모든 이들에게는 상당한 인내와 끈기가 요구된다. 예를 들면, 인접한 병동에 있는 의사가 이 작업에 대해 적절하게 알고 있지 않다면, 그는 당혹스럽다고 말할 것이다: 그가 내게 새로운 산모를 만나보도록 요청을 했지만, 환자가 그것을 원하지 않았기 때문에 내가 거절하는 경우가 그러하다. 뿐만 아니라, 그런 경우 문제의 그 환자를 만나지 않는 것이 더 낫다; 그렇지 않으면, 그 환자는 그녀와는 무관한 영역 싸움과 힘의 갈등으로 인해 힘들어질 수도 있다. 가장 지성적인 것이기 때문에 가장 유쾌한 저항의 형태는 유머를 통해 극복되는 저항이다. 예를 들면, 어느 날 병동의 복도에서 한 산부인과의사와 마주쳤는데, 그는 내게 자신의 55세 된 환자 한 명을 만나줄 것을 요청했다. 그는 그 여성이 영국에서 시험관 아기를 임신했고 출산을 위해 프랑스로 돌아왔다고 설명하면서, 그러한 요청을 하는 이유에 대해서는 얼버무렸다. 모든 것이 너무나 순조로웠다; 그녀는 밝고 기쁨에 차 있었고, 아기도 아무 이상이 없었다. 이 일이 있었던 시기는 이탈리아의 불임 전문가인 세베리노 안티노리(Severino Antinori)가 처음으로 언론에 보도—"스캔들 많던 의사, 할머니들에게 아기를 임신시키다!"—되었을 때였고, 당시에 그런 종류의 출산은 이단으로 치부되고 있었다. 따라서 나의 동료는 이 새로운 유형의 어머니들에 관해서 수많은 질문들을 갖게 되었고, 의심의 여지없이 "상형문자를 해독하는 능력"을 갖고 있다고 믿어지는 나에게 그 환자를 만나보게 함으로써 그 질문들에 대한 답을 얻고자 했다. 그 동료는 연구에 대한 그의 관심과 능력을 인정받아 만장일치로 앙투안 벨클레어 병원에 받아들여졌었고, 나 또한 그를 매우 존경하고 있었다. 그럼에도 불구하고, 나는 그에게, 그 동안 병원 스태프들로부터 들은 바에 의하면 그 환자의 상태가 상당히 좋아보이며, 그녀는 어떤 도움도 필요하지 않은 것 같다고 말하면서, 그 환자를 만나는 것을 정중하게 거절했다. 나는 또한 이 남성의 재치를 익히 알고 있었으므로, 큰 소리로 그가 진정한 민원 신청인인지 의문스럽다고 말했다. 그리고 덧붙여서, 만일 진짜 그런 경우라면, 나를 전적으로 그의 마음대로 처분해도 좋다고 말했다. 그는 기분 좋게 웃었다.

맥락을 이해하는 것은 또한 개입하는 사람들 각자가 깊이 몸담고 있는 사회-문화적인 맥락을 포함한다. 그리고 여기에 유사정신분석적 중립성(pseudopsychoanalytic neutrality)은 설 자리가 없다. 물론, 각 개인은 유능함과 전문성에 대한 자신만의 영역을 갖고 있지만, 만일 우리가 새로운 사회적 연결 속에 아이들이 자리 잡는 것을 돕기를 원한다면, 우리 각자가 자리 잡고 있는 사회적 연결의 유형을 숨기지 않는 것이 중요하다. 우리들 사이에서 이루어지는 논의들은 항상 비공식적이다. 나는 공식적인 회의를 소집하지 않는다; 나는 복도에서 만나는 것을 선호하는데, 그것은, 행사장에서처럼, 언제나 가장 중요한 것들이 이야기되는 곳이 바로 그곳이기 때문이다. 개인적인 의견들도, 개인적인 문제와 관련된 요청들도, 소위 전문적인 신중함을 핑계로 거부되는 일은 없다.

상식과 우호적인 관계들은 신생아들을 위해 기여할 수 있는 공동작업을 가능하게 하는 최소한의 조건이다. 나는 카데르의 경우가, 그 가족 안에서 모든 이들의 자리를 재확립하는 일을 가능하게 만든, 소아과의사와 정신분석가 사이의 공동 작업의 사례였다고 말할 수 있다.

산부인과 병동의 작업 틀 내에서 정신분석은 규칙을 통해서 작용한다. 나 자신부터 시작해서 병동에 있는 모든 이들을 놀라게 했던 첫 번째 주목할 만한 효과는, 내가 말했듯이, 출생 이후에 표면화되는 자료의 놀라운 양이다. 그곳에서 일했던 여성들 중에, 그들이 듣는 일에 시간을 할애할 때 그들이 받게 되는 신뢰를 의심한 사람은 아무도 없었다. 입원실에 5분 정도 앉아있을 때마다, 그들은 방에서 쉽게 나올 수가 없었다. 일부 스태프들은 점차 자료는 매혹의 대상인 만큼, 공격하는 대상이라는 것을 깨닫게 되었다. 그들은 그것을 두려워했지만, 그것을 멈추게 할 수는 없다고 느꼈다. 그들은 곧 자신들의 능력과 능숙함의 한계에 부딪칠 때는 그 환자를 내게 넘길 수 있다는 생각으로 인해 편안해졌다. 그들 중 일부는 이 고통스러워하는 산모들이 그들이 하는 말에 반응을 얻지 못한 채 방치되는 것이 아니라, 그들을 내게 인계해줄 수 있다는 사실에 대해 다행스럽다고 느꼈다: 그들의 초기 호기심은 협력으로 옮겨갔다.

이제는 내가 이 책을 쓰는 이유가 좀 더 분명히 드러난 것 같다. 나는 이 책이 벨클레어 스태프들과 함께 이루어낸 일, 산부인과 병동에서 정신분석 임상을 가능하게 했던 일에 대한 회고록이 되었으면 한다. 한편으로는 그들의 전문 지식과 맥락에 대한 이해의 조합이 그리고 다른 한편으로는 과학적 연구들과 정신분석의 윤리적인 필요 요건들에 대한 나의 이해가 신생아들과의 전례 없는 실험을 가능하도록 만들었다. 상호교류, 즉 우리들 서로 간의 "전문성의 교환"(사람들이 기술의 교환이라고 말하는)

역시 그 실험의 활력을 지속시켜준 요소였다. 이 교류들은 단일한 이론의 대상일 수 없다: 그렇게 주장하는 것은 순수한 허구일 것이다. 각 사람의 이해를 위한 시간(time for understanding)을 결정하는 것, 그리고 날마다 규정을 통해 정신분석의 실제를 허용하는 것은 인간의 연결들(human connections)이다. 나는 그러한 연결들과 관련해서, 그들에게 바치는 헌사 말고는 줄 수 있는 것이 없다. 그들은 자연스럽게 나에게 결정을 내리는 순간을 가져다주었다. 언제, 그리고 왜 해석이 생겨나는가, 그것의 긴급성은 무엇인가, 그리고 그것의 효과는 무엇인가: 입양된 아기들의 경우, 산후우울감에 대해서? 예방 차원에서? 우리는 언제, 그리고 왜 한 아기가 하나의 주체라고 말할 수 있는가? 아기들과 함께 했던 정신분석이 성인의 정신분석에 제안하는 것은 무엇인가? 이 질문들이 이제 우리가 말할 필요가 있는 주제들이다.

5장

탄생에서 삶의 림보(limbo)로: 산후우울감에 대한 고찰

"나를 알고 있는 모든 사람들이 예외 없이 내가 죽었다고 믿는다. 내가 존재한다는 나 자신의 신념은 만장일치로 반대에 부딪친다 … 그것만으로도 나를 천국과 지옥 사이에 있는 장소인, 림보 안으로 밀어넣는 데―죽이기 위해서가 아니라―충분하다."

―미쉘 투르니에(Michel Tournier)

출생 후 3일에서 4일 사이의 기간은 불확실한 시간이다. 왜냐하면, 그때가 상징적인 삶으로의 탄생이 결정되는 시기이기 때문이다. 아이를 사로잡고 있는 삶의 가장자리의 문턱을 림보의 시기라고 부르겠다. 우리가 앞으로 보게 되겠지만, 그것은 신생아와 부모들에게 있어서 선택의 순간이다. 아이는 그의 무의식적인 욕망을 위한 공간을 만들기 위해 선택해야만 한다; 그의 부모들은 이 욕망과 아이의 고유성을 인정해야만 한다. 만일 어떤 이유로 부모들이 출생 이후에 아이와 함께 하지 못한다면, 다른 누군가가 아이가 그의 욕망을 받아들일 수 있도록, 그의 역사를 자신의 것으로 인식하는 방법을 그에게 보여주어야만 한다. 그러한 결정적인 림보의 순간은 산후우울감과 비밀 출산(아이가 출산 시에 포기되는)에서 임상적으로 가장 명확하게 드러나게 된다. 비록 비밀 출산이 드물게 발생하는 현상이고 산후우울감이 일반적인 현상이지만, 그 둘 모두는 새로운 존재와 그 존재를 만들어낸 이들 사이의 연결과 의사소통에 대한 결정적인 질문을 제기한다. 그 질문은 인간 존재가 삶을 수용하는 것과 관련된 전체 문제의 씨앗을 담고 있다.

삶으로의 탄생

아이는 태어나고, 거기에 있다. 그의 출생 이후 2일 또는 3일이 흘렀다. 어머니는 그녀의 정서들과 피로로부터 천천히 회복된다. 아버지 역시 진정된다. 어떤 상처들(회음절개, 제왕절개)은 아직은 덜 아물었지만, 아기의 존재가 그것들을 견딜만 하게 해준다. 아기는 경이로운 존재이고, 어머니는 휘청거리는 상태에서도 지치지 않고 아기를 보고, 또 본다. 아기는 약간 체중이 줄었지만, 의사는 그것이 정상적인 상태라고 말한다.

그리고는 이유를 알지 못한 채, 어머니는 가장 사소한 일도 견디지 못한다. 또는 매순간 기분이 변한다. 한 시간 동안은 기운이 솟다가, 갑자기 다음 순간에는 제대로 되는 것이 아무것도 없다. 젖이 나올 때 통증을 느끼고는 즉시 "나는 할 수 없을 것 같아"라고 생각한다. 아기는 소화에 문제가 생겨 괴로워하거나 젖을 토해내는데, 그때 그녀는 그것이 자신이 아기를 잘 돌볼 수 없다는 것을 나타내는 신호라고 생각한다. 그녀는 스스로에게 "나는 행복해질 수 있는 모든 것을 가지고 있어"라고 말해보지만, 그 생각만으로도 그녀는 절망적으로 슬퍼진다. 그러면 그녀는 울음을 터뜨린다. 그저 훌쩍이는 정도가 아니라, 눈물이 폭포처럼 쏟아진다! 어머니의 짜증에 민감한 아기는 이에 반응하기 시작한다. 어머니는 이 상황을 진정시키기 위해 정말로 모든 것을 다하고 있다는 생각에서 위안을 얻기도 하지만, 그것은 아기에게는 소용이 없다는 생각에 기분은 더 나빠진다. 말하자면, 그녀는 우울감을 느끼고 있고, 그 우울감을 혼자서 그리고 아기와 함께 노래하기 시작한다.

스태프들은 산후우울감에 대해 매우 친숙하다. 오전 스태프 회의에서 우리는 주기적으로 다음과 같은 말을 듣게 된다: "내가 맡고 있는 아기 아홉 명이 울고 있어요. 하지만 그걸 제외하고는 심각한 일은 없어요." 또는 누군가 내게 와서 말한다: "도스 산토스 부인이 너무 심하게 울고 있어요"; "듀리우 부인이 아주 특이한 방식으로 울고 있어요"; "톨레이 부인이 아기와 하는 행동이 뭔가 문제가 있어 보여요. 그 어머니는 아기의 요구에 전혀 반응을 보이지 않아요."

흔한 질병

위에 열거된 것들은 정말로 경고에 해당하는 것들이 아니다. 생리학적인 관점에서 볼 때, 그것은 타당한 것이고, 심지어는 바람직한 것이라는 데 의심의 여지가 없다. "표준적인" 산후우울감의 사례는 매우 일반적이며, 다른 추정치에 따르면 산모들의

70~90퍼센트에 영향을 미친다. 게다가 그것은 항상 출산 후 3일 또는 4일 경에 나타난다.

 왜 그 시기일까? 아마도 산후우울감이 자연적인 인간의 순환 리듬에 반응하기 때문일 것이다. 아기에게 있어서, 그것은 어머니와 공유하고 있는 의사소통 유형이 변화하는 순간이다. 내가 3장에서 언급했던 쉬릴니크의 관찰에서 보았듯이, 그때까지 내적 지각들에 대한 즉각적인 반응으로만 보이던 아기의 울음은 이제 대화를 하겠다는 최초의 제안들이 된다. 아기는 이미, 설령 완전한 타자는 아닐지라도, 적어도 어머니와는 다른, 그리고 서로 다른 실체들에 대해 말하고 있다. 어머니 편에서 보자면, 어머니는 사실 아이가 자신의 일부가 아니라는 것을 관찰할 수 있는 시간을 가졌다. 만일 그 어머니가 여전히 "나의 작은 것"이라거나 "나의 아기"와 같은 말로서 그러한 희망을 표현하고 있다면, 전적으로 아기에게 향하는 가족과 친구들의 보살핌과 말들은 그녀에게 자신이 어느 정도 밀려나고 있다는 인상을 줄 수 있다. 이렇게 해서 그녀와 그녀의 아기가 하나가 아니라 둘이라는 사실이 현실로 다가오기 시작한다! 그녀가 지적으로 당연한 것으로 알고 있던 그 진실이 그녀를 우울하게 만드는데, 그것은 그녀가 이제야 그것을 자신의 몸과 지각들과 사고들 안에서 경험하고 있기 때문이다. 사실상 그녀의 신체의 변형, 특히 젖이 불어나는 변화—역시 대략 3일째 발생하는—는 아이와 갖는 그녀의 관계 안에서 일어난다. 그것 또한 교류의 시작이다.

 이 일반적인 산후우울감의 경우는 저절로 해소되기 때문에, 병원 스태프들은 어머니와 아기 사이의 친밀한 접촉을 용이하게 하려는 경우를 제외하고는, 거의 개입하지 않는다. 그렇지만 산후우울감(baby blues)은 더 뚜렷한 우울증(depressions)과 혼동되어서는 안 된다.

정신의학적으로 말하자면, 정확한 의미에서의 산후우울증(postpartum depression)은 더 나중에 나타난다. 그것은 대개 어머니가 퇴원한 이후에 발생하는데, 이상하게도 산부인과 병동에서는 아무런 문제도 없이 순조롭게 진행된다. 또한 산후우울증의 전형적인 사례는 끝없이 지속될 수 있고, 더 심각해질 수 있다. 또한 소위 산욕기 정신증이라고 불리는, 망상을 동반한 심각한 멜랑콜릭한 상태가 발생할 수도 있다. 이것은 명백한 산후우울감과 상관없이 독립적으로 발생할 수 있고, 또는 반대로 산후우울감이 심하게 악화된 상태처럼 보일 수도 있다. 이것은 대개 이미 그들의 취약함이 드러난 주체들에게서 관찰되는 것이기는 하지만, 첫 출산에서 발생하는 경우도 있고, 두 번째 출산 동안에 재발하는 경우도 있다. 다행스럽게도, 그 빈도수는 더 초기의 약물치료와 심리치료 덕분에 감소하고 있다.

멜랑콜리형 우울증(melancholic depression), 산욕기 정신증(puerperal psychosis), 그리고 철수형 정신증(withdrawal psychosis)은 극단적인 경우들로서, 어머니들이 경험하는 위기와 관련된 것일 수 있다. 그 순간에는 어머니의 역사와 과거의 고통이 새롭게 태어난 아기의 존재보다 훨씬 더 중요한 이슈가 된다. 그것들은 아기를 위험에 빠뜨릴 수 있다; 아기 자신이 정신증적인 개인이 될 수 있다. 돌토가 말하듯이, 어머니 편에서의 그런 불균형은 신생아에게는 "훗날 어머니를 놓아주는 것과 떠나는 것에 대해 정당하다고 느끼기 위해서, 그 자신의 생명을 [그의 어머니에게] 돌려주도록 자극하는 섬뜩한 호소가 된다. 그것은 정신증 환자들이 피할 수 없는 악순환이다. 왜냐하면, 그것을 피하기 위해서는 먼저 그들의 어머니를 위해 새로운 생명력을 퍼올려야만 하기 때문이다. 그러나 일단 그런 일이 이루어지고 나면, 그들은 그녀에게 단단히 묶이게 되고, 융합되며, 그녀로부터 자신들을 분리하는 방법을 알지 못하게 된다 … 만일 누군가가 신생아들에게 그들과 그들의 부모들에게 무슨 일이 벌어지고 있는지를 설명해 줄 수 있다면, 그들은 어떠한 우울도 경험하지 않을 것이다."[1] 정신분석가는 그런 설명을 어머니와 아이에게 최소 수준에서 제공함으로써 개입할 수 있고, 그 병인적 연결을 취소하기 시작할 수 있다.

산후우울감을 겪지 않는 어머니는 없는 것인가? 물론, 그런 어머니들도 있다. 하지만 이는 그들이 그것을 예상하고, 임신 기간 동안에 그것을 막아냈기 때문이다.

인류학자들은 많은 아프리카 부족들의 어머니들이 그러한 현상을 경험하지 않는다고 말한다. 아기의 출생과 엄마됨의 책임감을 환영하기 위해 고도로 상징화된 의식을 행하는 이 부족들에서는 산후우울감이 존재하지 않는 것 같다. 이들은 한편으로는, 근친상간의 금기를 매우 진지하게 그리고 구체적으로 받아들이고 있고, 다른 한편으로는, 특히 남성의 경우 매우 혹독한 성인식을 행하는 부족들이다. 따라서 이들 부족들에서는 친족 유대의 개념이 프랑스나 미국과는 매우 다른 방식으로 계승되고 있고, 사회적 틀이 서구의 많은 나라들과는 달리 여전히 사회를 안정시키는 역할을 하고 있다.

따라서 일반적으로 어린 아이를 양육하는 일에 형제, 자매, 그리고 부족의 구성원들에게 특별한 중요성이 부여된다. 이는 프랑스에서는 흔치 않은 일이다. 그런 나라들에서 살고 있는 아이가 동일시하는 것은 우리가 살고 있는 개인주의 전쟁터에서 사용되는 것과는 전혀 다른 것이다. "인간은 이기적 존재"라는 이데올로기가 사람들이 경멸적으로 부르는 "미혼모들"에게 부과될

---

[1] F. Dolto, Séminaire de psychanalyse d'enfants (Seuil, coll. "Points"), 1:170.

때, 그들은 자신들이 홀로 모든 것에 맞서야 하고, 그들의 유일한 닻은 아동복지 단체들의 스태프들뿐이라는 것을 발견하게 된다.

유사하게, 사하라 사막 이남의 아프리카에서도 보통 아기가 2세가 될 때까지 여성들이 아기를 데리고 다닌다; 상황이 여의치 않을 때는 그 모계 부족의 다른 여성이 그 일을 돕는다. 아이는 계속해서 어머니 곁에 있으면서 어머니가 해주는 말을 듣기 때문에 가장 초기 몇 년 동안에 크게 영향을 미치는 "말의 구멍들"의 희생자가 되는 일이 훨씬 적다. 대조적으로, 현대 서구 가족에서는 산모를 돕는 친척이나 시어머니 같은 여성들이 많지 않다. 과거의 상호의존은 별로 역할을 하지 못하는 것 같다. 이제 어머니들은 산모의 문제에 대처하는 방법을 몰랐던 과거의 남성들보다 나을 것이 없는 그들의 파트너들에게로 "되돌아가고 있다."

물론, 남성들이 예전보다 아기가 출생하는 첫 순간에 더 많이 참여하고는 있지만, 결국 산부인과 병동에서는 아버지로서가 아니라 어머니의 남편 또는 파트너로서 대접받고 있다. 병원에서는 모든 일이 산모를 위해서—그들의 배, 수술 상처, 젖가슴—이루어지며, 신생아에게 접근하는 누구라도 어머니와 관계된 일과 관련해서만 허용된다. 부성애는 어머니가 아기를 데리고 집으로 돌아가서, 남편에게 아기에게로 가까이 오라거나 기저귀를 갈아 달라고 요청할 때에야 비로소 실제로 존재하게 된다. 그를 아버지로 만드는 것은 어머니와 아기이다.

한 여성 또는 다른 여성이 그녀를 둘러싼 강한 지원 덕분에 산후우울감을 모면할 수도 있다는 것은 사실이다. 그렇지만 이 일반적인 산후우울감이 세 파트너들—아버지, 어머니, 그리고 아이—을 위한 근본적인 순간에 발생한다는 것과, 그것이 그들에게 친자 관계에 대한 본질적인 질문을 제기한다는 것도 사실이다. 때때로 이 우울감은 정상적인 강도를 넘어선다. 즉, 그 세 사람 중의 하나가 자신이 너무 많이 고통 받고 있으며, 스스로 그 것에서 벗어날 수 없다는 것을 드러낸다. 이것은 어머니나 아이 일 수 있지만, 아버지일 수도 있다. 아버지 또한 산후우울감을 겪을 수 있기 때문이다. 내가 소아과의사들, 조산원들, 그리고 간호사들에게, 규칙을 통해서, 그 파트너들이 나를 만나볼 것을 제안하도록 요청하는 것은 바로 이런 경우들이다. 설령 우리의 스케줄이 잘 맞지 않는다고 해도, 그들은 내 사무실에서 따로 약속을 잡을 수 있다.

아기가 음조(tone)를 정하다

우리는 산후우울감이 아기에게서 기인하거나, 아기에 의해 촉발되는 것으로 이해할 수 있을까? 달리 말해서, 그것은 어머니의 우울인가, 아니면 아기의 우울인가? 우울은 양쪽 모두로부터 자라나지만, 어머니에게서 산후우울감을 촉발하는 쪽은 신생아이다. 어머니의 젖이 아기의 울음소리 또는 최소한 아기의 현존에 대한 반응으로 나오는 것과 마찬가지로, 산후우울감은 아기의 자극에 의해 촉발된다.

어머니가 그녀의 아기를 옆에 두지 못하는 상황을 생각해보자. 아기의 부재가 어머니를 산후우울감으로부터 피할 수 있게 해줄까? 태어나자마자 집중치료실로 옮겨진 아이들의 어머니들을 생각해보라. 이 여성들은 출산 후 4일째 되는 날에 산후우울감을 겪지 않는다. 그들은 그 즉각적인 분리로 인해서 분명히 걱정하고, 우울해하고, 최소한 슬퍼한다. 그들은 상상해왔던 아기와의 첫 연결, 즉 출산 이후에 이루어질 수 없었던 그 연결을 포기해야 하는 것에 대해 우울해한다. 이것은 그들에게 부과된 힘든 상황에 대한 반응으로서의 우울증, 즉 용어 그대로의 반응성 우울증(reactive depression)이다. 그러나 이것은 산후우울감과 같은 우울이 아니며, 동일한 분위기나 "맛"을 지니고 있지 않다. 이 여성들은 산후우울감을 겪는 여성들이 흔히 하는 말을 하지 않는다: "난 울고 있는데, 이유를 모르겠어요. 나는 행복하게 느낄 수 있는 모든 걸 가지고 있는데도 내 아이를 제대로 돌보지 못하고 있어요." 그들은 아기가 자신의 살과 피로부터 분리되었다는 것, 아기가 고통스러워하는데도 그들을 도울 수 있는 것이 아무것도 없는 상황이 고통스럽다고 말한다. 예외적인 경우가 아니라면, 그것이 극에 달할 때는 산후우울감을 겪는 여성들이 하지 않을 말, 즉 자신은 건강한 아기를 낳지 못했고, 그것에 대해 아무것도 하지 못하고 있다고 스스로를 비난하는 말을 할 수도 있다. 태어나자마자 신생아실로 보내지는 아이들을 낳은 여성들은 나중에야 산후우울감을 겪는다. 그들은 아기와 재회할 때까지 기다린다. 대개 이 여성들은 아기가 그들 곁으로 돌아왔을 때 울기 시작하는데, 그것은 환희의 눈물만은 아니다. 아이의 존재는 완전히 진행된 그 산후우울감과의 재연합을 기념해야 할 필요성을 그들 안에서 일깨운다. 아기 역시 당연히 그것에 보조를 맞추게 되는데, 생각해보면 태어나면서 즉시 어머니에게서 분리되었던 아기는 어머니의 가슴에 올려놓아졌던 아기보다 더 많이 우는 것이 당연하다. 아기가 어머니의 가슴에 올려놓아질 때, 그 아기는 어머니와 함께 외부 세계를 알게 되는데, 그것은 출생 후의 몇 가지 일상적인 처치를 위해 분리되었던 것과는 전적으로 다른 경험이다. 전자의 경우에 아기가 울어야 할 이유는 더 적다.

입양아들은 태어난지 3일내지 4일후에 양부모의 집으로 보내지는데, 이 경우에도 동일하게 입양하는 어머니들은 울면서 잘 알려진 불만을 말한다: "뭐가 잘못된 건지 모르겠어요. 바보 같아요. 우리는 이 아이를 그렇게 오래 기다렸고, 원했었는데 자꾸 눈물이 나요. 하지만 나도 어떻게 할 수가 없어요. 그 애가 귀엽다고 말하지 마세요, 나도 알고 있어요, 하지만 그 말을 들으면 더 울고 싶어져요."

산후우울감은 일부 사람들이 믿고 싶어 하는 것처럼 단지 호르몬의 문제만이 아니다. 그 상황은 분명히 피로와 호르몬의 불균형으로 인해 강화되기는 하지만, 그것 자체로서 의학적인 증상은 아니다.

산후우울감은 핏덩이에 지나지 않고, 의학적으로 불완전하며, 의존적이고, 많은 면에서 미성숙하다고 알려져 있음에도 불구하고, 이제는 자신이 나설 차례라고 결정하는 작은 존재에 관한 것이다. 그가 자신의 현존을 사용해서 자신이 잘 알고 있는 유일한 여성과의 상호교류 과정을 촉발시키는 것은 그에게 달려있다. 아기가 산후우울감의 원인이 아니라면, 그는 적어도 그 우울감에 대한 조건이다. 어머니 곁에 있는 아기의 존재가 아니라면, 우울감도 없을 것이다. 그 우울감은 의사소통에 대한 아이의 적극적인 필요를 받아들이는 어머니의 행동으로 이해되어야만 한다. 그렇게 함에 있어서, 그녀는 구체적으로, 그녀가 인식하고자 시도하는 자인, 인간 타자로서의 아기의 자리에 호소한다. 비록 이 경우에는 얼마간의 울음과 이를 가는 시간들을 포함하고 있지만 말이다. 산후우울감의 순간은 이 구체적인 인간 차원을 향해 내딛는 첫 걸음들 중의 하나이다. 어머니의 우울에 대해 아이가 응답하는 방식은 적극적인 의사소통의 시작을 나타낼 것이다. 그때까지는, 내가 말했듯이, 그는 매개물 없이 그의 신체의 불편함을 울음으로 표현한다. 마치 전화번호부를 읽는 것 같은, 논평 없는 웅얼거림이 발생한다. 이는 산부인과 병동에서 산후우울감이 어떻게 이해되고 있는지를 보여준다. 울음은 아기의 건강에 대한 자동적이고 동시적인 통역사요, 경고 신호로서 기능했다; 분만 시에 유아가 건강하다는 것을 증명하기 위해 아기의 엉덩이를 가볍게 때려 울게 만들었다. 우리는 그 이후로 진화해왔다. 산후우울감의 경우, 웅얼거림은 의도적인 것이 되고, 사실상 음조를 갖게 된다; 그것은 내가 앞에서 언급했던 언어 조절이 된다. 만일 의사소통에 대한 그 시도가 실패한다면, 아이의 몸 전체는 증상을 통한 언어의 장소가 될 것이다.

그러한 의사소통에 대한 시도는, 예컨대, 수유에 관한 것, 즉 영양분의 필요를 충족시키기 위한 구강적 욕동들로 향한다. 젖의 분비와 산후우울감에 대한 말 중에는 다음과 같은 것이 있다: 도덕을 내려놓을 때, 젖은 샘솟는다. 독자들은 3장에서 논의했던 검은 옷의 숙녀를 기억할 것이다. 그 여성은 엄습해오는 절망적인 슬픔으로 인해 내게 의뢰되었는데, 그 요청은 고통 속에 울고 있었던 그녀의 딸 에바로부터 온 것이라고 볼 수 있다. 그녀의 어머니는 자신의 죄책감이 젖을 만들어내지 못하는 자신의 무능 때문에 발생했다고 믿고 있었다—"나는 심지어 내 아기조차 먹일 수 없어요." 필요한 것은 애도, 출생, 그리고 젖의 부재 안에서 작용하고 있는 것에 목소리를 주는 것이었다. 표현된 말들이 젖을 돌게 했고, 눈물에 종지부를 찍게 했는데, 그것은 그것들이 에바와 검은 옷의 숙녀 사이에 확립되어 있던 "왜곡된" 의사소통을 바로잡아주었기 때문이다. 검은 옷의 숙녀는 마침내 다른 어머니들처럼 아이—그때까지는 편재하는 죽음의 기억에 의해 가려져 있었던—를 위한 공간을 만들 수 있었고, 자신이 아이를 먹일 수 있는 어머니라는 것을 다시 발견해냈으며, 에바를 환영할 수 있었다.

증상의 삼분법적 자리(Tripartite Place)

신생아는 종종 내가 누구에게 말을 해야 하는지를, 아버지인지 어머니인지를 지목한다. 그것은 신생아가 산후우울감을 촉발시키는 데 능동적인 역할을 한다는 사실을 보여주는 분명한 신호이다. 그것은 우리가 더 성장한 아이들에게서 보게 되는 '상징적 지불'(symbolic payment)[2)]의 경우와 어느 정도 비슷하다. 나는 내 사무실에서 2세 미만의 아이가 방으로 들어오기를 거부하는 것을 본 적이 있다. 그가 자신의 의사를 그런 우회적인 방식으로 알리고 있었기 때문에, 나는 물론 그의 회기를 하지 않는 것에 동의했고, 그가 그렇게 말하고 있다는 것을 어머니에게 전했다. 내가 말을 시작하기도 전에, 그녀는 울면서 자신의 어려움들에 대해서 길게 설명하기 시작했다. 아이는 어떤 의미에서 그 상징적 지불을 거부했고, 따라서 나는 그가 아니라 그의 어머니의 말을 들어야만 했다. 일단 그 "장애물"이 극복되자, 그와의 작업은 이어지는 회기들에서 재개되었다.

아이는 부모의 이야기 안에서 "아픈 곳이 어디인지를" 정확하게 짚어낼 수 있다. 하루는 산모 병동에 있는 산모를 만나달라는 요청을 받았는데, 그녀는 특별히 어렵게 임신에 성공한 사람이었다. 이 여성은 임신 2개월째에 우울 상태에 빠졌고, 6개월에 풍진 바이러스에 감염되었는데, 그로 인해 아기의 건강은 위험에 빠졌다. 그녀가 임신 2개월에 붕괴되었던 이유는 그녀를 임신시

---

2) 상징적 지불은 프랑수아즈 돌토에 의해 확립된 임상 개념으로서, 아이가 스스로를 지원할 만한 나이가 되지 않았음에도 불구하고, 헤이즐넛이나 조약돌 등, 돈을 대신할 수 있는, 특별한 중요성은 없는 어떤 물체로 그의 회기에 대해 지불하는 것을 말한다. 재정적으로는 의존하고 있지만, 아이는 그렇게 함으로써 회기를 하려는 그의 욕망이나, 지불하지 않음으로써 회기를 거절한다는 자신의 의사를 표현할 수 있다.

킨 남자가 "자신이 원하는" 사람이 아니라는 것을 깨달았기 때문이었다; 그는 "경멸할 가치조차 없는" 사람이었다. 그 순간 그녀는 자신이 그와 함께 살면서 여성으로서의 삶을 모두 포기하고 있었다는 것을 깨달았다. 그녀는 유혹, 성적 만족, 결탁 등과 관련된 그녀의 모든 희망이 좌절되었다고 털어놓았다. 더욱이, 그 직후 그녀가 잠시 휴식을 위해 떠나있는 동안에 그녀의 어머니, 즉 아이의 외할머니가 자살을 시도했다. 나의 환자는 어머니의 자살 시도가 아이를 갖게 된 딸이 자신의 손아귀에서 벗어날 것이라는 두려움 때문에 일어난 것이라고 생각했다. 사실상, 그 할머니는 그녀의 딸을 자신의 "아기"로 여기면서 그녀에게 모든 것을 요구하는 막강한 힘을 가진 사람인 것 같았다. 이미 슬픔에 빠져 있던 아기 어머니는 그녀 어머니의 행동으로 인해 장애가 한층 더 심해졌다. 그녀는 자신의 어머니의 권위로부터 도망쳐야만 했다; 그녀는 자신이 어머니의 "아기"로 남아있는 한, 그녀 자신의 아기의 어머니가 될 수 없다고 느꼈다. 그런 후, 그녀는 자신의 아버지에 대해 이야기했다: "아무짝에도 쓸모없는 줏대 없는 사람"이며 "어느 누구에게도 기쁨을 줄 수 없는 사람."

그녀가 아버지를 그런 식으로 말할 때마다, 그녀의 아기는 칭얼거리며 그녀의 말을 중단시켰다. 그 아이는 어머니가 할아버지를 마치 발에 꽉 끼는 구두로 인해 아픈 발가락인 것처럼 생각하고 있는 것에 반응하고 있었다. 흥미로운 사실은 아이가 옳았다는 것이다. 그녀는 무슨 일이 벌어지고 있는지 알아차렸다. 아이가 우는 것을 들으면서, 그녀는 소스라치게 놀랐다. "그러니까 뭐에요. 내가 남편을 아버지처럼 취급하고 있다는 건가요? 줏대 없는 사람은 남편이 아니라 아버지에요."

"당신은 당신의 아이를 위해서 선택한, 아이 아버지를 위한 자리를 만들 수 있어야만 해요."

"맞아요. 그건 나의 아버지를 위한 자리가 아니죠."

사실상, 아이 아버지는 할아버지와는 전혀 달랐다. "경멸할 가치도 없는", "꿈도 야망도 없는" 그 아버지가 태아의 초음파 검사를 위해 어머니와 함께 병원에 왔을 때, 그는 스태프들에게 전형적으로 활기차고 권위적인 인물이라는 인상을 주었다. 간호 스태프들에 따르면, 그는 아내의 진료를 위해 약속한 자리에 와서도 모든 것을 편견에 사로잡힌 시선으로 바라보았고, 불만에 가득 차서 어떤 것도 수용하지 못하는 독재자 슈퍼맨처럼 보였다. 하지만 상반되는 모든 증거들에도 불구하고, 이 여성에게는 그 남성이 모든 면에서 아버지와 비슷하다고 느껴졌다.

내가 요청에 따라 이 여성을 두 번째로 만났을 때, 그녀는 자신이 이야기를 반복하고 있다는 것을 알아차렸고, 경멸은 불만으로 바뀌었다: "아버지가 되는 것에 대해 구체적인 책임감을 느끼지 못하는 남편과 도대체 뭘 할 수가 있겠어요?" 실제로 그 남성은 기저귀나 젖병에 흥미가 없었고, 아이를 돌보는 것에도 무관심한 것 같았다. 그녀의 불만에서 드러나는 괴로움은 그녀의 옷차림에서 느껴지는 공공연한 유혹적인 느낌과 전문직에서의 최근의 성공과 관련해서 그녀가 누렸던 즐거움과 대비되고 있었다. 나는 그녀가 회복되었고 일을 처리할 수 있다는 생각이 들었기 때문에, 그녀의 남편과 타협하고, 그에게 아버지가 될 수 있는 시간을 주는 것이 좋겠다고 조언했다. 그녀는 아이를 원했었지만, 그는 그러지 않았다. 그녀는 지금 또는 나중에, 그를 아버지로 만들기 위해 딸에게 기대야만 했다. 그녀는 자신의 문제에 대해 작업하는 것이 필요하다고 확신하게 되었고, 나에게 정신분석가를 추천해줄 것을 요청했다. 아마도 정신분석가는 우리가 대화를 끝내면서 그녀의 남편에 대해 했던 말, 즉 "그는 나의 아버지처럼 구식인 남자예요"

를 넘어 그녀를 더 깊은 통찰로 인도해줄 것이다.

　따라서 신생아, 그의 어머니, 그리고 그의 아버지는 산후우울감에 의해 불러일으켜진 조사의 중심에 연결된 상태로 자리잡고 있다. 여기에서 다음의 질문이 제기된다: 만일 증상의 자리가 세 부분으로 되어 있다면, 우리는 그것들 중 어느 것에게 말하는가? 나는 그 셋 중 다른 둘에게 말하지 않고서는 그 중 어느 하나에게 말하지 않는다. 만일 아버지가 참석하기 어렵다면, 나는 아이 앞에서 아이 어머니에게 그리고 아이 어머니 앞에서 아이에게 말한다. 먹기를 거부했던 카리나의 경우, 나는 처음에 어머니에게 이야기했고, 딸을 그녀의 피부에 직접 닿도록 안고 있으라고 조언했다. 카리나의 오빠는 분만 직전에 죽었고, 그녀의 부모들은 운명을 피하기 위해 둘째 아기의 출생에 대한 어떤 계획도 세우기를 원치 않았다. 그녀와 관련해서 내가 그때까지 언급하지 않고 있던 한 가지를 추가해보겠다. 그녀의 어머니는 "금지된" 아이에 대한 이야기를 하면서, 자신이 그 이야기를 하면 카리나가 곧 바로 입으로 빠는 동작과 함께 소리를 낸다고 말했다: 카리나는 형제자매들 중에 막내였던 그녀의 어머니처럼 막내딸이었다. 어머니는 자신이 딸 앞에서 헝가리에 살고 있어서 카리나를 보러 올 수 없었던 자신의 부모들에 관해 이야기한 적이 없다는 것을 깨달았다. 결과적으로, 카리나는 자신이 핵가족의 일원일 뿐만 아니라 가족의 혈통에서 왔다는 사실에 대한 증인이었고, 우리의 대화는 가족 문제와 연결되었다. 그녀는 더 이상 금지된 아이의 자리가 아니라, 다시금 그녀의 조상들의 연결고리 안에 있는 자리에 있게 되었다. 거기에서부터 그 어머니는 처음으로 어머니가 된 사람들이 그들 각자의 어머니와 동일시하는 필수적인 과정에 동의할 수 있었다. 한 사람을 어머니로 만드는 것은 그 자신의 어머니와의 동일시이다. 그녀의 경우, 이

동일시는 오랜 불임의 역사로 인해 복잡해지는 바람에 특별히 힘든 것이 되었다. 그때가 되어서야 나는 비로소 카리나에게 직접적인 설명을 통해 오빠와는 달리 그녀의 생존은 전적으로 그녀에게 달려 있으며, 젖을 먹을지 말지에 대한 그녀의 결정에 달려있다고 말했다.

내 생각에는, 아기와 어머니 두 사람 모두에게 말하는 것이 필수적인 것 같다. 나는 "아이들에게 그들의 부모들에 관해 말해주고, 부모들에게 그들의 아이들에 관해 말해준다"고 말한 돌토의 견해에 동의한다. 증상은 어머니-아이-아버지의 삼자 관계 안에서 작용한다. 그것은 어머니의 눈물을 통해서 또는 병실에서 아버지가 보이는 짜증을 통해서 아이의 신체통합 과정에 영향을 줄 수 있다. 아이는 또한 먹지 않고, 깨어나지 않고, 거부하는 것을 통해서 병원 스태프들의 주목을 받을 수 있다. 내가 개입하는 모든 사례에서, 나는 무의식의 내용에 관해 말함으로써, 그 말이 세 명의 주역들 사이에서 순환하게 되고, 그 결과 개방적으로 탐색될 수 있었다.

좋은 말(good word)과 말하기의 순환(circulation of speech)에 대한 필요성은 이 세 사람들에 대한 호칭 문제와 관련되어 있다. 우리는 그들을 어떻게 부를 것인가? 어떤 산부인과 병동에서는 산모들을 "엄마(mommy)"라고 부른다: "15호실에 있는" 엄마, "작은 그레고리의" 엄마, "너무나 심하게 우는 엄마". 이것에 나쁜 의도가 있는 것이 아니므로, 아무도 이의를 제기하지는 않는다. 그러나 출산을 한 여성은 어머니가 되기에 앞서 한 여성이다. "엄마"가 되는 것에 대해 말하자면, 그녀를 그렇게 부르는 특권은 오직 그녀의 아이들의 것이다—그녀를 "엄마"라고 부르면서 간호 스태프들이 자신들의 어머니들을 생각하고 있는 것이 아니라면 말이다. 만일 아버지들이 산모병동에 더 많이 머무는 것이 허용된다면, 틀림없이 아무도 그렇게 부르지는 않을 것이다. 사실 아버지들은 그들의 지위에 걸맞는 자리를 허락받지 못하고 있다. 아버지들이 산모병동에서 자는 것이 허용될 때, 밤낮을 가리지 않고 아무 때나 올 수 있는 권리를 부여받을 때, 그들은 빨래감을 집으로 가져가는 것보다 더 중요한 역할을 맡을 수 있을 것이다. 그들은 그들이 그렇게 주고 싶어 하는 칭찬을 파트너에게 해주고, 어머니와 아기가 그들의 사기를 높여준 만큼 향기로운 꽃을 가져다줄 것이다.

만일 아버지가 어머니에 의해서뿐만 아니라 병원 스태프들에 의해서도 남자로서 인식된다면, 그는 방금 출산을 하고, 다소 거칠게 다루어진 몸을 가진 여성이 다시 여성성을 되찾게 해줄 수 있을 것이다. 예를 하나 들어보겠다. 분만 직후에 아기를 목욕시키는 것은 산부인과의사 프레데릭 르보이어(Frederik LeBoyer)가 그 아이디어를 도입한 이후로, 종종 남성들에게 맡겨지는 임무들 중의 하나이다. 불행히도 지금에 와서야 우리는 남성들에게 그들의 의견을 묻는 일을 소홀히 했다는 것을 깨닫게 되었다. 그들은 겁을 집어먹었을 수도 있고, 아기를 만지는 것이 내키지 않았을 수도 있다. 어떤 이들은 상식에 맞서기 위해 그 일을 한다. 그러나 아버지들에게 그 일의 목적이 그저 아기를 씻기는 것이 아니라, 그들 없이 시작되었던 몸의 목욕에 그들을 연결하기 위해서라는 것을 설명해준 이가 있었던가?

그 일은 자신을 소개하고 이름을 말해주는 방식으로서 최상의 중요성을 갖는다. 그것이 바로 내가 전혀 의미 없어보임에도 불구하고, 병실에 처음 들어서는 순간마다 내 자신을 소개하는 이유이다. 내가 누구이고, 왜 그곳에 왔는지를 부모들과 아이들에게 말하는 것, 이것은 단순한 예절의 문제가 아니다.

해석

한 사람의 정신분석가로서, 나는 말하기가 때로 해석으로 인도하는 것을 경험한다. 해석은 상황에 따라 부모나 아이에게 한다; 어쨌든, 두 명(또는 세 명) 모두가 그 해석을 들을 것이다. 나는 배우가 무대에 있어야 한다고 말하는 것과 같은 의미에서, 신생아가 거기에 있어야만 한다고 주장한다. 아이는 그의 머리의 움직임, 경련, 또는 울음을 통해서 그를 접촉하는 말에 반응할 수 있다.

그것은 당연한 것이다. 하지만 아이가 잠들어 있을 때는 어떠한가? 아이는 잠들어 있는 동안에도 거기에 있다. 우리는 잠이 든 아이에 대해서 또는 그런 아이에게 말을 할 경우에도 그가 깨어있을 때와 똑같이 주의하지 않으면 안 된다. 우리는 그의 잠을 방해하지 않으면서 말을 하고 소음을 만들어낼 수 있다. 하지만 예컨대 아기에게 말하기 위해 그의 침대 위로 몸을 굽히는 바람에 아기를 깨운다면, 그것은 그를 방해하는 것이 될 것이다. 달리 말해서, 우리가 그에게 말을 할 때면, 그는 언제나 "여기 있어요!"라고 응답한다. 필요 이상으로 그 두 상황을 비교할 필요는 없지만, 이것과 관련해서 우리는 돌토가 혼수상태에 있는 사람과 행했던 분석 회기에 대한 서술을 고려할 수 있다.[3] 그녀는 그 이상하고 압도적인 사례와 관련해서, 정신분석은 본질적으로 재활치료가 아니며, 우리는 정신분석가로서 혼수상태에 있는 사람들과 작업할 수 있는 이점을 갖고 있다고 말한다. 혼수상태의 수동성 속에 있는 이 사람들은, 비록 표현을 할 수는 없지만, 극도로 수용적이다. 혼수상태에서 깨어났을 때, 그들은 회기의 내

---

3) F. Dolto, Séminaire de psychanalyse d'enfants, 1:114ff.

용에 대해 꿈처럼 느껴지는 기억을 갖는다. 그녀는 그것이 신체적인 개인(physical person) 너머에 "욕망의 주체와 자신의 역사의 주체가 분명히 현존"하기 때문이라고 말한다.

나는 그것이 신생아에게도 여전히 유효하다고 본다. 전신마취 하에 제왕절개로 분만을 할 경우, 나는 스태프들에게 아기가 태어난 것을 어머니에게 말해주라고 제안한다. 나는 그럴 때마다 만나게 되는 어색한 미소를 무시하면서 그것을 고집하는데, 적어도 젊은 어머니는 그녀가 그런 방식으로 참여할 수 있었다는 것을 알게 되면, 깨어나면서 느끼는 좌절감이 덜어질 것을 알기 때문이다. 정형외과의사였다가 은퇴한 나의 친구 한 명은 수술 중에 무의식 상태에 있는 그의 환자들에게 언제나 말을 하곤 했는데, 그는 그렇게 하는 것이 그 환자들의 빠른 회복에 도움이 된다고 믿고 있었다.

무엇보다도, 출산 직후에 주어지는 해석은 예방적인 기능을 갖는다. 나는 심각한 위험에 처한 아이들을 만나고 난 후에, 그들이 산부인과 병동을 떠나고 나면, 원칙적으로 다시는 그들을 만나지 않는다. 이미 말했듯이, 그 기간은 정상 분만의 경우에는 최대 4일이며, 제왕절개 분만의 경우에는 7일이다. 아이의 발달에 영향을 주고 있는 어머니 또는 아버지의 무의식에 대한 해석을 그렇게 짧은 기간 동안에 아이에게 해주는 것은 그를 증상으로부터 자유롭게 만들기 위한 목적 때문이다. 동시에, 아이가 그들에게 제기한 질문들에 관해서 어머니나 아버지에게 주어진 해석은 그들의 역사와 그들의 부모됨 간의 조화를 발견하게 해주는 경향이 있다. 이것은 어떤 점에서 출생이라는 사건을 통해 뒤섞여진 새로운 한 벌의 카드를 다루고 있는 것과 같다. 사실, 그들이 산부인과 병동을 떠나면서 분석가를 만나지 않는다고 해도, 분석가에 대해 더 물어볼 수 없는 것은 아니다. 한 번은 내가 병원에서 일하지 않는 날에 한 커플이 그들의 아기와 함께 나를 만나고 싶다고 요청해왔다. 그들은 내 사무실의 주소와 전화번호를 받았고, 상담을 위해 나를 찾아왔다. 그것은 아이에 관한 것이었지만, 아이의 아버지는 그후에 나와 정신분석을 시작했다.

신생아와의 작업은 해석의 문제에 대한 재검토를 가능하게 한다. 우리는 신생아와 작업할 때, 평소보다 더 자주 질문하게 된다: 내가 무엇을 해석했는가, 또는 그 해석이 증상을 없애는 데 어떤 도움을 주었는가? 물론, 이것은 정신분석가의 전문성에 의해 다루어진다. 주인공들의 말을 설명해주는 것은 정신분석가에게 달려 있다. 라틴어에서 설명하다(explain)라는 단어는 원상태로 돌리다, 개봉하다를 의미한다. 결과적으로, 해석이 있다면 그것은 분석가의 것이지만, 그 말이 증언으로서 받아들여질 때, 그것은 또한 스스로를 드러내는 어머니나 아버지의 말일 수도 있다. 우리가 해석하다(interpret)라는 단어를 옛날식으로 떼어서 발음하면 사이에-제공하다(inter-prets: lend between)가 된다. 다시 말해, 말하기는 증상을 호소하는 사람, 증상이 말을 하는 사람, 그리고 말이 순환하는 것을 존중해주는 정신분석가 사이에 제공되는 것이다. 나는 몇 번의 연이은 출산을 하는 동안 수 년 간격으로 나를 만나왔던 여성들로부터 이것에 대한 구체적인 증언들을 들어왔다.

내가 오르마니(Ormani) 부인을 만난 것은 그녀가 첫 딸 엘사(Elsa)를 낳은 이후에 겪게 된 산후우울감으로 인해서였다. 아이는 저체중으로 태어났기 때문에 캥거루 유닛에 입원해 있었고, 잘 먹으려 하지 않아서 어머니는 심한 절망감을 느끼고 있었다. 출산과정 또한 과다출혈로 인해 어려웠다. 돌토는 그러한 과다출혈은 마치 "목욕물과 함께 아이를 내버리는 것"처럼 아이를 위험에 빠뜨릴 수 있다고 믿는다. 출산의 고통은 그 여성에게서 자신의 어머니가 유산으로 같은 병원에 입원했었고, 게다가 같은 시기에 자신도 극심한 위경련으로 입원했었던, 8세 때의 일을 기억나게 했다. 그것은 또한 1년 전에 제왕절개로 태어난지 열흘 만에 죽은 아들 알렉상드르에 대한 기억을 되살려냈다. 우리가 만났을 때, 오르마니 부인은 나를 증인으로 삼아 그 모든 일에 관해 딸에게 말해줄 수 있었다. 엘사는 그녀의 말에 미소를 띠었고, 곧 먹겠다는 신호를 보냈다. 그녀가 둘째 아기를 낳게 되면서 우리는 다시 만났는데, 그때 그녀는 3년이 지났는데도 여전히 그 일을 기억하고 있었다: "엘사는 정말로 건강해요. 문제가 생길 때마다 저는 우리의 대화와 그 애의 미소를 다시 생각하곤 해요. 저는 우리가 전에 했었던 것을 다시 하곤 했어요: 저는 그 애에게 무슨 일이 일어나고 있는지 이야기했고, 그러면 모든 일이 해결됐어요. 제가 2년 반 전에 병원에 입원했을 때, 저는 엘사에게 제가 몸이 좋지 않아서 그녀가 이탈리아에 사는 숙모와 함께 지내게 될 거라고 설명해주었어요. 저는 제가 왜 몸이 좋지 않은지 엘사에게 말해주었고, 제가 나아지면 다시 그녀를 만날 거라고 말했어요. 그 일은 별 문제없이 지나갔어요."

엘사는 좋아졌지만, 오르마니 부인은 그녀 자신의 어려움에서 벗어나지 못했다. 엘사를 낳던 시기에 그녀는 우울증 때문에 심리치료를 받았는데, 그 결과 그녀는 3년 후에 좋은 상태에서 기쁨을 느끼면서 아들 기욤(Guillaume)을 낳을 수 있었다. 정신분석과 관련된 흥미로운 사실들 중의 하나는 그것의 진전이 환자와 분석가 모두에게 영향을 준다는 점이다. 해석들은 공유되고(이 경우에는 오르마니 부인과 나 사이에), 그것들의 영향은 즉각적일 수도 있고(엘사에게), 지연될 수도 있다(오르마니 부인에게, 그리고 간접적으로는 기욤에게).

정신분석가 알랭 디디에-와일(Alain Didier-Weill)은 정신분석적 해석의 성패가 무엇에 달려있는지를 설명하기 위해, 재즈 음악가들에게 의미 있는 음악적 비유인 "블루 노트(Blue Note)"라는 표현을 사용한다. 블루 노트는 "아직 나타나지 않은 어떤 매력적인 음을 듣기를 기대하도록 [그를] 밀어붙이는, 그리고 이미 연주된 화음과 멜로디의 음 사이의 조우가 만들어내는 긴장감이 그것을 기대하는 것은 헛된 것이 아니라고 가정하도록 [그를] 이끄는, 음악을 듣는 이들이 그 곡을 듣는 즐거움의 절정에서 듣기를 원하는 음이다."4) 모차르트 작품의 연주 후에는 침묵이 흐른다—유명한 속담에 따르면, 그것은 고요한 모차르트이다. 예컨대 어떤 사람이 베르디 또는 루이 암스트롱의 "스타일로" 모차르트의 한 악장을 끝낼 수 있다 하더라도, 작품의 역사에 대한 개념을 지니고 있는 그가 느끼는 것은 즐거움만은 아닐 것이다. 결국, 그 일은 바하 또는 콜트레인에게는 더 어려울 것이다. 이는 그것을 듣기를 희망하지만 예상치는 못하는, 내가 그것을 들었을 때 "그것 없이는 내가 감히 넘을 수 없었을 문턱—들어본 적이 없는 법칙의 힘 안에, 그 사실 안에 위대한 새로움이 있는 세계로의—을 넘을 수 있도록 만들어주는 음이다: 내가 그때까지 들어왔을 수도 있는 합리적인 모든 것이, 자신도 모르는 사이에 전례가 없는 지배력 아래에 있다는 것을 가르쳐줌으로써 나를 깨우는 힘." 그 희망, 그 "전례가 없는" 기대감이 신생아가 기꺼이 들으려고 하는 누군가에게 외치고 있는 것이다; 나는 산후우울감과 블루 노트 사이에 유사점이 있다는 사실을 받아들인다. 역설적으로, 정신분석이 효과적인 것은 그것이 여전히 예술로 남아있기 때문이다. 라깡이 희망했듯이, 해석이 시를 향해 가고 있든, 또는 디디에-와일이 제안하듯이, 음악을 향하고

---

4) A. Didier-Weill, Les trois temps de la loi (Seuil, 1995).

있든 간에, 그것은 블루 노트처럼 "모든 의미를 벗겨낸 하나의 기표"로서 응축되어야만 한다. 내가 알지 못했던 주체에 대해 명료하게 말해주는 모든 다른 음표들이 그 블루 노트를 둘러싸고 형성되어 있다.

불확실한 림보 속에서

돌토는 태아의 도덕적 원리는 흡혈행위(vampirism)라고 말한다: 수단과 방법을 가리지 않고 살아남고 성장하는 것. 태아는 양수 안에서 감각에 따라 호흡한다. 그 안에서 욕망과 욕구는 혼동되고 서로 얽힌다. 이것은 이미 언어를 습득한 더 성장한 환자의 상황과는 약간 다르다. 그 지점에서 정신분석가들은 욕구(need), 욕망(desire), 그리고 요청(requests)을 구분하는 법을 배운다.

신생아들과 작업하고 태아의 삶에 관심을 갖는 정신분석가에게 있어서, 신체와 언어, 욕망과 욕구는 같은 것이다. 아이의 신체는 언어의 몇몇 표현들 속으로 태어난다. 한편으로, 그는 앞선 세대들에 의해 구성된 언어의 욕조 속으로 들어간다: 아이를 위한 부모들의 계획, 그의 관념들을 주재하는, 말해지거나 말해지지 않은 말들, 그리고 더 초기 세대들로 거슬러 올라가는 외상들. 그런 점에서 산후우울감의 이야기가 숙모, 조부모 등에 대한 암시들로 가득 차 있다는 점을 주목하라. 가계의 연속되는 구성원들 사이에서 반복적으로 다시 뒤섞이는 이 암시들은 그때까지 반응으로 기능했던 언어의 구멍을 드러내면서, 산후우울감의 울음 속에서 질문들을 발생시킨다. 그러나 다른 한편, 아이 자신이 소위 모국어를 습득할 때, 루시앙 코흐의 용어로 말하자면, 그는 동시에 언어의 잠재적 공간(potential space of language)을, 즉 이미 최소한 3세대가 대화에 참여하고 있는 언어의 공간을 손에 쥐게 될 것이다.

  욕구와 욕망 사이의 혼동이 출생 이후에 지속될 때 문제가 발생하는데, 이는 탯줄의 생리학적 단절을 복제해주는 부모의 말이 없기 때문이다. 그럴 때, 유아의 식인적인 구강적 욕동들이 촉발될 수 있다. 욕망과 욕구 사이의 차이를 기표화하는 것은 유아에게 극히 중요한 일이다; 그렇지 않을 경우, 정신증이 자리 잡을 수도 있다. 돌토는 이 문제와 관련해서 쾌활하면서도 손에 닿는 대로 물어뜯는 아이를 예로 들었다. 그는 높은 지적 능력을 가졌음에도 불구하고 사회적으로 위협이 되었기 때문에, 모든 보육기관, 상점, 공원 등에서 내쫓겼다. 돌토는 어린 남동생에게 젖을 먹이고 있는 그의 어머니를 보는 순간, 무슨 일이 벌어지고 있는지 이해할 수 있었다. 그녀는 침묵 속에서 젖을 먹이고 있었고, 아기에게 말하는 일종의 방식으로서 끊임없이 아이의 몸 여기저기를 꼬집고 건드리고 있었다. 한마디로 말해서, 그녀는 그의 몸 전체에 입들을 만들고 있었고, 그녀의 신체접촉을 통해 영양분을 공급함으로써 그를 식인적인 존재로 만들고 있었다. 그 어머니는 아이의 영양분에 대한 욕구와 빠는 행동의 즐거움을 구분하지 못했다; 그녀는 돌토가 표현한 말인, "사랑의 폭력(loving violence)"에 그를 묶어놓고 있었다: "어머니는 너를 만지는 것이 필요했고, 너는 그것이 좋다고 생각했구나; 그래서 너는 누군가가 다른 사람들을 사랑할 때는 그들을 물어뜯고 먹어야만 한다고 믿게 된 거야."[5] 이 말은 젖을 먹이는 동안 아기를 애무하지 말라는 말이 아니다. 오히려 그 반대이다. 그것은 일반적으로 수유에 동반되는, 사랑을 표현하는 말의 중요성을 강조하고 있다.

---

5) F. Dolto, Dialogues québecois, 71-72.

어떤 연구자들은 산후우울감이 어머니와 아이 사이의 융합을 깨는 역할을 한다고 말한다; 이 주장에서, 그들은 실제로는 존재하지 않는 태내 융합의 유비에 의존하고 있다. 그들은 태아와 자궁이 융합되어 있기 때문에, 어머니가 아기를 애무해주고, 믿어주고, 가깝다는 상상을 통해서 아기와 가까워질 때, 신생아와 어머니 사이에는 융합이 존재한다고 주장한다. 우리는 이미 앞에서 태아-어머니 융합 개념에 대해 정리했지만, 다시 한 번 그 주제로 돌아가보겠다: 태반이 태반 호르몬을 통해서 임신 상태를 조절하기 시작하는 것은 어머니와 아이의 융합이 이미 깨어진 상태에서이다. 이것은 수정 후 4개월째에 발생한다. 초기 며칠 동안에 유일하게 발생하는 것은 분열을 통한 체세포 증식이다; 4일내지 5일째에 최초의 세포 분화가 발생하고, 난자는 자궁으로 이동한다. 1주일 후에 영양포(포유류의 초기 배반포 벽을 이루는 박막)와 융모막 융모들을 출현시키는 것은 상실배(수정란의 분할로 생기는 오디 모양의 세포 덩어리), 즉 아주 작은 수정란의 자궁 내 착상이다. 일시적인 수단으로서, 그리고 태반의 전조로서 아이에 의해 만들어진 영양포는 이미 태아와 어머니 사이의 중간 매개물이 되어 있다. 그것은 어머니와 아이 사이에 이루어져야 하는 교환 기능을 담당한다. 거기에는 그들이 하나임을 정당화할 수 있는 어떤 증거도 없다. 아기가 호흡하고, 영양을 섭취하고, 어머니와 접촉하는 것은 "태반의 입"(placental mouth)을 통해서이다.

정신분석가 세르게이 레보비치(Serge Lebovici)와 같은 다른 이들은 TV 방송에서 융합 개념을 다음과 같이 해석했다: "나는 어머니의 팔에 안겨있는 아기를 제외하고는 어떠한 아기도 알지 못합니다." 이 말에서 그들이 의미하고자 했던 것은 그 두 사람의 감각들이 연결되어 있다는 생각이다. 그것들은 부인할 수 없는 임상적 실재에 의존해 있다: 처음 며칠 동안 아기는 어머니의 정서들과 합창을 한다. 그러나 그 초민감성은 점차 감소한다. 이 메아리들의 강도는 완전히 사라지지는 않지만 차츰 약해진다. 그런데도 우리는 그들이 하나라고 말할 것인가? 오히려 역으로, 산후우울감은, 아기에게 자율성을 부여해주는 것은 그에게 주어지는 말이라고 주장할 수 있는 근거를 제공해준다. 그의 정서에 의미를 부여함에 있어서, 산후우울감이 전달하는 이 말들과 욕망들은 아기로 하여금 그것들을 "생각하도록" 허용한다. 그럼으로써, 그것들은 아이로 하여금 자신의 미래를 직면하기로 결심한, 자율적으로 욕망하는 주체가 되게 할 수 있다.

제라르(Gerard), 애도 중인 신생아

만일 태아가 욕망을 갖고 있다면, 그것은 살고자 하는 욕망일 것이다. 그는 우리가 희망하는 것보다 더 잘 해낸다: 소아과의사인 마리 티리옹은 1,000명 중 950명의 아이들이 정상적이고 건강하게 태어난다고 말한다. 생각해보면 놀라운 비율이다. 그녀는 이것이 어머니와의 교류, 즉 강력한 의사소통 덕분에 가능하다고 추정한다: "신생아는 출생 후 살아남기 위해서, 수정란이 자궁에 착상하는 것이 곧 바로 생존 또는 제거를 결정했던 것처럼, 살아있는 어떤 것에 뿌리를 내려야만 하며, 인간관계 안에 자신을 심어야만 한다."6)

그럼에도 불구하고, 출산은 생리적으로뿐만 아니라 심리적으로도 그 관계를 변화시킨다. 그것은 알지 못함 속으로 뛰어드는 것일 뿐만 아니라, 급진적인 단절을 나타낸다. 다른 말로, 신생아

---

6) M. Thirion, Les compétences du nouveau-né, 37.

의 반응이 그것에 응답하는 어머니의 행동을 더 쉽게 수정할 수 있기 때문에, 어머니의 궁극적인 불안은 출산 후에는 그 이전과 같은 방식으로 전달되지 않는다. 사람들은 신생아가 삶 앞에서 벌거벗은 무방비 상태에 있다고 말한다. 무엇보다 놀라운 것은 신생아가 외부로부터 오는 것에 저항하지 않는다는 것이다. 이것은 그가 해석들을 받아들이는 방식에서 두드러지게 나타난다. 이것은 신생아가 좀 더 성장한 아이보다 투과성이 더 좋다는 것은 아니지만, 그는 실제로 이 해석들을 수용하는 데 어떠한 장애물도 갖고 있지 않다.

그러므로 사람들은 해석의 급격하고 눈부신 효과에 놀라게 되고, 그것이 마치 마술 같다고 말한다. 신생아들에 의해 경험된 이 갑작스러운 변화들—때때로 생명 유지에 필수적인 기능을 포함해서 그들을 위협했던 증상을 몇 시간 내로 포기할 수 있는—은 마술과 아무런 상관이 없다. 우리는 성인 정신분석의 경우, 많은 기억의 "층들"을 통과해야 하기 때문에 기억해내는 작업에 더 긴 시간이 소요된다고 보아야 한다. 이 점에서, 심각한 신경증 성인들의 일부는 사고와 상호교류로부터 단절되어 있다. 그들의 역사는 시시한 말들, 잃어버린 말들, 거의 문자적으로 그들이 부딪친 벽들로 구성된 층들로 이루어져 있다. 따라서 그들은 자신들의 상호교류와 사고의 능력을 방해하는 다수의 방어들, 반동형성들을 발달시켰고, 그것이 그들을 고통으로 이끌었다. 자신들의 역사의 층들 안에서 길을 잃은 그들은 타자의 말에 대한 신뢰를 회복하고, 그럼으로써 그들 자신들의 말에 대한 신뢰를 회복할 시간이 필요하다. 그럼에도 불구하고, 그들은 그들의 괴로운 문제들에 대한 거의 신체적인 표현(corporeal articulation)에 전적으로 민감한 상태에 머무른다. 문제는 어떻게 그 민감성에 접근할 것인가이다.

신생아는 더 빠른 접근이 가능한데, 그것은 기억의 층들이 더 적기 때문이다. 그럼에도 그것들은 존재하는데, 태어난지 3일된 아기는 어제 태어난 것이 아니기 때문이다; 그는 거의 9개월에 걸친 과거를 갖고 있다. 그의 증상이 존재한다면, 그것은 출생 이전에 일어났던 사건의 지연된 효과 때문일 수 있다: 예를 들면, 태아의 병리 또는 자궁 내에서의 충격. 그러나 신생아는 무엇이 그를 상징적 삶으로 나아가도록 허용하는지를 더 빨리 이해한다.

나는 제라르라는 소년에게서 그것을 부분적으로 배울 수 있었다. 그는 삶의 첫 48시간을 캥거루 유닛에 있는 인큐베이터 안에서 울면서 보냈다. 그의 울음은 걱정스러운 것이어서 보통의 상황에서는 거의 내게 도움을 요청하지 않던 담당의사가 큰 고통 속에 있는 듯 보이는 아기의 어머니에게 제라르를 나에게 보일 것을 제안했고, 나는 어머니의 요청에 따라 그녀와 제라르를 만나보게 되었다.

그 대화에서 그녀는 처음에 그녀의 임신이 자신이 원했던 것이라고 말했다: 그녀는 쌍둥이, 딸과 아들(제라르)을 의학적인 개입 없이 임신했다. 그 부부는 그들의 아이들을 미리 "분담했다": 그녀는 딸을 맡기로 하고, 남편은 아들을 맡기로 했다. 그녀는 딸을 위해, 남편은 아들을 위해 이름을 지었다. 그녀는 딸을 "나의 작은 소녀"라고 불렀고, 아들은 "다른 아이"라고 불렀다. 그러나 곧 그 작은 소녀의 자궁 내 발달 지연이 포착되었고, 상태를 지켜봐야만 했다. 그녀는 그것과 연관된 위험을 모르는 상태로 지내는 쪽을 선택했기 때문에, 그녀의 사기가 크게 영향 받지는 않았다. 그녀는 만일 적절하게 모니터링한다면, 모든 것이 최상의 상태로 판명될 것이라고 생각했다. 그녀는 아이를 위로하기 위해서 그저 딸이 있는 자신의 복부 주변을 계속 어루만졌다. 그녀가 결국 고위험군 산모병동에 입원해야 하는 상황이 되었을 때, 그 작은 소녀는 임신 7개월 반만에 자궁 안에서 죽었다는 것이 발견되었다. 의사들은 사망 원인을 알아내기 위해서 응급 양수천자(임산부의 양수를 채취하여 태아의 질병 여부를 알아보는 검사)를 실시했다. 그 검사를 통해서 양수가 탁한 상태임이 드러났고, 그것은 살아있는 아이의 건강을 위협하는 감염이 발생했다는 것을 의미했다. 남은 아이마저 위험에 처하도록 내버려두고 싶지 않았던 의사들은 즉시 제왕절개를 실시했다. 그렇게 해서 제라르가 태어났고, 태어날 때 저체중이었으므로 캥거루 유닛의 인큐베이터에 있게 되었다.

"어떤 것도 나를 위로할 수는 없어요," 그녀는 말했다. "그 아이는 내 딸이었는데, 영원히 죽어버렸어요. 다른 아이 역시 울고 있어요, 하지만 그는 내 딸의 죽음이 내게 무엇을 의미하는지 알지 못해요."

나는 회기 중에 이 여성의 어머니 쪽 가족에 대해 물어보았고, 그녀의 친할머니인 제라르의 증조모 역시 쌍둥이였다는 것을 알게 되었다. 그 여성은 젊은 나이에 별 재산도 없이 네 아이를 키워야 하는 미망인이 되었고, 아이들은 가혹한 양육을 견뎌야만 했다. 그녀는 자신의 어머니가 심지어 학대까지 당했다고 말했다. 그 할머니에게 중요한 것은 오직 남자 아이들이었다. 아들들은 학교에 다녔고, 딸들은 그들을 위해 일해야 했다. 따라서 그녀의 어머니는 아주 어린 나이에 가족을 먹여 살리기 위해 하녀로 일해야 했다. 그리고 그녀가 일하던 집의 주인은 그녀를 유혹했고 임신시켰다. 아버지가 인정했던 그 아이가 바로 그녀 자신이었다. 곧 아들이 태어났다; 그는 우상화되었고 그녀는 뒤로 밀려났다. 그녀의 성인기 삶의 첫 부분은 다시 "다른 사회 계층으로부터 온" 남성인 남편을 만나 결혼할 때까지 정서적인 불안정과 어머니와의 갈등으로 채워져 있었다.

디킨슨(Dickens)의 소설감인 그 운명에 대해 언급하기 이전에도, 나는 일어난 일들을 제라르에게 설명하는 것이 피할 수 없는 긴급한 일이라고 생각했다: "너는 어머니의 뱃속에서 너와 함께 있었던 여동생을 앞으로는 볼 수가 없단다; 단지 네 마음속에만 간직할 수 있지. 그 애는 태어나지 못했어. 하지만 너는 태어나고 사는 쪽을 선택했구나."

나는 그런 식으로 제라르에게 그가 떠나간 여자 형제를 위해 하고 있던 애도에 관해 이야기했다. 왜냐하면 표현되지 못한 채 일어나는 일들은 때때로 치명적인 혼란을 초래하기 때문이다. 제라르가 그의 여동생에 대해서 깊이 슬퍼하고 있다는 사실은 상상할 수 있는 것이다. 그러나 그가 위로받을 수 없다는 사실은, 그 슬픔이 다른 어딘가에서 온 것이며 이름 붙여지기를 기다리고 있다고 상상하지 않는 한, 설명될 수가 없는 것이다.

나는 그 어머니에게, 자신에 비해 모든 특권을 가졌던 딸에게 두 명의 멸시당한 이전 세대 여성들에게 행해진 잘못들에 대해 복수하고 바로잡는 책임을 부과했던 것 같다고 말했다. 나는 반어법적인 형태로 농담을 덧붙였다: 그녀의 첫째 아이가 남자아이라는 사실은 분명히 나중에 낳을 그녀의 딸이 짊어지게 될 무거운 짐을 덜어주었고, 가족 안에서 장녀에게 대물림되는 저주를 막아주었다. 그녀는 그 해석이 마음에 드는 것 같았고, 다음의 질문으로 대화를 끝냈다: 죽은 태아의 시신은 어떻게 해야 하나요? 그 아기가 태어난 이후에 죽었다면, 그녀는 그 아기를 묘지에 묻거나 화장해야 할 것이다. 하지만 이 경우에는 어떻게 해야 하는가? 그녀는 가족 족보에 아기의 이름을 올려놓았지만, 태아의 시신과 관련된 문제는 아직 해결하지 못하고 있었다.

며칠 후에 나는 소식을 들었다. 죽은 아기의 시신을 처리하는 문제가 남아있기는 했지만, 제라르와 어머니는 잘 지내고 있었다. 그러나 내게는 몇 가지 질문들이 그대로 남아있었다. 내 마음 깊은 곳에서는 그 쌍둥이 딸아이가 그녀에게 부과된 엄청난 부담 때문에 죽은 것일 수도 있다는 의심이 들었다: 그녀는 가족의 신경증의 제단에 자신을 희생물로 바쳤던 것일까? 어머니의 역사에 종속된 채, 충분히 자라날 수 없거나 태어날 수 없도록 영향을 받은, 태아 편에서의 삶에 대한 욕망은 어떤 것인가? 만일 태아의 도덕적 원리가 사는 것이라면, 그 길을 따라가기를 포기하는 태아들은 어떻게 된 것인가? 나는 그 의문들 중 어느 것도 이 여성에게 말하지 않았다. 그것은 그 말이 그 대화가 담아내려고 시도했던 죄책감을 되살려낼 수도 있기 때문이었다. 그 죄책감은 대부분의 태내 죽음과 조산으로 인한 죽음에 수반되는 것과 동일한 죄책감으로서, 그것은 어머니들로 하여금 다음과 같이 말하게 한다: "나는 그 아이를 뱃속에 품고 있는 데 실패했어요!" 출생과 상징적 삶 사이에는 필수적인 단계가 있으며, 그 단계는 말이 수반되어야 하는 단계이다. 출생 다음에는 주체의 탄생이 온다. 그것이 산후우울감이 출현하는 결정적인 순간이다.

하나의 주체가 되는 순간은 분명히 신생아에게 달려있다. 그러나 그것은 또한 그의 부모와, 그들이 그 아기에게 그 자신이 될 수 있는 힘을 부여하는 순간에 달려있다. 그때까지 아이는 불안정한 상태에 있다. 출생의 현실이 발생하고, 그것은 그를 강타한다. 하지만 그는 아직 제 발로 서 있을 수 없다. 거의 모든 아이들이 그때까지는 비교적 조용하고 차분하다는 점에 주목하라. 그들은 잠을 자고 그들의 정서로부터 회복된다. 이것은 림보의 시기이다: "나는 더 이상 어머니의 자궁 안에 있지 않아요. 하지만 아직 완전히 당신들 가운데 있지도 않아요; 내게 시간을 주세요." 그들은 거기에 있지만, 아직은 다른 어딘가에 있다. 그때 산후우울감이 발생한다: 어머니의 젖은 그녀의 눈물과 함께 돌기 시작한다; 아이의 소리에 대한 감각작용이 갑자기 시작된다; 그리고 출생의 지연된 효과가 두 사람 모두를 새로운 삶에로 일깨운다. 태어나는 것을 그토록 두려워했던 카리나를 기억하라; 그녀는 부모의 안전감이 제공해주었어야 하는 지지의 결핍으로 인해 불완전한 탄생의 림보 속에 머물러 있었다.

물론 모든 아이는 자신만의 인격을 갖고 있다. 어떤 아기들은 자신들 주위에서 일어나고 있는 일에 대해 궁금해 하며 눈을 크게 뜬다. 반면에, 다른 아기들은 "외부에서" 뭐라고 말하는지 너무 많이 아는 것을 좋아하지 않으며, 한동안은 그들의 눈을 감고 있을 것이다. 그럼에도 불구하고, 이쪽과 저쪽이 절반씩 섞여있는, 산후우울감에 앞서 잠을 자고 있는 순간인 림보의 시기는 임상적으로 식별이 가능하다.

아기의 산후우울감, 엄마의 산후우울감, 아빠의 산후우울감

아기의 산후우울감이 시작되는 것은 거세, 정확히 돌토가 "배꼽의 거세(umbilical castration)"라고 불렀던 것(그녀가 때때로 "태아의 거세"라고 불렀던)의 출현 다음이다. 이것은 3-4일 전에 일어났던 탯줄이 절단되는 사건이 되풀이되는 것으로서, 이때 아기는 깨어나고 어머니는 울기 시작한다.

아기의 산후우울감(Baby Blues)

그 상징적 절단은 아이가 부모에게 의존되어 있는 것 만큼이나 아이에게 영향을 미친다. 그 배꼽 거세가 부모들에게 각인되는 만큼, 그들이 신생아를 자신들의 육체의 결실만이 아니라는 것을 깨닫는 만큼, 그들은 아이가 아버지의 은유에 접근하는 것을 허용할 것이다: "우리 각자가 우리 부모들의 욕망이었던 것처럼, 그래서 시간의 안개 속으로 다시 돌아가는 것처럼, 너는 우리의 욕망으로부터 태어난 아이이다. 너의 삶은 그 역사의 흔적을 갖고 있다. 그러나 네가 고유하고 전례가 없는 너 자신의 삶을 살기 위해서는 그 역사를 영예롭게 하는 동시에 그 역사로부터 거리를 확립해야만 하는데, 이 모든 것은 너 자신에게 달려 있다."

그것은 부모들의 입장에서는 받아들이기 쉽지만은 않은, 가혹한 상실의 수용을 예견하는 것이다. 그것이 가능하지 않을 때, 아이는 그의 정신적인 건강을 대가로 지불한다: 그렇게 되면, 그는 증상의 공간에 남게 된다. 이는 마치 부모가 아이의 신체에 상징적 의미를 새기기보다는, 그 의미가 실제 안에 남아있기를 바라는 것과도 같다. 림보의 황무지 안에서 신생아는 그의 실제적인 출생과 상징 안으로의 강림 사이에 사로잡히게 된다. 타자들 가운데 있는 그의 존재에 대한 첫 확언을 예상하면서, 그는 사실상 태어났지만 그의 부모들의 눈에는 아직 타자가 아닌 상태에서 솔로몬의 판결을 기다리고 있다.

나는 아기의 산후우울감 시기에 발생하는 상징적 탄생에 대해 말했다. 나는 상상속의 아이가 자신을 위협하는 일 없이도 육체를 가진 실제 아이와 동거할 수 있다고 말했다. 거기에는 그를 애도할 필요가 없다. 만일 어머니가 해야 하는 애도가 있다면, 그것은 태아와 임신에 대한 것이며, 그리고 그것이 아버지의 법과 그의 이름 하에 새로운 어머니-아이 관계로 "대체"되는 것에 대한 것이다. 이것은 한 어머니가 어째서 그녀의 우울의 가장 깊은 지점에서 다음과 같이 말했는지를 설명해준다: "전에는 내가 모든 주목을 받았어요. 이제 모든 관심을 받고 있는 건 아기에요." 이 어머니들은 자신들을 폐기물, 대수적 의미에서 나눗셈의 나머지로 경험한다. 어머니는 모든 면에서 그녀를 능가하는 무언가와 직면하게 된다: 아이는 현실의 존재가 되는 것으로부터 상징적 존재로 나아가는데, 그 거리감은 극복하기 어려운 것이다.

4일째에 아이는 의사소통의 목적을 위해 그의 목소리를 사용하기 시작하는데, 이것이 정신분석가 윌프레드 비온(Wilfred Bion)이 말하는 상징화, 현실화(realization)이다. 아이가 소리에 반응하는 것은 뇌의 자극, 깨어남에 대한 구체적인 표현들이다; 그것들은 음성을 통한 현실화이다. 유아의 발성이 현실화되는 것과 함께, 그의 몸짓들과 신체 기능들이 취하는 형태들이 뇌에 저장되는(cerebralization) 일이 발생한다. 이것들은 두 개의 평행하는 기능들이다. 한편으로, 유아의 뇌는 자신과 자기 주위에 있는 사람들 사이에서 교류되는 잠재적인 의미들로 충전된 소리와 말에 반응한다; 우선, 그는 자신의 몸이 그 안에서 자랐던 어머니의 목소리에 반응한다. 다른 한편으로, 그의 신체 기능들은 구강적 표현을 반영한다.

이것은 혼동으로 이끌 수 있다. 예를 들면, 어떤 이론가들은 구강적 언어를 잔인한 것으로 생각하며, 글로 표현된 언어가 개념과 사고를 위한 자연스러운 도피처라고 생각한다. 그러한 생각은 신생아들에게서 얻는 이해와는 맞지 않는다. 유아, 즉 언어의 아이는 생각하는 자(thinker)이다. 그는 그를 둘러싼 반응들의 함수로서 반응한다. 그의 정서들/감각들은 단순히 정동들이 아니라, 그의 생각하는 능력에 대한 첫 양태들이다. 역으로, 돌토가 주목했듯이, 어머니들로부터 일찍 분리되는 바람에 출생을 의미하는 말을 전혀 듣지 못했던 유아들에게서 우리는 "언어가 지체되고, 말의 결함이 발생하며, 발음을 제대로 못하거나 어떤 음절들을 발음하지 못하는, 말하기의 문제가 발생한다"는 것을 관찰할 수 있었다. "거기에는 계속적인 소리의 폭발로서의 울음이 발생하거나, 또는 반대로 아예 목소리를 내지 못하는데, 이것은 의사소통을 조정하기 위한 능동적인 쾌락의 장소인 후두 안에 자리잡고 있는 상징적 부재 때문이다."

엄마의 산후우울감(Mommy Blues)

어머니 편에서, 거세는 그녀가 한 사람의 진정한 인간, 주체로서의 아기를 다루고 있음을 인식하는 것으로 구성되어 있다. 그녀는 자신이 헌신적 봉사를 제공하는 자의 위치에 놓여 있고, 그러한 자신의 엄청난 성취에 대해 미소가 수반되는 감사의 말을 듣기도 하지만, 그 후에는 더 이상 필요치 않는, 그래서 미소도 없는 감사의 말을 듣는 존재가 될 것임을 알게 된다. 이 순간이 바로, 자신이 비록 아이를 낳은 사람이지만, 아이를 태어나게 한 유일한 사람이 아니라는 사실을 깨닫게 되는 순간이다. 아이가 그녀 자신의 몸 안에서 살았지만, 그녀가 그 아이의 소유주는 아니다. 그녀가 자신과 아이 사이의 틈새에 관해 생각하는 데는 시간이 필요하다. 이것이 림보의 시간이며, 그것을 종결로 이끄는 산후우울감의 시간이다.

이것은 어머니 편에서의 포기를 요구하는데, 그녀는 아이의 미래가 당연히 아이에게 속한 것이라는 사실을 더 이상 부정할 수 없기 때문이다. 물론 그녀는 아이의 발달에 영향을 미치겠지만, 아이는 그 전에 이미 스스로를 위한 자리를 만들기 시작한다. 그가 차지한 자리를 인정할 수 있는 그녀의 능력은, 그녀가 아주 어렸을 때 그녀가 자신의 자리를 확보할 수 있었는가에 달려있다. 그녀는 과거에 그녀의 가족 안에서 고유한 개인으로서의, 타자로서의 자리를 갖도록 허용되었었는가? 이것이 종종 아기 우울감과 함께 중심 무대 위로 되돌아오는 질문이다.

아기가 차지해야만 하는 장소의 문제는 출생 후 며칠이 지나도록 체중이 늘지 않는 신생아들에게서 신체적 차원의 문제가 된다. 그 문제는 어머니 자신이 출생 후에 자신을 위한 장소를 발견할 수 없었던 과거의 경험이 메아리로서 되돌아오는 것이다. 우리는 산모가 그녀 자신의 어머니와 가졌던 관계에 대해 이야기할 수 있게 되는 즉시 산후우울감이 사라지는 상황을 자주 만났는데, 그 이유가 바로 여기에 있었다.

나는 한 여성이 두 번에 걸쳐 분만을 하는 동안 그녀를 만났는데, 첫째는 아들 조세프(Joseph)였고 다음 해에 태어난 둘째는 딸 로르(Laure)였다. 그녀는 첫째 아이에게 모유 수유를 할 수 없는 문제로 절망했었다. 모유 수유에 대한 좌절된 욕망은 그녀가 어머니의 표본을 그대로 따르지 못했다는 무의식적인 의무감에서 온 것이었다. 사실 그녀의 어머니는 다섯 명의 아이들 중 누구에게도 모유를 먹이지 않았고, 오히려 모유 수유에 대한 격렬한 반감을 갖고 있었다. 출생 후 시간이 좀 지났을 때, 그 부부는 아기세례식을 성대한 가족 기념행사로 치르게 되었다. 그 행사는 가족 드라마를 드러낸 사건이 되었고, 그들은 그 일을 벌인 것을 후회했다. 그 여성의 남동생은 그 파티에 오기를 거절했고, 그들의 어머니는 파티 내내 그 자리에 어울리지 않는 우울한 얼굴로 앉아있음으로써, 남동생이 가족을 저버린 것에 대한 대가를 결국은 딸이 지불하게 만들었다. 그녀가 이 일을 내게 말했을 때, 그녀는 자신이 아동기 내내 남동생의 이익을 위해 항상 옆으로 밀려났었고, 그녀가 이 사실을 무시하기 위해 늘 노력했었다는 것을 깨달았다. 물론, 사람들이 남은 희망이라도 붙들기 위해 불행을 최대한 이용하려고 하듯이, 이 여성도 그런 현실을 아버지와 더 가까워지는 기회로 사용했고, 그 결과, 특히 부모의 이혼 후에는 아버지와 더 가까워질 수 있었다. 확실히 나중에 그녀가 성공적인 결혼생활을 할 수 있었던 것은 부성적이고 남성적인 이미지와 관련된 측면 덕분이었다. 그러나 질투의 문제는 여전히 중심적인 것으로 남아있었고, 그것은 둘째 아이가 태어났을 때 극도의 불안과 짜증의 형태로 나타났다. 그녀는 자신의 두 아이들 사이에서 질투가 발생할 수도 있다는 생각을 견딜 수 없었다. 그녀의 불안은 그녀가 그들 사이에서 발생할 수 있는 어떠한 거리감도 미리 피할 수 있게 하는 전략들에 대한 끊임없는 생각들에 기인하고 있었다: 그녀가 신생아에게 주의를 기울이는 만큼, 첫아이에게도 똑같이 헌신하고 있다는 것을 알려주기 위해서, 그녀는 아들을 보육 센터에서 데리고 나와야만 했을까? 그녀가 둘째를 안아줄 때, 그토록 신중했던 것은 큰 아이가 기분 나쁘지 않게 하기 위해서였을까? 그 외에도 여러 상황들이 있었다. 조세프를 편애하게 되면서, 분명히 그녀는 자신의 어머니가 그녀와 남동생과의 관계에서 취했던 위치를 그녀의 두 아이들과의 관계에서 취하게 만든 반복 욕동에 점점 더 저항하고 있었다. 그녀의 어머니는 자신의 전능감 속에서, 의심할 바 없이 그녀의 딸이 언젠가는 다시 한 명의 어머니가 될 것이라는 가능성을 생각조차 할 수 없었다. 그 문제를 다루기 위해 그녀의 딸은 세 번의 연속적인 위반을 해야만 했다. 첫째로, 그녀는 출산을 해야만 했는데, 그것은 이미 어머니의 전능성에 대한 도전이었다. 사실상,

그 여성은 세 번을 다시 시작해야만 했는데, 조세프의 출산 이전에 세 번의 자연 유산을 겪었기 때문이다. 둘째로, 그녀는 그녀의 어머니가 주장하는 견해에 맞서 모유수유를 할 수 있어야만 했다; 그것이 첫 아이가 태어났을 때, 그녀가 겪었던 산후우울감의 핵심이었다. 셋째로, 그녀는 그녀의 어머니의 자리에서 그녀의 딸이 아들과 동등하다는 것을 받아들여야만 했다; 그것이 로르의 출생이 그녀에게 불러일으킨 해결되지 않은 문제였다.

안느(Anne)에게는 너무 작은 자리

하루는 리고(Riguad)부인이 너무 많이 우는 문제로 나를 만나기를 요청했다. 그녀는 세쌍둥이의 어머니였다: 그 중 안느는 약 1파운드가 채 안 되는 저체중으로 인해 신생아 병동으로 보내졌다; 막심(Maxime)과 나탈리(Nathalie)는 약간 발달이 늦은 정도였으므로, 캥거루 유닛에서 어머니 옆에 머무르고 있었다. 안느가 산소 호흡기의 튜브로 인해 느낄 고통에 대해 그녀가 걱정하는 것은 당연해 보였다. 그것은 내가 안느를 보러갔을 때 조산아들에게 소량의 진통제가 투여되고 있는 것을 볼 수 있었기 때문이다. 하지만 그 어머니는 안느를 보러갈 수 있고, 아기가 가까운 시일 안에 좋아질 거라는 확언을 들었음에도 불구하고, 이틀 동안 계속해서 울었다.

내가 방으로 들어서자, 리고 부부와 인큐베이터에 있던 나탈리와 맥심이 반겨주었다. 리고 부인은 "이곳에는 방을 채울 만큼 많은 사람들이 있지만, 아직도 한 명이 빠져 있어요"라고 말했다.

세쌍둥이의 출산에 대해 그녀가 내게 해준 이야기는 지엽적인 이야기들로 가득했다. 6년 전에, 그 부부는 첫 딸 모드(Maud)를 낳았다; 그 출산 후 리고 부인은 6개월 동안 지속된 산후우울증을 앓았다. 그 후 5년 간 불임이 지속되었다. 그녀는 벨클레어에서 불임치료를 받았고, 5년 후에 인공수정으로 임신에 성공했다. 부부가 임신 2주 차에 3개의 수정란이 자궁 내에 착상되었다는 의사의 말을 들었을 때, 그들은 수정란의 수를 줄이는 처방이 내려졌다고 생각했다. 이것은 수정란들 중의 하나를 제거하여 다른 수정란의 생존률을 높이기 위한 수술인데, 보통 의사들은 정교함을 요하는 이 수술을 시행하는 것을 다소 불편하게 느낀다: 비록 제거해야 하는 수정란의 선택이 무작위로 이루어지는 것은 아니지만, 그것은 양심의 문제를 불러일으킨다. 그것이, 이 기술의 출현과 함께 르네 프리드만이 윤리적인 성찰을 하게 되었고, 그의 팀이 이 수술에 대해 이중의 제약을 부과했던 이유이다. 원칙적으로 수정란의 수를 줄이는 것은 적어도 네쌍둥이 이상을 임신한 경우를 제외하고는 벨클레어에서 고려의 대상이 아니며, 또한 그러한 경우에도 부부에게 제안을 할 뿐, 그들에게 강요하지는 않는다. 리고 부인의 경우에 다른 병원에서 했던 경험을 토대로 미루어 짐작한 부분이 있었고, 거기에 오해가 겹쳤다. 의학적인 처치로서 수정란의 수를 줄이는 방법이 처방되었다고 믿었던 그녀는 우울에 빠졌으며, 부부는 수정란 중의 하나가 맞게 될 슬픈 운명을 예상했다. 더 집중적인 논의가 진행되면서 그들은 그들의 동의가 필요한 일이라는 것을 확인하게 되었고, 수정란의 수를 줄이는 수술을 거부하고 세 명의 태아 모두를 낳기로 결정했다.

그 이야기를 듣고 난 후, 나는 리고 부인에게 집중치료실로 안느를 보러가서 그 복잡하게 얽힌 상황을 딸에게 설명해줄 것을 제안했다. 적어도 안느는 임신 초기의 비탄과 슬픔이 그들의 아이들 중의 하나를 없애려는 부모의 욕망과 상응하는 것이 아니라는 것을 어머니로부터 직접 들어야만 했다; 안느는 자신이 희생자의 자리를 차지하는 것을 부모들이 요구하지 않았고 그녀가 희생제물이 되는 것을 원하지 않았다는 것을 알아야만 했다. 그녀는 또한 어머니의 입을 통해서 직접 그녀의 치료와 고통에 대한 이유를 들어야만 했다.

나는 3일 후에 안느를 다시 보았고, 그녀의 부모들이 그녀에게 말을 하고 이야기 한 후 몇 시간이 지나지 않아서 호흡기의 관들이 제거되었고, 그녀 스스로 12시간 동안 호흡할 수 있었다는 것을 알게 되었다. 내가 두 번째로 병실을 방문했을 때, 그곳에 혼자 있었던 리고 부인은 내게 그녀가 첫 임신 동안에 겪었던 우울에 대해 이야기했다. 그녀는 첫 번째 출산을 한 후에 시부모들의 행동으로 인해 상당히 힘든 시간을 보냈다. 그때까지 그들은 그녀를 우상화하고 있었지만, 갑자기 모드가 모든 관심을 독차지했고, 그녀는 이제 대리모보다 약간 나은 정도의 취급을 받았다.

그런 후, 그녀는 자신의 출생과 관련된 연상들을 했다. 그녀의 딸 안느처럼 그녀도 가족의 네 번째 아이였다. 그녀는 자신이 원해서 낳은 아이가 아니라는 것을 알게 되었고, 더욱이 그녀의 부모들은 아들을 더 선호했다. 그들은 언제나 그의 이름인 폴을 불렀으며, 그녀가 태어난지 3일이 지날 때까지 이름을 짓지도 않았다는 사실에서 그녀는 부모들이 딸이 태어난 것에 대해 얼마나 실망했었는지를 알 수 있었다. 이에 대한 그녀의 반응은 매우 분명했으며, 긴 시간 동안 그녀의 미래를 결정지었다. 그녀는 착한 아이가 되었으며, 부모에게 짐이 되지 않기 위해 그리고 수용받기 위해 필요한 모든 것을 했다. 그녀가 성인이 되었을 때, 그녀는 누구나 인정하는 전문적인 일에서 성공함으로써 그녀 자신을 증명해보였다. 또한 그녀는 이후로 그녀의 가족을 재정적으로 지원함으로써 그 성공을 가족을 위해 바쳤다. 따라서 그녀의 첫 번째 딸의 출생과, 어떤 면에서는 그녀에게 또다시 그녀 자신을 지워버리도록 요구하고 있었던 시부모들의 행동은, 한 번도 그녀의 것이 될 수 없었던 자리에 대한 기억을 되살아나게 만들었다—"이 방에는 많은 사람들이 있지만 아직도 한 명이 빠져 있어요." 다행히도, 그녀는 어머니가 되기 이전의 전적으로 착한 소녀가 아니었기 때문에, 그녀가 할 수 있는 것은 그녀의 딸의 출생과 그녀 자신의 출생을 슬퍼하는 것뿐이었다. 그 두 번째 대화를 끝내면서, 나는 그녀에게 그녀처럼 부모를 귀찮게 하지 않기 위해 스스로를 지워버리고 있는 것으로 보이는, 그녀의 딸 안느에게 모든 것을 말해주라고 조언했다: 형제자매들과 전체 가족들과의 관계에서 그녀가 어떤 존재였고, 그녀 자신의 자리가 어떤 것이었는지.

  우리가 세 번째 대화를 위해 다시 만났을 때, 나는 안느가 더 잘 하고 있고, 몸무게가 2 파운드 이상이며, 어머니의 젖을 먹고 있다는 사실을 확인했다. 막심과 나탈리는 인큐베이터에서 나올 수 있었고, 리고 부인은 즐거움을 되찾고 있었다. 그런데 이번에는 리고씨가 우울하고 불안정한 상태가 되었다. 그는 아내와 함께 안느를 찾아가거나 그녀에게 말하는 것을 더 이상 견딜 수 없었다. 리고 부인은 남편에게 감추고 있던 생각들을 말하는 지점에 이르렀고, 심지어 그가 마치 다섯 번째 아이처럼 행동한다는 말까지 덧붙였다. 막심은 그의 어머니가 아버지에 관해 말하는 동안 그 대화에 대해 강하게 비판했다. 그래서 나는 리고씨를 만나보겠다고 제안했는데, 그녀는 그가 그들의 삶에 참견하는 것을 원치 않기 때문에 그 제안을 거절할 것임이 확실하다고 말했다. 그녀는 자신이 책임감을 느낀다고 하면서, 그녀가 우리의 첫 번째 대화에 관해 그에게 말해주는 것이 조심스러워서 말해주지 않은 것이 문제였던 것 같다고 덧붙였다. 나는 그가 나의

"침범"에 대해 왜 그토록 당황했었는지를 좀 더 잘 이해할 수 있었다. 그래서 나는 그 오해를 해소하기 위해 리고씨에게 편지를 쓰겠다고 제안했고, 그녀는 그 생각에 기꺼이 동의했다. 나는 리고씨에게 그의 동의 없이는, 그리고 그가 알아야 할 사항을 알리지 않고는, 결코 그들의 삶에 개입하지 않을 거라고 말했다. 5일 후에 그는 아내 앞에서 말 없이 그 메시지를 읽었다; 그는 다시 아내와 함께 안느를 보러 가는 것을 통해서, 모든 것이 더 나아졌음을 행동으로 보여주었다.

안느 자신은 그녀의 어려움에서 벗어나지 못하고 있었다. 그녀는 착용하고 있는 호흡기 튜브를 제거하려고 하면, 후두발작을 일으켰다; 그 튜브가 제 자리에 있으면, 그녀는 산소호흡기 없이도 차분하게 호흡했다. 안느는 아직도 양가적이었다. 달력을 생각하면서, 나는 그 어머니에게 딸에게 말하는 것이 좋겠다고 말했다: "우리는 지금 네가 엄마 뱃속에서 있어야 하는 기간을 다 채우고, 정상적으로 태어나기로 예정되어 있던 날에 도달했단다. 만일 그렇게 태어났더라면, 너는 기계의 도움 없이 스스로 숨쉴 수 있었겠지. 네가 원하는 것이 내가 너를 안아주고, 어루만져주고, 먹여주는 거라는 걸 잘 알고 있단다. 하지만 그 기계가 너에게 연결되어 있는 동안은 그렇게 할 수가 없구나. 가능한 한 빨리 나는 너에게 그런 것들을 해주고 싶어. 네가 엄마 냄새를 항상 맡을 수 있도록 내가 입던 옷을 네 옆에 놓아둘게. 그리고 앞으로 우리가 다시 같이 있게 될 때까지 자주 너를 보러와서 네게 말해줄 거야."

그때 내게 떠오른 것은 그 튜브가 그녀가 상실한, 태반에 연결되어 있던 탯줄의 등가물일 수도 있고, 지금은 충분히 옆에 있어주지 못하는 어머니 대신에 그 자리를 차지하고 있는 것일 수도 있다는 생각이었다. 내가 옳았던 것일까, 아니면 틀렸던 것일까? 나는 알 수가 없다. 그것을 말할 시간이 없었다. 리고 부인, 막심 그리고 나탈리는 그 후 곧 병원에서 퇴원했다. 몇 주 후에 안느는 호흡기 없이 숨쉴 수 있었고, 집에서 가족들과 함께 지낼 수 있었다.

그 후 한참 후에, 나는 안느에게 새로운 문제들이 발생했고, 그로 인해 몇 번 더 입원해야 했다는 소식을 들었다. 안느는 태어난지 1년 만에 살기 위한 투쟁을 멈추고 죽었다. 분석이 모든 것을 할 수는 없다; 그럼에도 불구하고, 나는 분석이 그녀의 삶의 가혹함을 덜어주었기를 바란다.

우울증이 시작되고 만성적인 것이 될 때, 문제는 종종 이런 저런 측면에서 조부모들과 연결된 것으로 거슬러 올라간다. 어머니나 아버지의 출생의 맥락이 다시 표면으로 떠오른다. 사실 아이는 어머니의 부계 혈통과 모계 혈통(그리고 사실상 아버지의 모계와 부계)의 구체적인 실현이다. 아이의 조상들의 기억들을 통해서, 산자와 죽은 자가 그 혈통들 사이에서 나타난다: 그들에 대해 말해진 것과 생략된 것, 가족 내의 죽은 사람들에 대한 언급된 또는 언급되지 않은 찬사. 아이는 이 모든 것을 축약된 형태로 보여준다. 아이는 한 여성이 이 가계의 틀 안에서 갖고 있는 모성적 잠재력의 결과물일 뿐만 아니라, 그 여성이 한 남성, 아이의 아버지, 그리고 그의 가계와 맺는 동맹의 결과물이기도 하다. 거세를 통해 아이를 자신의 자궁의 산물로만 생각하는 것을 포기하는 것은 어머니에게 달려있다. 아이가 상징을 산출하는 거세(symbol-producing castration)를 경험할 수 있게 해주는 것은 바로 어머니의 그러한 거세이다. 잘 알려져 있듯이, 그 거세는 긍정적인 움직임이다: 그것은 가계 안에서의 아이의 자리와 관련이 있으며, 그러므로 아이에게 이름을 지어주는 과정(이름을 선택하는 것, 증인들을 불러모으는 것 등)을 초월한다.

그런 의미에서 산후우울감은, 그것이 힘든 시기를 수반함에도 불구하고, 아이의 삶에 숨을 불어넣어 자유롭게 만드는 효과를 갖고 있다.

아빠의 산후우울감(Daddy Blues)

그렇다면 아버지들은 어떠한가? 그들 역시 거세에 직면한다. 아버지들은 아이를 낳으면 하늘을 날 것 같은 기쁨을 맛보지만, 그 환희는 대가를 지불해야만 한다. 아버지이자 남편이며, 산부인과의사인 르네 프리드만의 예를 들어보자. 그 장면은 한 카페에서 벌어진다. 그의 아내는 곧 분만을 앞두고 있었고, 그는 그곳에서 그녀를 만나기로 되어 있었다.

"누군가가 내게 전화를 한다: '당신의 아내가 아기를 낳으려고 해요. 이리로 오셔야 합니다.' 나는 병원에 도착해서 주의를 둘러보고는 물었다: 프리드만 부인을 보셨나요? 지금 막 분만을 시작했을 텐데요."

"'네, 다 잘 되었어요, 아들입니다, 아기를 보시겠어요?' 그들은 곧 바로 내게 어떤 조그만 녀석을 데려다주었다. 나는 3일 동안 협심증을 앓았다."[7]

아버지는 협심증을 앓을 수도 있지만, 자신만의 방식으로 산후우울감을 겪을 수도 있다. 남자들이 여자들보다 덜 운다는 것은 이런 상황에서 사실로 드러난다. 하지만 그들은 그들만의 방식으로 충격에 휘청거린다: 설명되지 않는 피곤함, 잊어버린 약속들, 운전 중의 실수들, 그리고 산부인과 병동으로 오는 도중에

---

7) R. Frydman, L'irresistible desir de naissance (PUF, 1986), 41.

발생하는 크고 작은 사고들. 사람들은 자주 "쿠바드(couvade)"로 알려진 증후군의 아이러니에 대해 말한다. 쿠바드는 아프리카에서 아버지들이 아내들의 출산 후 일정 기간 동안 침대에 머물러 있으면서, 고립된 채로 활동하지 않을 수 있는 권리를 갖는 관습이다. 산업화 이후의 우리 사회에서는 그런 종류의 의례 행동을 관용해주지 않는다. 하지만 인간은 같은 정신적 원천을 공유하고 있다는 점에서, 그것에 상응하는 것들이 우리 문화에서도 발견되고 있으며, 그 결과 그것들은 양쪽 부모를 동등한 자리에 위치시킨다.

무엇이 문제인가? 아버지의 산후우울감은 어머니의 그것과 동일한 것인가? 완전히 그렇지는 않다. 그 상황은 아버지에게 힘든 것이다. 그때까지 그는 자궁 내에 있는 아이의 발달에 별다른 역할을 하지 못했다는 인상을 가져왔을 수 있다; 그런데 이제 이 작은 것이 모든 관심을 요구한다. 어떤 경우에는 "그것은 여자들의 일"이기 때문에, 또는 의사들의 일이기 때문에, 그는 출산 시기부터 이미 옆으로 밀려난 상태가 된다; 게다가 이제는 아무도 그에게 관심을 보이지 않는다. 그는 의심을 할 수도 있다: 어머니는 항상 어머니이고, 아버지는 항상 불확실하다(mater certa, pater incertus). 어쨌든, 그는 아직 아버지로서 완전히 인정받는 위치에 있지 않다. 그는 의심의 여지없이 "행복한 아버지"라고 가정되지만, 어머니는 그들의 아이와의 관계에서 그의 존재를 확인시켜줄 시간을 가진 적이 없다. 그는 불만을 드러낼 수도 있다. 그리고 그는 "그 축복된 사건"을 위해 산부인과 병동에 제시간에 도착하지 못할 수도 있다. 사람들이 말하듯이, 그에게는 작은 문제들이 발생한다: 지독한 독감, 자동차 고장. 그러나 우리는 그 작은 걱정거리들이 우리를 어디로 이끌지 결코 알지 못한다. 그것은 희극과 비극을 가르는 가느다란 선이며, 우리는 결코 그것의 최악의 상황을 보았다고 장담할 수 없다.

내가 새로운 산모가 기다리고 있는 병실에 도착했을 때, 나는 다리 전체에 깁스를 하고 침대에 누워있는 남편과 그를 도와주기 위해 침대 옆에 앉아있는 산모를 발견했다. 이것은 내가 산부인과 병동에서 마주치게 되리라고는 상상하지 못했던 장면이었다. 이 남성은 아내가 분만하는 날 낙상 사고를 당했다. 그는 병원에 입원해야 했고, 그래서 구급차를 타고 그의 아내와 태어난 아이를 보러 왔다.

그 어머니는 조산의 위험 때문에 임신 7개월에 고위험 임신 병동에서 지내야만 했으므로, 출산에 의해 심각하게 영향 받은 것은 그 혼자만이 아니었다. 그 입원은 그 여성으로 하여금 우리의 대화에 대해 많은 것을 생각하게 했고, 미래에 정신분석을 시작할 결심을 하게 했던 것 같다. 게다가, 그녀는 심한 산후우울감을 보였고, 그 우울감은 그녀의 딸이 호흡기 문제로 캥거루 유닛에 있어야만 한다는 사실에 의해 악화되었다. 따라서 무엇이 문제인지 알기 위한 진단적 평가가 행해졌다.

우리의 대화는 아이의 출생이 그 어머니가 갖고 있는 금기들에 대한 주요한 위반이었다는 것을 알게 해주었다. 그 어머니는 40세 이후에 아이를 낳기 위해 가장 잔인한 가족 내의 금지들에 용감히 맞서야만 했고, 그 점에서 그 출생은 거의 폭력행위와 같은 것이었다. 우리는 그것이 그 어머니가 그것을 이해한 방식이라고 생각할 수 있다. 그녀는 그것을 나에게 말했고, 이야기를 하는 동안 그 금지들이 부모로서의 그들의 어깨를 얼마나 무겁게 짓눌렀는지, 그리고 그녀의 딸의 어깨에 얼마나 더 무거운 짐을 지우고 있는지를 깨닫게 되었다고 말했다. 그녀는 이제 딸의 증상들을 자신을 돌봐달라는 호소로 보게 되었다. 그녀는 마치 그녀의 딸이 그녀와 함께 하는 새로운 가족 단위를 만들어내기 위해 가족의 다툼은 제쳐놓으라고 그들에게 요구하는 것 같다고 말했다.

그 아버지는 아내의 말에 남자답게 반응했고, 아버지로서 그 둘 모두에게 감사를 표했다. 그는 팔에 아기를 안고서, 그곳에 있는 세 명의 주인공들을 감싸고 있는, 강렬한 정서로 채워져 있는 침묵 안에서, 천천히 그리고 섬세하게 딸에게 젖병을 물려주었다. 나는 심지어 네 명의 주인공이라고 말할 수 있었는데, 그것은 아내의 침대에 누운 채로 난생 처음 아이에게 젖병을 물려주면서 눈물을 흘리는 아버지를 보고 있는 나 역시 큰 감동을 받았기 때문이었다.

이 "사고들"의 문제는 그것들이 아버지들을 그들의 신체 수준에서 아동기로의 진정한 퇴행으로 이끈다는 데 있다. 그들은 감염, 독감, 협심증, 감기, 접질리기, 골절, 심지어는 맹장염이나 신장산통으로 병원에 입원한다—아버지를 보살핌을 받아야 하는 아이의 위치에 있게 하는 것이라면 어떤 것도 사용될 수 있으며, 그 동안 진짜 아이는 그의 아내의 주의를 독차지한다. 아버지들에게 있어서 거세는, 그들이 애착되어 있던 자신의 어머니의 이미지를 제거하는 것으로 이루어져 있다. 그들 또한 자신의 출생과 그들에게 주어졌던 자리에 관해 말하도록 유도될 수 있다.

우리 사회에는 아이의 출생 후에 아버지들을 지원하기 위해 고안된 것이 거의 없다. 이것은 그들에게 잠재적인 취약성의 순간인데, 그것은 비록 그들이 분명히 아이를 만든 자로 간주된다고 해도, 그들은 아직 그 용어의 완전한 의미로서의 아버지로는 보이지 않기 때문이다. 사회 조직의 다른 유형들과는 달리, 그들의 공동체 안에는 형제들, 사촌들, 그리고 인척들이 포함되는 경우가 거의 없다. 그 결과, 산후우울감을 겪는 이 아버지들이 보내는 고통의 신호들이 충분히 심각하게 받아들여지고 있는지는 분명하지 않다.

아이의 출생은 한 아버지와 한 어머니에게 무언가를 빚지고 있으며, 그 외의 다른 것에도 빚을 지고 있다. 그것은 말과 상징 세계와 관련된 것으로서, 생리적인 성숙과 사회적 자율성에 대한 모든 질문들을 옆으로 밀어놓는 주제, 즉 아이가 자신이 욕망을 지닌 독립적인 존재임을 인식할 수 있을 때 실현되는 것이다. 그러한 자기 자신으로의 탄생에서 일차적인 것은 타자와의 연결이다―특히 그의 어머니, 그리고 그녀가 자신과의 관계 안에서 아버지의 이름과 기능에 관해 그에게 전달해 주게 될 것과의 연결이다. 그 연결은 어머니가 아이를 단지 그녀 자신의 연속체로서 보는 것을 포기하는 것에 기초해서, 태내의 삶 동안에 확립된다. 그 거세는 산후우울감이 보여주듯이, 그녀에게는 시련이다. 그러나 그 시련은 또한 그녀를 위한, 신생아를 위한, 그리고 아이의 아버지를 위한 구원이기도 하다.

6장

비밀 출산: 태어나면서 포기되는 아이

"비밀은 언제나 귀의 모습을 하고 있다."

—장 콕토(Jean Cocteau)

　세상에 태어나 산후우울감이라는 이상한 문제를 어머니와 함께 공유하는 사치를 누리지 못하는 신생아들이 있다. 이들은 태어난 직후 어머니에 의해 포기되는 바람에 입양가족이 그들을 맞아줄 때까지 양육기관에 맡겨지는 아이들이다. 물론, 프랑스에서 비밀 출산(Confidential Childbirth)이라고 불리는 것은, 산후우울감과는 달리, 많이 발생하지 않는다: 한 해에 500~700건 사이로 추정된다. 그럼에도 불구하고, 그것은 림보 기간에 영향을 줄 수 있다는 점에서, 말해져야 할 필요가 있다.

　잠시 이 문제를 가벼운 것으로 만들기 위해, 우리는 비밀 출산으로 태어나는 아이들이 그들 부모들의 기대들과 상상적 투사들을 다루지 않아도 되는 이점을 갖는다고 말할 수 있을 것이다: "내 아이는 아들이어야만 했는데, 기껏해야 딸이에요"; "내 아이는 나를 닮을 것이고, 그녀의 엄마처럼 미술을 공부할 거예요"; 등등. 그런 기대가 그들을 도울 수 있다. 돌토는 심지어 그것이 그들을 곧 바로 분석 상황에 위치시킨다고 주장한다: "우리 분석가들이 자신을 낳아 준 부모들이 없는 아이와 관계를 맺는 그 순간부터 ... 우리는 그 아이에게 그 자신이 그의 부모라고 말할 수 있다. 혼자서 원색 장면을 나타낸다는 점에서, 그는 사실상 하나의 주체인 상황 속에 있다; ... 만일 그가 우리와 함께 작업한다면, 그는 주체로서의 자신의 자리를 갖게 될 것이고 다른 아이들보다 훨씬 더 자유롭게 될 것이다."[1]

뿐만 아니라 신생아의 경우 처음부터 주체가 된다는 것이 어마어마한 효과를 발생시킨다는 사실을 덧붙일 수 있다: 만약, 정말로 신생아들이 그들의 이야기를 들을 수 있다면, 그들은 대체로 좋은 출발을 약속한다. 사실, 이 신생아들은 그들에게 영향을 미치는 부모들 없이도 그들의 마음 속에 부모들(돌토의 표현으로는 내적 부모들)을 간직하고 있으며, 그들의 부재를 잔인한 것으로 경험한다. 돌토의 임상작업을 관찰하는 기회를 가진 이후로, 나는 비밀 출산으로 인해 심각한 고통에 처한 아이들을 수없이 보아왔다.

내가 산부인과 병동에서 일하기로 결정한 두 가지 이유—이 아이들의 극도의 고통과 그것으로부터 나오기 위한 그들의 비상한 능력—에 대해서는 앞에서 이미 설명한 바 있다. 정신분석가가 신생아들을 찾아가 그들을 경청하고, 그들에게 그것을 말해주어야 한다는 확신을 가질 수 있었던 것은 바로 그들 덕분이었다. 아기가 말의 결핍으로 인해 죽을 수도 있다는 생각을 하게 해준 그들에게 나는 많은 빚을 지고 있다. 그들 때문에 지금도 나는 그들에 대해 증언을 할 수밖에 없다.

---

1) F. Dolto, Séminaire de psychanalyse d'enfants, 2:98-99.

아이들은 생후 아주 초기에 그들의 이야기를 대신 말해줄 수 있는 사람들(아버지, 어머니 등)이 없는 상황에서조차도, 그들의 "과거의 삶"(분리)에 대한 이야기를 이해할 수 있다고 우리가 가정하는 것이 과연 옳은 일일까? 그들의 부모들이나 가계와 아무런 연결도 갖지 못했던 아이들, 산부인과 병동에서 심각한 상황에 처한 신생아들에게 말을 해주기 위해 찾아가는 일에 나는 특별한 흥미를 갖게 되었는데, 나를 그렇게 만든 장본인은 바로 그들이었다. 이 아이들은 그들의 짧은 역사를 "세대를 넘어서는" 흐름 안에 위치시킬 수 없었던 아이들이고, 그래서 다가오는 삶에 의미를 부여할 수 없었고, 그렇기 때문에 도움을 필요로 했던 아이들이다.

비밀 출산은 정신분석가의 일반적인 작업에서 하나의 예외이다: 그것은 첫째, 다행히도 신생아 환자들 중 소수에만 해당되기 때문이고; 둘째, 말의 긴급상황이라는 범주에 속한 것이기 때문이다.

정신분석가는 응급상황에 익숙하지 않다; 오히려, 그것이 시간 개념이 없는 무의식의 소리를 듣는 것을 방해하는 덫으로 작용하는 것을 경계하는 편이다. 그럼에도 불구하고, 비밀 출산의 경우에는 즉각적인 개입이 필수적이다. 부모들에 의해 버려진 이 아이들에게는 맞춤형 보살핌이 필수적이며, 지금은 기관들이 그것을 어느 정도 성공적으로 제공하려고 노력하고 있다. 하지만 그들이 활기찬 삶을 살기 위해서는 그런 노력에 더해서 언어를 통한 진정한 환영을 필요로 한다. 우리는 가능한 한 빠르고 효율적으로 사물들에게 이름을 부여해야 하며, 이 아이들이 그들의 인간성을 받아들이도록 허용해주어야만 한다; 이 점에서의 소홀함이, 분리의 고통과 결합하여, 인간성의 상실로 인도하는 일이 너무나 자주 발생하고 있다.

X로부터 에세뜨(Exette)로

이 사례는 인간에게 이름을 지어주는 것이 갖는 중요성을 명백하게 보여주고 있다. 산부인과 병동에서 임상을 처음 시작했을 무렵, 나는 신생아실의 간호 보조직원과 마주친 적이 있었는데, 그때 그녀는 자주 그랬던 것처럼 "캥거루 스타일"로 아기를 안고 있었다. 즉, 아기와의 지속적인 접촉을 유지하기 위해 아기를 앞치마로 감싼 채 그녀의 배 위에 올려놓고 있었다. 그녀는 내게로 다가왔다: "에세뜨를 소개해 드릴게요!"

"에세뜨? 그게 이 아이의 이름인가요?"

"그게 ... 이 아이는 4일 전에 익명으로 태어났어요. 이름이 없기 때문에 우리는 당분간 그녀를 에세뜨라고 부르기로 했어요."

에세뜨? 어떻게 최첨단의 산부인과 병동에 있는 사람들이 어머니도 없이 병동에 홀로 남겨진 신생아를 그런 식으로 부를 수 있단 말인가? 단순히 식별하기 위한 단어인 "X"와 여성을 나타내는 접미어인 "-ette"를 합친 이 이름은 익명의 여성보다도 못한 명칭이 아닌가! 도대체 그런 상징적인 폭력을 참아주는 사회는 어떤 사회란 말인가?

나는 그 일에 관해 물어보았고, 그녀의 어머니가 아이에게 이름을 지어주기를 원하지 않았다는 것을 알게 되었다. 그런 경우에 통상적으로 그랬던 것처럼 조산원이 그녀에게 이름을 지어주었다: 상드라(Sandra). 그러자 공문서국은 조산원이 아기의 이름을 결정할 권리가 없다는 이유로 그 이름을 철회하라는 명령을 내렸다. 그렇게 해서 모두가 지방법원의 명령을 기다리는 동안 임시로 사용할 수 있는 에세뜨라는 별명이 지어졌다. 그러나 그 "법적" 개입은 잘 모르고 행한 폭력이었을 뿐만 아니라, 법적으로도 근거가 없는 것이었다. 그 일은 혼동으로 인해 일어난 것이었으므로, 우리의 요청에 의해 지방 검사가 공문서국에 편지를 보내자 재빨리 철회되었다. 그 "실수"는 분명히 그 자체의 논리를 가지고 있었지만, 그럼에도 불구하고 "미친 짓"이었다. 그것은 "친자 관계가 확인되지 않은 아동들에게 이름을 지어주는" 권리가 시청에 속해 있다는 잘못된 생각에 기초한 실수였다. 그러나 친자관계의 비밀이 유지되어야만 하는 아이와 친자관계가 알려지지 않은 아이는 다르다. 그러므로 이 일을 바로 잡고 상드라에게 그녀의 이름을 되돌려주는 데는 단지 몇 통의 전화로 충분했다.

그런 후에 나는 그녀의 이야기의 알려진 작은 부분을 탐색하는 일에 착수했고, 내가 그녀에게 말할 때 간호보조 직원을 동참시켰다. "네 이름은 상드라란다." 나는 그녀에게 그녀의 삶의 이야기를 들려주었다. 그 짧은 설명을 하는 동안 그녀는 신체 반응을 통해 무언가를 표현했는데, 나는 그것을 지금까지도 잊을 수 없다. 그녀는 마치 내가 말하고 있는 것을 받아 삼키기라도 하듯이, 입을 벌렸다가 오무리는 행동을 계속했다. 나는 그 "응답"으로 인해 가슴이 뭉클해졌고, 대화가 끝나자 그 보조 직원이 말했다: "그녀를 대신해서 선생님께 감사드려요!" 이것은 아기 편에서 볼 때 단순히 빠는 반사행동이 아니라, 말을 신체적으로 합입하는 행동이었으며, 성인이 귀 기울여 듣고 있는 것과 동일한 신체적 감각이었다.

내가 감상주의의 희생자가 된 것은 아닌가라는 생각에도 불구하고, 부모들에 의해 버려진 많은 신생아들이 보이는 그러한 반복되는 표현들은 나의 두려움을 잠재웠다. 나는 구강 단계에서의 합입이 동일시로 연결된다는 개념과, 상징적 영양분과 같은 생각들을 산출해낸 정신분석의 역사에 감사한다. 그것들은 주체가 생각하고, 개념들을 "엮어낸다"는 사실과, 그 개념들이 무엇보다도 신체에 속해 있는 것이라는 사실을 우리가 이해할 수 있게 해주었다. 이 사례에서, 그 개념들은 그녀가 꼭 붙들고 있던 삶에 대해 미소 짓기 시작한 아이가 보여준 입의 움직임으로 구성되어 있다; 그리고 자신의 배를 통해서 아이와 접촉하고 있던 신생아실 간호사의 이해로 구성되어 있다.

하나의 분리에서 또 다른 분리로

이름 없이 태어난 이 아이들의 운명이 어떤 것인지 나는 알지 못한다. 하지만 비밀 출산의 결과로 태어나는 아이들의 미래는 최종 입양이 이루어지기까지 반복되는 분리와 기다림으로 이루어져 있다.

최초의 분리는 물론 탄생과 함께 어머니로부터 분리되는 것이다. 그 다음에는 병원으로부터 주립 보육원, 일시적인 양육 가정, 또는 아이를 돌봐주는 사람들에게로 보내지는 분리들이 발생한다; 아이가 입양가족에 합류하게 될 때, 거기에는 또 다른 단절이 발생한다. 주위 환경과의 이러한 반복되는 균열들은 아이의 최초의 분리 경험을 다시 활성화시킨다. 이런 사실들을 발견하게 되면서 나는 이 일을 시작했다. 이 아기들 중 일부에게서 나타난 증상들은 병원에서의 출생 후 최초의 시간 동안에 그들이 자신들을 돌보았던 사람들과 형성했던 연결들과 관련되어 있다. 이 연결들은 상징화되지 않았고, 그것들을 끝내는 데 필요한 분리도 없었기 때문에, 그 균열은 임상적인 증상으로 출현할 수밖에 없었다.

그러므로 아이들에게 이 연결들의 한계를 설명해주고, 그것들이 일시적인 것이며, 신생아 병동의 간호사들은 그들의 어머니가 아닌 돌보아주는 사람들이라는 것을 말해주는 것이 필수적이다. 그 외에도, 우리는 그러한 분리가 반복되는 이야기의 일부가 아니라 하나의 중요한 단계이며, 그들의 미래가 기다리고 있는 새로운 시설로 떠나기 위한 출발이라는 말을 덧붙여야 한다: 예컨대, 미래의 입양 그리고 항상 반복되는 분리의 불가피성에 기초한 것이 아닌, 사회적 연결들에 기초한 미래의 모든 분리 유형들이 존재한다.

자신의 어머니로부터 분리되어 입양을 기다리는 동안 병원으로부터 시설로 이리저리 옮겨 다니는 신생아에게 있어서, 떠난다는 것은 때때로 삶에 애착을 형성하지 못한 그가 그 사건에서 어떤 역할을 하지 않고는 배겨내지 못한다는 것을 의미한다. 초기 분리와 관련된 모든 문헌들 안에는 가장 다양한 증상들이 서술되어왔다. 다양한 이론들이 그것들을 설명하는 데 빛을 주었고, 그 중에 가장 널리 알려진 것이 애착이론이다. 하지만 나는 이 책의 2장에서 밝혔듯이 그 이론을 받아들이지 않는다. 그러나 어떤 선택 가능성들이 있었든 간에, 아동기를 시설에서 보내거나 입양된, 문제 아동으로 드러난 이 존재들은 출생 시에 또는 그 이전에 그들의 지각을 통해 혼란스럽게 경험했던 것을 상징적으로 제 자리에 위치시킬 수 없었던 아이들이다.

법률의 상태

입양에 관한 주제는 옆으로 밀어두고, 문제에 대한 주된 원인에 대해 생각해보자: 유기(abandonment). 이것은 과거에 사용했던 단어이다. 프랑스 법은 거의 모든 경우에 경멸적인 것으로 들리는 이 용어의 사용을 금했다. 그 결과 "익명의 출생", "이름 없는" 출생, 그리고 최근에는 "비밀 출산"이라는 용어가 잇따라 채택되었다.

프랑스 사회에서, 특별법은 여성이 출산을 할 때, 아이가 그녀의 아이라고 말할 수 있는 법적 권리를 가진 사람 없이도 출산할 수 있다고 명시하고 있다. 여기에서 말하는 법적 권리를 가진 사람은 시장, 시민단체의 대표자들뿐만 아니라, 분만을 돕는 병원 스태프들, 그리고 아이 자신을 포함한다. 이럴 경우, 생후 최대 3일 후에는 아이를 어머니로부터 데려와야만 하며, 입양을 목적으로 하는 사립 또는 공립시설에 위탁해야 한다.

출생의 비밀은 문서에 기록되고, 건강사회복지부로 보내진다: 최상의 경우, 그 기록에는 아이의 어머니가 생물학적 아버지의 이름과 출생 상황에 관해 말하도록 허용한 것과 금한 것에 관한 정보가 담겨있다. 그것은 또한 어머니가 아이에게 남긴 메시지를 포함할 수도 있다. 그 외에도, 거기에는 어머니가 아이에 대한 친권을 포기한다는, 사회복지사가 인증한 진술서가 포함되어 있다. 아이는 법적 연령에 이를 때 그 기록의 열람을 청구할 수 있고, 원칙적으로, 어머니가 그와 공유하기로 동의했던 비밀을 발견할 수 있다. 그의 양부모들이 동의하고 그와 동행하는 경우, 그는 13세 때 이 기록을 열람할 수 있다.

두 달 동안, 어머니는 마음을 바꿀 수 있고, 아이를 자신에게 돌려줄 것을 요구할 수 있다. 그 기간 이후에는 아무도 그 이별을 막을 수 없다.

현 상태에서, 그 법은 아기를 다루는 다양한 파트너들 사이의 훌륭한 협력을 전제로 하고 있다: 사회복지사, 병원 스태프, 입양 업무를 다루는 공립시설과 사립시설, 그리고 해당 정부기관. 항상 그런 것은 아니지만 30년 전에 행한 돌토의 실험 이후로, 아동복지국과 안토니 보육원, 그리고 "정신과 의사들" 사이의 협력 관계는 이상 없이 잘 진행되어오고 있다. 돌토는 고통받고 있는 아이들을 그녀의 임상에 받아들였고, 그들이 회기 안으로 가져온 증상들과 자료들에 기초해서 그들의 역사의 흔적을 추적했다. 같은 방식으로, 그녀는 아동복지국의 스태프들과 함께, 아이들의 추이에 대해 그들에게 직접적으로 알려주는 것을 목표로 하는 시스템을 완성했다. 아동복지국 스태프들이 아이들을 보기 위해 정기적으로 산부인과 병동을, 그 다음에는 안토니 보육원을 찾아왔고, 현재 취해지고 있는 조치들에 대해 아이들에게 설명해주었다: "우리는 너를 위한 가족을 찾고 있는 중이야", "우리가 너를 위한 가족을 찾았단다", "네가 아파서 가족을 찾는 데 좀 문제가 생겼어" 등등. 이 시스템은 여전히 잘 작동하고 있으며 보육원과 건강 사회복지국, 또는 아동복지국 사이에 보기 드문 공동 작업을 가능하게 하고 있다. 그럼에도 불구하고, 긴급한 문제는 항상 발생한다. 사실, 아동복지국의 스태프들이 비밀 출산에 관한 정보를 받자마자 병원으로 오기는 하지만, 약간의 지체나 조직력의 결여는 빠르게 개입하고 싶어 하는 그들의 욕망을 좌절시킨다. 그 지체는 몇 주가 될 수 있고, 그 동안 아기들은 아무런 말도 들을 수 없다. 그러므로 이러한 사소한 문제들로 인해 이 아이들을 그렇게 긴 시간 동안 무방비 상태로 내버려두지 않는 것이 전적으로 중요하다: 응급 상황에서 그들에게 말해줄 수 있는 방법을 찾아야만 한다. 이것은 내 편에서의 성찰 노력을 요구하며, 병원 스태프들과 다양한 다른 파트너들을 포함한 모든 참여자들의 노력을 요구한다.

또 다른 문제가 병원에서 발생할 수 있다. 아이를 포기한 어머니들이 아이가 병원에 있는 동안에 아이를 보러 가는 것이 금지되어야만 하는가, 아니면 허용되어야만 하는가? 벨클레어에서는 어머니의 결정을 존중하기 위해 아이를 소아과 병동에 머무르게 한다. 그렇지만 우리는 그녀가 아이의 친어머니라는 것을 확인해주는 사회복지사나 조산원과 동행할 경우, 언제든 아이를 볼 수 있도록 허용한다. 그것을 명확하게 금지하는 법조항은 없다. 소아과 병동의 스태프들은 또한 그녀가 아이를 목욕시키거나 돌보는 것을 금지할 권한이 있다고 생각하지 않는다. 그러나 우리는 그녀에게 아기가 병원을 떠나는 즉시, 더 이상 아이에게 접근해서는 안 된다는 점을 설명해준다. 이것이 우리가 이 문제와 관련된 법의 회색 지대를 해석하는 방식이다.

비밀 출산: 스태프들에게 미치는 영향

산부인과 병동에서 처음에 당황스러운 것은 비밀 출산이 일반적인 간호 스태프들에게 영향을 미친다는 사실이다. 비밀 출산은 극적 분위기를 갖고 있고, 그 점에서 조절되지 않은 정서들로 충전된 개인적 행동들을 그리고 심지어 시민 또는 유권자의 반사반응들까지도 촉발시킨다: 찬성 아니면 반대, 좋든지 싫든지, 그것을 방해하든지 그것이 잘 되게 하기 위해 무언가를 하든지로 나뉜다. 우리가 어머니와 아이가 그들보다 더 큰 도덕적이고 이념적인 주제들에 의해 이리저리 휘둘리는 것을 원치 않는다면, 당연히 최소한의 중립성을 지키는 것이 바람직하겠지만, 그것을 행동으로 옮기는 것은 사실상 극히 어려운 일이다. 산부인과 병동에서는 많은 심각한 실수들이 있었고, 여기에 다시 "법률들"이 제 자리를 잡아야만 했다; 즉, 개인적인 결점들의 조절되지 않는 영향들을 통제하기 위해 특정한 규칙들이 확립되어야만 했다. 당시에, 이 실수들은 일부 병원 스태프들로 하여금 일이 벌어진 후에, 자신들답지 않았다고 판단하게 만들었지만, 그것들은 여전히 매우 실감나는 것이었다.

한 번은 "아기 인격"에 대한 민감한 접근만큼이나 전문가적인 진지함을 갖고 있는 재능있는 소아과의사 한명이 비밀 출산으로 태어난 아이를 병원의 다른 쪽 끝에 위치한 소아과 병동으로 옮기는 데 동행해야만 했다. 주립 보육원으로 이송될 때까지 그 병동에서 기다리게 되어 있던 아이는 그 소아과의사와 같은 민족 출신이었다. 그 의사는 자신이 그 아이에게 불행한 운명을 부여했다는 생각에 혐오감을 느꼈다. 두 병동 사이를 이동하는 동안, 그녀는 자신에게 통제할 수 없는 이상한 생각이 떠올랐다고 나중에 나에게 털어놓았다. 그것은 그 아기를 집으로 데리고 가서 자신의 아이들과 함께 키운다는 생각이었다. 더 이상 이유를 생각해보지 않은 채, 그녀는 마음속으로 아기에게 말했다: "불쌍한 어린 것, 내가 너를 집으로 데려가 내 아이와 함께 키워줄게. 너는 이제 좋은 가족을 갖게 된 거야."

그 저항할 수 없는 생각은 복도를 걸어가는 내내 그녀를 사로잡았고, 그녀는 한 순간에 자신의 삶을 뒤집어놓을 준비가 되어 있었다. 하지만 그녀가 나중에 내게 말했듯이, 그녀의 몸 안에 있는 불가항력적인 어떤 것—그녀의 하얀 의사 가운이었을까?—이 그녀를 제지했고, 그 결과 그녀는 소아과병동으로 달려가 다른 동료들을 만났고 이성을 되찾았다. 이 경우, 그녀는 다행스럽게도 그녀의 충동에서 벗어날 수 있었다. 그러나 가장 저항할 수 없는 충동들은 종종 가장 집요하기 때문에, 그리고 무의식은 "의식의 검사"에 의해 잠재울 수 있는 것이기 아니기 때문에, 그녀는 자신의 욕망의 작은 흔적을 남겨놓았다. 그녀가 그토록 잘 지켜오던, 의사로서의 기본적인 안전 원칙들을 지키지 못한 채, 그녀는 동료 의사들에게 그 아이의 어머니가 당뇨병을 앓고 있고,

그래서 아기의 혈당 조절이 필요하다는 사실을 알려주는 것을 잊어버렸다. 다행스럽게도, 그 실수는 빠르게 확인되었고, 바로잡아졌으며, 아이는 원래대로 제대로 된 보살핌을 받았다.

어떻게 고도로 훈련된 전문가들이 그들의 의무들에서 벗어날 수가 있는 것일까? 병원에 있는 동안 이 "비밀의 아이들"은 그들의 어머니들로부터 단절된 채, 황무지 또는 무중력 상태, 즉 모든 사람에게서 일깨워질 수 있는 부모가 되는 가능성에 대한 환상세계 안에 자신이 있다는 것을 발견한다. 사람들은 누구나 이런 아이들의 부모가 되라는 부름을 받았다고 느낄 수 있다. 나는 이 느낌이 반드시 의식적인 것이라고는 생각하지 않는다. 그럼에도 불구하고, 누군가는 한 순간 그 상상적인 호소에 굴복할 수도 있다. 그렇지만 그 반응들이 반드시 "너그러운" 것만은 아니다. 그것들은 종종 부정적이고 거절하는 것으로, 그리고 대부분 도덕을 강요하는 것으로 드러난다.

한 번은, 비밀 출산을 한 어머니가 아기를 보는 것을 거절했다. 그녀와 같은 민족 출신이었던 인턴은 입양을 허용하지 않는 같은 공동체에서 온 이 여성이 아기를 포기할 수 있다는 생각을 견딜 수 없었기 때문에, 분만실로 달려가 거의 강요하다시피 아기를 그녀의 팔에 떠안겼다. 그는 그녀에게 아기가 정말 아름답다는 말과 함께, 그녀는 아기를 잘 돌봐야 하고, 잘 안아주어야 한다고 했다. 또 한 번은 마취과 의사가, 비밀 출산을 하는 젊은 어머니가 경막외 마취 상태에서 분만의 진행 상태를 이해하기에는 너무 어렵다는 판단 하에, 그녀에게 그런 종류의 마취제를 처방할 수 없다고 결정했다. 그 어머니는 자신의 아기를 포기한 대가로 고통을 당해야만 했을까? 나는 그곳의 조산원에게 비밀 출산이 아니었다면 누구나 당연히 누릴 수 있었을 권리를 그 여성이 행사할 수 있도록 개입해 줄 것을 개인적으로 요청했고, 그렇게 해서 마침내 그녀에게 경막외 마취제가 투여될 수 있었다.

또 다른 경우에는 공공 기록부서의 공무원이 비밀 출산을 한 어머니가 결정한 "모하메드(Mohamed)"라는 이름을 거부하고 나섰다. 그 이유는 그 이름이 너무 민족적인 것이고 "그 불쌍한 아이는 이미 충분한 문제들을 가지고 있기 때문"이라는 것이었다. 그런가 하면, 유기된 아기를 돌보면서 계속해서 "내 불쌍한 어린 것"이라고 부르는 간호사도 있었다. 이처럼 "불쌍한 어린 것"으로 불리는 아이가 어떻게 나중에 성숙하고 행복한 인간이 되기 위한 노력에서 어려움에 부딪치지 않을 수가 있겠는가?

그러한 부적절한 반응들, 또는 최소한 비밀 출산을 요청하는 여성들의 의도에 대한 비판에서 벗어나는 것은 어려운 일이다. 그러나 이 문제와 관련된 병원 스태프들의 부담감은 내가 비밀 출산의 요구들을 다루기 위한 절차들을 다듬어나가는 과정에서 어느 정도 완화될 수 있었다.

말의 응급상황: 피에르뜨(Pierrette)의 여정

피에르뜨의 사례는 아이를 "포기(giving up)"하는 행동 안에서 "주는(giving)" 것이 갖는 역할을 잘 보여준다. 그 사례는 내가 고통 속에 있는 이 여성들을 존중하고 환영하는 절차에 관해 많은 것을 성찰하도록 이끌었다.

13세인 피에르뜨는 임신 7개월이 조금 넘은 시점에 벨클레어를 찾아왔다. 그녀는 아기를 낳기 원했고, 그녀가 처한 상황을 설명했다. 그녀는 자신의 어머니와 함께 왔다. 피에르뜨의 요청으로 나는 그들을 함께 만났다. 그들은 매우 가까운 것처럼 보였지만, 실제로는 서로를 거의 알지 못했다. 피에르뜨는 3세 이전에는 그녀의 부모들을 가끔씩만 만날 수 있었고, 그 후로는 그들을 보지 못했다. 피에르뜨의 어머니는 아프리카의 사하라 남부 출신으로 피에르뜨가 3개월이었을 때 그녀의 남편을 따라 학업을 위해 프랑스로 왔다. 그녀는 딸을 고국에 살고 있는 여동생에게 맡겨두었다. 피에르뜨가 태어난지 3년이 되었을 때, 그녀의 아버지가 반체제 인사로 지목되면서, 그들의 귀국이 금지되었다. 피에르뜨의 남매들은 프랑스에 망명할 수 있었던 반면, 피에르뜨는 사하라 남부 아프리카의 이모 집에서 자랐다. 우리가 만나기 바로 얼마 전에, 그녀의 아버지가 심장마비로 사망하는 일이 발생했다. 그제서야 어머니는 그때까지 거부당해왔던, 가족을 재결합할 수 있는 권리를 획득했다. 피에르뜨가 가족에게로 돌아올 수 있었던 것은 아버지의 죽음 덕분이었다. 그렇게 해서 그녀는 프랑스로 왔다.

이민을 위한 건강검진 과정에서, 피에르뜨가 임신 중이라는 사실이 발견되었다. 그녀는 당시에는 임신한 사실을 몰랐다고 말했다. 더욱이 그녀는 그 직전에야 생리를 시작했고, 성관계에 대해서 아무것도 알지 못한다고 말했다. 그녀에 따르면, 그녀를 강간한 것은 친구의 오빠였다. 어쨌든, 그녀는 임신했다는 것을 알게 되면서 프랑스로 왔고, 어머니와 재회했다. 어머니가 그 사실을 알았을 때, 그녀는 딸을 벨클레어에 데려오기로 결정했다. 상황을 고려해서, 나는 문제의 세부사항들에 대한 여러 가지 시나리오들을 세웠다: 기관, 입양 가족, 아이가 할머니에 의해 양육될 수 있는 가능성, 비밀 출산. 나는 그들이 이 일에 대해 심사숙고한 뒤 다시 만날 것을 제안했고, 그들은 그렇게 하기로 했다.

두 번째로 만났을 때, 대답은 준비되어 있었고, 그들은 한 목소리로 말했다: "우리는 아기를 선물할 거에요!"

사실 아기는 사랑스러운 선물이요, 익명이어서 더욱 귀중한 선물이다. 그리고 그들은 각각 그 이유를 말했다. 피에르뜨의 어머니는 좋고 나쁜 점을 따져보았다고 설명했다: "제가 그 아이를 돌보고 싶었을 수도 있을거에요. 만약 제 남편이 살아있었더라면, 분명히 가능했을 거에요. 하지만 지금 전 너무 깊은 슬픔에 빠져있고, 아직은 그 아이를 키울 여력이 없어요."

피에르뜨는 더 간결했다: "저는 13살이고, 어머니가 될 수 없어요. 저는 학교에 가고 싶어요."

따라서 아기는 아동복지국에 위탁하는 것으로 결정되었다. 그들은 아기의 미래에 대해 의논했다. 피에르뜨는 그 아기를 보는 것은 거절했지만, 아기를 위해 "기도"하겠다고 약속했다. 할머니는 그녀의 입장에서 무언가를 전해주겠다고 고집했다. 그녀는 딸의 동의를 얻어서 분만 시에 딸을 도와주고, 아기에게 첫 이름과 중간 이름을, 그리고 메달을 주고 싶다고 제안했다. 비밀 출산에 대한 기록이 그렇게 상세한 경우는 드물다. 분만 후에 아기의 할머니와 나는 아기에게 말하기 위해 갔다. 피에르뜨는 강간과 그녀의 신분에 관한 문제를 제외한 모든 것을 아기에게 말해달라고 부탁했다. 아기는 건강했다. 할머니는 눈물을 흘리며 처음부터 끝까지 아기를 안고 있었다. 우리 두 사람은 아기에게 그의 아버지는 그가 태어난 것을 알지 못하며, 그의 행동은 사랑으로 이루어진 것은 아니었지만, 그의 어머니는 그가 또 다른 가족 안에서 사랑을 찾기를 바라고 있다는 사실을 말해줄 수 있었다. 또한 할머니는 그녀가 아기에게 해줄 수 있는 모든 기원들을 마음을 담아 말해주었다. 아기는 소아과병동에 있다가 그 후에 주립보육원으로 보내졌다.

위에서 알 수 있듯이, 나는 의도적으로 어떤 조언이나 평가를 하지 않았다. 비밀리에 출산하기를 원하는 여성들의 요청을 맞이할 때, 조언이나 평가는 고려사항이 아니다. 이 대화들을 나누는 동안, 나는 결코 판단이나 격려를 하지 않는다. 절차에 관해 확고한 태도를 유지하는 것으로 충분하다: "엄밀한 의미에서 말하자면, 어떤 것도 당신 없이는 결정되지 않을 것입니다. 사회복지사와 저는 법이 당신에게 허락하는 가능성들과 당신의 협조가 아기에게 미칠 중요성을 명확히 알려주기 위해 여기에 있습니다. 하지만 결정은 당신에게 달려 있습니다."

이 대화들을 하는 동안, 나는 이 두 여성들의 감동적인 여정이 그와 같은 적극적인 중립성에 대한 웅변적인 호소가 되기를 희망한다. 물론, 피에르뜨는 아직 어린 나이였고, 그녀의 아기에게 아무런 미련도 없이 아기에게서 벗어나기를 원하고 있었고, 그럴 정도로 아이였다. 이것은 물론 그녀가 3개월 된 아기였을 때 유기의 희생자가 되었던 일을 반복하고 있는 것일 수도 있다. 그리고 그것은 그녀가 인정하기를 거부했지만, 그녀가 주는 그 "선물"이 그녀에게는 절대로 진정한 선물이 될 수 없었던 어떤 것을 지워버린 사건임이 분명했다. 그 선물은 "포기"였던 것만큼이나 진정한 선물이었다: 그것이 피에르뜨와 그녀의 어머니 사이에서 의논되고 말해진 것이었다.

비밀 출산을 다루기: 나는 나의 절차들을 어떻게 발달시켰는가

힘든 상태에 있는 주체들을 앞으로 나갈 수 있도록 하기 위해서, 나는 이 어머니들의 고통을 존중하는 마음으로 귀 기울여 듣고, 그들을 지원하고, 그들이 당면해 있는 긴박한 상황 속에서 그들과 함께 작업하고, 그들의 아이들에게 말해주도록 허용하는 일반적인 절차에 관해 생각해야만 했다.

내가 벨클레어 병원에 도착했을 당시에는 비밀 출산을 요구하는 어머니들을 사회복지사들에게 보내는 것이 일반적인 관례였다. 우리는 사회복지사들과 함께 그 문제에 관한 연구 집단을 조직했다. 그것은 산부인과 병동뿐만 아니라 아동복지국에 위탁된 아기들 대부분을 수용하는 안토니 보육원의 책임자들과 함께 의견들을 교환하고 작업하자는 생각에 기초한 것이었다. 산부인과 병동의 스태프들과 그 일이 자신들의 임무라고 느꼈던 소아과의사들이 그들의 지위에 개의치 않고 이 모임에 참여했다. 병원 외부에서는 안토니 보육원의 스태프들, 아동복지국과 입양부서의 간부들, 그리고 지역사회 조직의 구성원들이 참여했다. 격월로 열린 이 모임은 진지하고 열정적이었다. 아이들에게 지어주는 이름으로부터 시작해서 시행되고 있는 법률에 관한 것들, 가능하고 가능하지 않은 것들, 애매모호하거나 막연한 모든 것들이 논의되었다. 한 번은 위급한 상황에 있는 신생아들에게 말해줄 필요성에 대해 논의하게 되었고, 그 목표를 현실화할 수 있는 방법에 대해 고민하게 되었다. 아이에게 최상의 유익을 주기 위해 협력한다는 모든 사람들의 열망에도 불구하고, 나의 임상 실제는 법적 보호 대리자의 역할을 맡고 있는 가족 심의회에 의해 반박되었다. 그들은 자신들이 아이에게 말해줄 내용을 선택할 권한을 가지고 있고, 내게는 직접적으로 개입할 권한이 없다고 주장했다. 그러나 나는 그 반대를 무시했는데, 그것은 그러한 도움을 받기 위해 너무 긴 시간이 요구되는 바람에 아이를 오랜 시간 동안 미해결 상태에 남겨둔다는 사실을 내가 너무 잘 알고 있었기 때문이었다.

나는 응급상황이 발생할 경우, 비밀 출산으로 태어난 아기를 위해 주말에도 연락을 받을 수 있으며, 그 아기에게 말하기 위해 병원에 올 것이라는 사실을 사람들에게 알렸다. 이것은 응급상황에서는 전체적인 붕괴가 발생할 위험이 있기 때문에, 가능한 한 빨리 개입해야 한다는 생각을 실천하기 위한 것이었다. 그런 경우, 태어난 아이는 태아기의 모든 지각들로부터 완전히 단절되어 있다; 누군가는 이 지각들에 이름을 주고, 의미를 주고, 자궁 내의 과거와 현재, 그리고 아이의 미래 사이의 틈새에 다리를 놓아주기 위해 거기에 있어야만 한다.

이것은 상대적인 또는 "예방적인" 응급상황이다: 그것의 목적은 치료보다는 재앙의 예방에 더 초점이 맞춰져 있다; 정신의 문제에 있어서 치료한다는 것은 터무니없는 것이 될 것이며, 정신분석가에 의해 행해지는 폭력적인 행위에 지나지 않을 것이다. 하지만, 그것은 응급상황이다. 물론, 우리는 때때로 아프고, 자살을 시도하거나 자신을 죽게 내버려두는, 퇴행하기를 원하는 신생아에게 말을 해야만 한다: 이것들은 증상에 대답하는 것과 관련된 말의 응급사태이다. 그러나 비밀 출산의 경우, 증상은 사회적인 것이다; 우리는 그것이 사회적인 것임을 알고 있기 때문에 빠르게 행동해야만 한다. 만약 아무도 개입하지 않는다면, 거기에는 임상적으로 "진짜" 증상들이 나타날 것이다.

이 문제를 진지하게 취급해야 한다는 확신은 아이들과 그들의 어머니들 외에도 다른 사람들 특히 스태프들에게 영향을 준다. 이 아이들을 어디에 있게 해야 하는지, 또는 누가 그들을 보살펴야 하는지 아는 사람이 아무도 없는 곳들에서 일했던 나의 동료들의 보고에 비추어 본다면, 벨클레어에서의 상황은 훨씬 더 건강한 것이다. 여기에서 우리는 할 수 있는 일과 할 수 없는 일을 알고 있다. 모든 사람들이 그것이 응급상황이라는 것과 정신분석가를 불러야 한다는 것을 알고 있기 때문에, 비밀 출산을 한 산모를 돌보는 것에 대해 스태프들은 더 이상 모호함이나 불안감을 느끼지 않는다. 그것은 그들의 일의 효율성을 위태롭게 하던 스트레스가 줄어들었다는 것을 의미한다. 그것이 내가 선임 고문의사의 동의하에 비밀 출산에 특별히 개입하는, 양쪽 병동(산부인과와 소아과)에서의 실제 상황이다.

마찬가지로, 내가 아기들에게 그들의 삶에 관해 말할 때, 나는 반드시 누가 그들을 돌보고 있고, 그들에게 무엇을 해줄 수 있는지를 설명해준다: "아무개가 너를 돌보고 있단다, 그녀는 네가 슬플 때 위로해주고, 배가 고플 때 먹여주기 위해 거기에 있어 ... 그게 그녀의 일이란다. 언젠가는 네가 그녀와 헤어지게 되겠지만, 너를 데려갈 입양가족을 찾을 때까지 너를 보살펴주는 사람이 항상 네 옆에 있을 거야."

이 단순하고 명확한 말들은 보살펴주는 사람들이 상황을 편하게 받아들일 수 있게 해주는 이점이 있다: 왜냐하면 그들은 조만간 대체될 수 있다는 말을 들을 때, 자신들이 모든 정서적 부담을 짊어지고 있는 "어머니들"의 대리자라는 생각에서 벗어날 수 있기 때문이다. 그 외에도 나는 내가 무엇을, 왜 그렇게 하고 있는지를 그들에게 말해준다. 나는 그들의 책임이 아닌 것에서 그들을 풀어주고, 그 결과 그들은 신생아들의 유익을 위한 모든 것을 할 수 있을 뿐만 아니라, 내가 내 자신의 책임을 다할 수 있도록 도울 수 있다. 이러한 상호적인 반영은 다양한 팀들이 조화롭게 협력할 수 있는 상황을 만들어준다.

특정한 절차가 존재하지 않았던 당시에는 "이름 없는" 아이들은 캥거루 유닛에 있었는데, 그곳이 그들을 응석받이로 키우는 유일한 장소라는 주장이 있었다. 사실상, 그 주장은 많은 경우 사실이었고, 간호 스태프들은 일반 신생아들보다 그들을 더 잘 돌봐주려고 경쟁했다. 이 아기들에게는 온갖 종류의 띠와 리본이 매여져 있었다; 봉제장난감들과 자수를 놓은 외출복으로 둘러싸인 채, 최신 자동차 안전시트에 앉혀지곤 했다; 모든 사람들이 그들에게 말을 걸었고, 그들과 함께 시간을 보냈다; 그들은 "그들의" 아기들이었다. 하지만 불안의 수위는 그런 것들과 상관없이 낮아지지 않았다. 그 불안을 낮추기 위해 우리는 어머니-아이 단위라는 캥거루 유닛의 정의를 다시 생각해보아야만 했다: 부모들에 의해 포기된 신생아들은 어머니와 아이 사이의 연결을 강화하기 위해 만들어진 유닛에서 무엇을 하고 있는가? 그렇게 해서 "이름 없는" 아이들이 집중치료가 필요한 경우에는 신생아 병동으로 가고, 그렇지 않은 경우에는 소아과 병동으로 가는 것으로 결정되었다.

피에르뜨 이야기를 하면서, 나는 비밀리에 출산하기를 원하는 사람들은 나를 만나는 것이 의무적이라고 말한 바 있다. 그것은 모든 경우에 적용되지 않았는데, 여기에서 다시금 하나의 절차가 자리 잡게 됨으로써 그것이 가능해졌다. 과거에 나는 아이를 포기하고 싶어 하는 임신한 여성들을 만나고 싶은 욕망에도 불구하고, 거의 그들을 만날 수가 없었다. 왜냐하면 그들을 만나는 사회복지사들에게 그 임산부들이 편한 시간에 나를 만나도록 제안해줄 것을 내가 요청했기 때문이었다. 어머니들은 자주 나와의 만남을 거부했는데, 마침내 나는 그 거부의 이유가 열에 아홉은 오해 때문이라는 것을 알게 되었다: 명백하게 그들은 내가 자신들에게 설명을 요구할 거라고 상상했다. 내가 이 모험을 함께 수행했던 두 명의 사회복지사들이 그들의 재능을 다른 곳에 사용하기 위해 그곳을 떠났을 때, 나는 그들의 후임자들과 함께 같은 절차를 계속해서 수행했다.

나는 응급 상황에서, 엄밀한 의미에서의 정신분석가가 아니라 병원에 대한 요청이라는 틀 안에서 정신분석적 훈련을 받은 전문가로서 기능하고 있다고 느끼게 되면서, 나중에 의무적인 상담을 수용했다. 그 결과 어떤 여성이 비밀 출산을 위해 산부인과 병동에 오면, 이제 그녀는 다음과 같은 말을 듣게 된다: "벨클레어 병원에서 비밀리에 출산을 원하신다면, 사회복지사와 슈제이 박사를 만나셔야만 합니다."

친모와의 대화는 이야기를 듣고 계획을 세울 수 있는 기회가 된다. 이것은 의료적인 비밀보장을 능가하는 전문적인 비밀보장 하에서 행해진다; 즉, 나는 법률적인 설명에 대한 환자의 반응들을 제외하고는, 대화의 내용을 의료기록으로 남기지 않는다. 특히 어머니가 아기를 출산 후에 보고 싶어 하지 않는 경우에는 내가 아이에게 가서 말을 해야만 하므로, 나의 목적은 아이에게 전달되어야 할 것을 충분하게 명료하게 아는 것이 된다. 이 정보의 개요를 가장 권위 있는 출처로부터 얻는 것이 가장 중요하다. 종종 크게 놀랄만한 일들이 발생한다. 내가 충분히 고려하지 않은 채 비밀 출산에 대한 요청이 필요하다고 미리 판단했던 경우는 있지만, 면담 중에 나의 마음을 바꾸지 않았던 경우는 아직 없다. 이 여성들의 신실함, 그리고 분석가와의 면담 요청에 대한 반박할 수 없는 이유들을 논의하는 과정에서, 종종 그들이 발견해내는 것은 다른 어떠한 고려도 능가한다.

놀라거나 마음을 바꾸는 사람은 나만이 아니다. 한 젊은 여성이 나와 대화하는 과정에서 비밀 출산을 원한다고 말했다. 그녀는 아이와 어떤 것도 하고 싶어 하지 않았다; 그녀는 남자친구와 함께 살고 있으면서 아기를 임신했지만, 그 남자친구는 그녀를 별로 사랑하지 않는다는 것을 알게 되었고, 그래서 그와 헤어졌다고 말했다. 그는 그녀가 임신한 사실을 모르고 있었다. 그녀는 또한 그녀의 가족들이 임신에 관해 아는 것을 원하지 않았다. 그녀는 자신이 "궁지에 빠져있고", 실직했기 때문에 아기가 그녀와 함께 있는 것보다는 진짜 가족과 있는 것이 더 나을 거라고 말했다. 그 이야기를 듣고 있다가 나는 무심결에 불쑥 말했다: "하지만 결국 당신은 그 아기를 원했군요!"

나는 그들이 임신 가능성을 충분히 알고 있는 상태(그들은 피임을 하지 않았다)에서 아이를 갖게 되었다는 사실 외에는, 내가 무슨 말을 하고 있는지 정확히 알지 못했다. 그녀의 눈이 휘둥그레졌고, 그것이 정말로 그녀가 생각하고 있던 것임이 확인되고 있다고 느껴지는 순간, 나는 내 말이 무의식적 욕망을 드러내는 일종의 해석이었다는 것을 알 수 있었다.

그 말은 그녀에게 영향을 미쳤고, 다음 만남에서 그녀는 아이를 포기하지 않기로 결정했다. 그녀는 그 두 번째 만남에 자신의 속마음을 털어놓을 수 있는 친구 한 명을 데리고 왔다. 나는 우리가 나눈 이야기를 그 친구에게 말하도록 그녀를 격려했다. 그녀가 변했다고 말하는 것으로는 부족하다: 그녀는 밝게 빛났고, 그녀의 배는 당당하게 앞으로 나왔으며, 자신이 마치 동화 속에 살고 있는 것처럼 느껴진다고 말했다. 그녀는 아이에게 아버지를 주기 위해 남자친구와 인생을 함께 할 필요가 없다는 것을 깨닫게 되면서, 남자친구와의 연결도 다시 확립했다. 그녀가 이해한 바에 따르면, 그는 엄격히 말해서 아기를 갖는다는 생각에 열의를 보이지 않았다. 우리 두 사람은 아기가 태어났을 때, 그 아기가 그를 사로잡게 되는 일이 일어날 수도 있다고 생각했다; 또는 아기는 이미 경고를 받았을 것이기 때문에, 자신을 운명에 맞출 수 있을 만큼 충분히 강할 수 있을 것이다. 아기와 어머니는 확실히 새로운 탄생을 환영하고 지원을 약속하는 가족의 도움을 받게 될 것이다.

우리의 대화에 대한 이 설명은 나로 하여금 몇 가지 일반적인 오해들을 불식시키는 것을 가능하게 한다. 그 오해들 중 첫 번째

것은 일부 사람들에게 비밀 출산은 낙태에 대한 임시방편으로 기능한다는 생각이다. 나는 이것이 현실에서 실제로 일어나고 있는 일이라고는 생각하지 않는다; 어쨌든 나 자신은 그것을 관찰한 적이 없다. 이 젊은 여성은 어떤 조건에서도 낙태를 하지는 않을 것이지만, 그 아이를 재정적으로 지원하는 방법을 알지 못하고 있다. 두 번째 오해는 입양이 어떻게 진행되는 것인지 묻는 여성들에게 설명을 해줌으로써, 우리가 그들이 아이를 포기하는 것을 부추기고 있다는 생각이다. 이런 생각과 관련해서, 이 사례는 오히려 그 반대가 사실임을 증명해준다.

그러한 대화는 또한 유익한 정보를 제공하는 목적을 가진다. 우리는 어머니들과 함께 매우 꼼꼼하게 파일을 작성한다. 나는 그들에게 법적 권리들을 다시 한 번 말해주고, 아이들에게 무엇을, 어떤 방법으로 전달하기를 원하는지 묻는다: 편지, 물건들, 또는 직접 아이에게 해주는 말들. 우리는 무엇을 말해주어야 할지, 무엇을 제외해야 할지, 아버지를 언급할지, 말지 또는 어떻게 언급할지 등을 그들의 동의 하에 함께 생각한다. 일부 병동들과 보육원들에서는 간호 스태프들이 아기의 첫 몇날에 대해 쓴 기록들과 사진들을 담고 있는 작은 책자가 그 파일에 추가된다. 벨클레어의 소아과 병동 팀은 이 아이들에 대한 관심을 나타내는 짧은 구절들을 담고 있는 소책자를 만든다: "넌 오늘 정말 잘 먹었어 ... 어제는 하루 종일 울었지 ... 정신분석가가 너를 보러 왔고, 너에게 말해주었지, 그 이후로 너는 정말 잘 자고 있단다!" 소책자들은 어머니들이 그들의 아이들을 위해 정성스럽게 만든 사진첩들과 마찬가지로, 아이들을 위한 것이다. 그것들은 그들이 중요한 존재라는 것을 나타낸다. 그것들은 입양아들의 가장 소중한 소유물이다; 그들은 첫 순간들에 대해 말해줄 어머니들을 갖고 있지 않기 때문에, 이 작은 책자들이 그들의 삶의 첫 순간들에 대해 말해주는 유일한 증인으로서의 역할을 담당하게 된다.

아기에게 말하는 것은 어머니들을 지원하는 것 못지 않게 중요한 또 하나의 핵심적인 일이다. 아기는 자신으로서는 아직 이해가 되지 않는, 그리고 타인들에게는 금기 사항인 분리를 겪어왔다. 어떤 방식으로든, 누군가는 그에게 그것에 관해 말해주어야만 한다: 그의 어머니; 가능하다면, 정신분석가; 또는 적어도 말들이 태아기 지각들 위에 자리잡고 기억이 되는 과정에서 함께 해준 제 3의 봉사자. 신생아가 그의 삶의 첫 순간들 안에서 자신의 존재감을 느끼게 해주는 이 요소들—냄새, 따스한 온기, 어머니의 목소리와 모국어, 어쩌면 아버지의 목소리, 가족의 분위기, "가족 이야기들"—이 영원히 상실된다면, 그것들은 되찾아져야만 한다. 아이에게 말할 수 있다고 느끼는 사람, 어머니를 통해서 그의 역사를 아는 사람, 또는 그 부모들이 그에게 무엇을 전달하기를 원했는지를 아는 사람, 이들 모두는 이 일에 개입해야 할 의무를 갖는다. 다시 한 번 말하지만, 연결을 확립하는 유일한 수단은 말이다. 말은 아기의 유익을 위해서 아기에게 소리로 표현될 것이고, 삶에서 그에게 주어진 것에 의미를 부여할 것이다. 그 사람은, 말하자면, 어머니와 아이 사이의 중개자요, 메신저이다. 그는 설명을 하는 사람이지, 위로하는 사람이 아니다(그 일은 간호 스태프들이 더 잘할 수 있다). 그가 아이에게 말할 수 있는 것은 그 어머니의 요청이 있었기 때문이다. 문제가 있는 대부분의 사례들에서, 어머니가 아무런 흔적을 남기지 않고 떠났을 경우, 아이에게 말해줄 수 있는 것이 그의 출생 환경에 관한 것밖에는 없는 것이 사실이지만, 그래도 우리는 아이에게 그것을 말할 수 있어야 한다.

내 편에서 공식적으로 보이는 것이 필수적이라는 사실은 아무리 강조해도 충분치 않은데, 그것은 최종적인 분리가 신생아에게는 시련이기 때문이다. 프랑스 법률은 철회 기간을 3개월에서 2개월로 축소했다. 설령 그 기간을 6주로 축소한다고 해도, 확실치 않은 상징적 공간에서 무중력 상태로 있어야만 하는 신생아에게는 여전히 너무 긴 시간일 수 있다. 한 인간이 스스로를 인간으로 생각할 수 있기 위해서는, 산후우울감과 관련해서 내가 말한 단절을 거쳐야만 한다. 비밀 출산으로 태어난 아이에게 있어서, 외부의 말이 그 단절을 가져오는데, 그것은 발달을 위해 필수적인 일종의 심리적 기반을 구성한다. 그 말은 그 후에 결코 침묵을 강요받아서는 안 된다. 하지만 우리는 종종 그런 일이 일어나는 경우를 보게 된다; 아이는 비밀의 구덩이 속에 빠지는 일 없이 성장할 수 있어야만 한다. 그때 그는 그보다 앞서 발생해서 그에게 스며들어 있는, 매우 특정한 역사 안에 자리를 잡을 수 있다.

그 절차의 모든 원칙들은 단순하다. 내 생각에 그것들의 장점은 종종 정보를 갖지 못한 미래의 어머니들에게 정보를 줌으로써, 그들이 사실에 대한 충분한 지식을 갖고서 결정할 수 있게 되는 것이다. 어머니의 말을 경청하기, 그들과 작업하기, 이미 결정이 내려진 경우 아이의 양육권 포기를 준비하고, 그 일을 진행하며, 아이에게 말하는 이 모든 것들이 해당 법률에 의해 발생하는 불편함을 최소화하고, 아이들과 그들의 부모들을 존중하면서도 그 법률을 적용할 수 있게 해준다. 그것은 아이의 어깨를 짓누르는 미래에 대한 부담을 덜어준다. 스태프들에게 있어서, 일어나는 일들에 대해 말할 수 있다는 사실과, 무책임하고 충동적인 행동을 통한 불행한 운명을 "바로잡는" 일이 자신들의 임무가 아니라는 사실은 위안을 주는 것이다. 결국, 비밀 출산은 불행이 아니며, 그것을 존중하는 데는 최소 수준의 평온함(serenity)을 필요로 한다.

비밀 출산의 고통

누구나 상상할 수 있듯이, 비밀 출산에는 빈번히 사회적 비극이 뒤따른다: 강간, 근친상간, 물질적 또는 정서적인 빈곤, 친구들과 가족들로부터의 심리적 또는 신체적인 압력. 비밀 출산을 둘러싼 상황들의 목록은 고통스럽도록 길다.

어떤 나라들에서는 아이들이 "계획되지 않았다"는 이유(혼외 관계, 간통 등으로 인한 임신)로 죽는다. 그들은 출생 시에 당연히 받아야만 하는 돌봄을 받지 못한다. 그 압력은 어머니들의 목숨을 위협할 수 있는 수준의 것이다. 그들은 가족의 명예를 더럽히기보다는 차라리 죽는 것이 낫다는 믿음을 강요받는다.

몇 년 전에, 그와 같은 나라들로부터 여성들이 비밀 출산을 위해 프랑스로 왔다. 비밀 출산이 법적으로 허용되고 있는 나라는 프랑스, 룩셈부르크, 그리고 이탈리아뿐이다. 그들은 아이뿐만 아니라 자신도 가족에 의해 살해위협을 느꼈기 때문에 프랑스로 왔다고 말했다; 그들 나라에서 "사생아"를 임신한 것은 용서받을 수 없는 일이었다. 그들은 감금당하고, 납치되고, 그들의 아기들을 사망하도록 방치하는 것에 대해 이야기했다. 어떤 면에서, 그들은 아직 태어나지 않은 아이를 위해 정치적 망명을 요구하고 있었고, 그런 이유로 익명의 출산을 요청했다. 오늘날, 우리는 그러한 사례들을 찾아볼 수 없다. 비자를 제한하는 프랑스 정책은 그런 사람들을 위한 피신처가 되는 가능성을 닫아버렸다. 그로 인해 누가 더 나아졌는가?: 이 여성들, 그들의 아이들, 아니면 이민국?

현재, 우리는 파리에 위치한, 회교도 근본주의자들의 거주지에 살고 있는 여성들이 임신한 사실을 숨긴 채 비밀리에 출산을 하고, 아무 일도 일어나지 않은 것처럼 그들의 가족들에게로 돌아가는 것을 보게 된다. 그들은 법적으로는 불법 이민자들이 아니지만, 사실상 불법 이민자로서 살아가고 있고, 자신들에게 아이를 키울 가능성 같은 것은 없다고 느낀다. 비밀 출산 외에 그들이 선택할 수 있는 것은 없다. 만일 그들이 자신들의 공동체를 떠나 그들의 아이를 데리고 사회복지사들이 지정해준 주에 가서 사는 것을 받아들인다면, 그들은 자신들의 삶을, 또는 아이들의 삶을 위험에 빠뜨리게 된다. 그들은 그들의 사회에서 버림받고 만다.

비밀 출산에서 사회적인 비극이 없을 때는 거의 언제나 심리적인 비극이 중심적인 문제가 된다. 비극적인 상황들에 대해 말하자면, 제 3세계나 열악한 조건(기아, 전쟁)에서 살고 있는 인구들만 해당되는 것이 아니다: 비밀 출산의 영역에는 모든 사회계층들이 포함된다.

다행스럽게도, 이러한 비극들과 반대되는 모습을 보여주는 사례들이 있으며, 어떤 경우에는 상호 동의에 의한 비밀 출산에 대해 말하는 것이 가능하다. 급성 복통으로 인해 병원 응급실에 실려왔던 45세 된 여성의 예를 들어보겠다. 인턴이 그녀를 진찰했고, 자궁근종의 가능성 때문에 진단을 위해 산부인과 응급실로 보냈는데, 그곳에서 그녀는 자궁근종을 갖고 있는 것이 아니라 분만이 진행 중이라는 사실이 드러났다. 그렇게 해서 그녀는 분만을 하는 시점에서야 자신이 임신했다는 것을 알게 되었다. 나는 그녀가 분만실에 있을 때 그 병동에 있었는데, 쉽게 상상할 수 있듯이, 매우 혼란스러운 상태에 있는 산모를 보러 와달라는 요청을 받았다. 의사들과 조산원들은 그녀가 겪고 있는 상황이 가혹하다는 것은 알고 있었지만, 다른 응급사태들을 처리해야만 했고, 따라서 그녀를 지원하는 일은 나의 몫이었다.

그녀는 내게 자신은 이미 3명의 아이들이 있으며, 이 출산이 이루어진 시점은 그들 부부에게 문제가 발생하고 있는 시기라고 털어놓았다. 그녀는 남편과의 결혼생활이 너무나 불행하고, 따라서 세 명의 아이들이 제대로 자라지 못하고 있으며, 거기에다 넷째 아이의 불행을 더하고 싶지 않다고 말했다. 그녀는 남편이 알코올 중독자이고, 그녀에게 폭력을 사용하고 함부로 대하는 정도가 이미 도를 넘어섰다고 말했다. 상황은 그녀에게 끔찍한 것이었고, 누구나 상상할 수 있듯이, 그녀는 자신의 딜레마에 대해 통렬하게 이야기했다: 그녀는 자신의 아이를 인정했지만, 동시에 그녀가 자신의 불행을 아이에게 대물림하게 될 것을 두려워하면서, 그를 책임질 수는 없다고 생각했다. 그녀가 생각하기에 최선의 해결책은 "행복을 전해줄 능력이 있는 행복한 어머니가 있는 건강한 가정에서 그가 자랄 수 있도록 해주는 것"이었다. 따라서 그녀는 비밀리에 출산을 했고, 아이가 입양될 수 있도록 그를 포기했다. 그녀는 아이가 원할 때 언제라도 찾아볼 수 있게 되기를 소망하면서, 우리가 함께 작성한 파일에 그녀의 주소와 전화번호를 남겼다. 그녀는 아이의 아버지에게도 이 사실을 알렸고, 그 또한 이에 동의했다.

그러나 대개의 경우, 비밀 출산에 대한 요청들이 자동적으로 이루어지는 것은 아니며, 요청을 하는 이들이 항상 그것이 합법적으로 가능하다는 것을 알고 있는 것도 아니다. 이 요청들은 임신 중에 병원진료를 받는 과정에서 발생하거나, 분만 직후에 발생한다. 그러므로 우리는 이 여성들이 선택을 할 수 있도록 정보를 주고 설명하는 임무를 맡게 된다.

내가 만났던 모든 여성들은 비밀리에 출산하겠다는 결정을 하는 즉시 깊은 정서적 반응을 보였는데, 아이를 키우기 원치 않았던 사람들이나 법에 의해 비밀 출산이 허용되는 것이 아이에게 오히려 축복이라고 느꼈던 사람들까지도 그러했다.

어떤 이들은 그들에게 허용된 2개월 동안에 마음을 바꾸기도 한다. 하지만 이것은 극히 드문 일이고, 대부분 그러한 변심은 불행한 결과를 가져온다. 사실은 일단 그들이 부모의 권리를 되찾겠다고 결심하고난 다음에는 더 이상 아기를 보러 오지 않거나 아주 가끔씩만 온다. 그 결과는 우리가 상상할 수 있는 최악의 상황이다: 아이는 법적으로는 아니지만, 사실상 버려진 상태가 된다. 그의 부모들이 그를 가끔씩이라도 찾아오는 한, 그는 입양될 수 없다. 그런 경우, 아이는 그 상황에 갇힌 채 기관에서 자라게 된다. 또 다른 경우는 어머니들이 아이들을 되찾아가서 그들을 학대하는 상황이다. 거의 모든 경우에 그 학대는 그들 자신들이 견뎌야만 했던 잔인한 행위들의 반복으로 드러난다.

어떤 어머니들은 분명하게 결정하지 못한 채, 오랜 시간 동안 망설인다. 내가 도와주었던 한 여성의 경우, 나는 통상적으로 그래왔듯이, 그녀에게 우리가 함께 가서 아이에게 말해주기를 원하는지, 아니면 내가 혼자 아이에게 가서 말하는 것을 원하는지를 물었다. 그녀는 나와 동행하기를 요청했고, 아이를 보자마자 선언했다: "나는 너를 버리는 게 아니야!" 독자들은 내가 얼마나 당황했을지 상상할 수 있을 것이다. 왜냐하면 법 조항의 문구에서조차 제거된 "버리다(abandon)"라는 용어는 여기에서처럼 모호하게 사용될 수 있기 때문이다: 아이를 버리면서 "나는 너를 버리는 게 아니야!"라고 선언하는 것은 도대체 무엇을 의미하는가? 그녀는 아이를 입양보내기를 원한다는 것인가, 그렇지 않다는 것인가? 그녀가 마음을 바꿨다는 뜻인가, 아니면 단순히 아이를 그녀의 생각 속에 간직하겠다는 뜻인가? 사실상, 그것은 후자를 의미하는 것이었다. 하지만 그것은 법적으로 그녀에게 허용된 기간이 끝날 때까지 지속되고 있는 그녀의 양가감정을 감안하지 않았을 때의 이야기다.

나는 그 후로 그녀의 애매한 태도에 관한 더 많은 이야기를 들었다. 출생 이후에 아이는 호흡기 문제로 다시 병원에 입원했다. 그때 나는 그를 다시 보았으며, 그에게 좋은 결과를 가져다 준 해석을 제공했다. 나는 그가 그의 문제들을 통해서 탯줄로 이어진 것과 같은—즉, "호흡 이전 시기의"—의사소통 양태를 재확립하려고 노력하고 있다고 말해주었다.

"네가 병원에 다시 돌아온 것은 너를 떠났던 어머니를 찾고 있다는 것을 말해주는 것 같아. 하지만 네 어머니는 가버렸고, 마음을 바꾸지 않았어: 그녀는 다른 가족이 너를 입양할 때까지 너를 보육원에 있게 한 거란다. 네가 다시 찾을 수 있는 것, 네가 다시는 잃어버리지 않을 수 있는 것은 그녀에 대한 너의 기억이란다: 너는 그 기억을 언제까지나 간직할 수 있어."

호흡기의 어려움은 해결되었고, 그는 보육원으로 돌아갈 수 있었다. 그로부터 얼마 지나지 않아 그 어머니는 아이를 되찾기 위해 병원으로 돌아왔고, 아이가 보육원에 있다는 이야기를 들었다. 그녀는 아이를 되찾겠다고 요구하기 위해 출산 이후 3개월 이상을 기다렸다—정확히 말하자면, 운명적인 유예기간의 만기 후, 정확히 하루 뒤였다. 그녀의 일부분은 아이를 포기하고 싶어 했고, 다른 부분은 그것을 거부했다. 하지만 두 번째 측면은 첫 번째보다 더 약했고, 그녀는 너무 늦게 도착함으로써 첫 번째 측면의 승리를 허용했다.

그 어머니의 모순되는 욕망의 저울질 사이에 끼어 있는 아이를 보고 있던 간호스태프들은 그를 정신분석 상담자에게 보내기로 결정했다. 그들은 아이가 심리적으로 입양될 준비가 되었는지를 알고자 했다. 내가 알게 된 정보들에 따르면, 그는 준비가 된 것으로 보였다.

가족의 비밀들, 국가의 비밀들

비밀 출산과 관련해서, 우리는 비밀이라는 단어를 사용하는데, 그것은 우리의 즉각적인 이해를 넘어서는 문제들을 고려할 때 사용되는 단어이다. 라틴어에서 비밀스러운 것(secretus)은 "분리된 것(separated)", "부서진 것(broken up)"을 의미한다. 같은 어원에 따라, 비밀스런 것은 "따로 떼어놓은 것(set apart)"을 의미한다. 이런 출생들에서의 쟁점은 이 특별한 출산들에 내포된 분리와 관련해서 "비밀을 지키는 것", 또는 어떤 것을 따로 떼어놓는 것이고, 따로 떼어놓아지는 것은 종종 아기의 임신과 관련된다. 이 비밀은 입양된 아이와 다음 세대들에게 가족 비밀(family secrets)이 될 가능성이 있다. 그런 점에서, 비밀리에 태어난 아이가 세상의 모든 아이들이 공통적으로 갖고 있는 운명을 피할 수는 없다.

가족 비밀과 가족 로맨스

비밀 출산이라는 제한된 영역은 잠시 접어두고, 사람들의 운명인 가족의 비밀에 대해 생각해보자. 가족 비밀이란 무엇인가? 그것은 모든 가족 로맨스의 원천 그 이상도 그 이하도 아니며, 그런 점에서 오이디푸스 콤플렉스이다. 더욱이 이 비밀들이 작용하기 위해서는 그것들이 알려져서는 안 된다; 그것들은 단지 존재하기만 해야 한다. 예를 들어, 앞에서 논의했듯이, 출생 이후에 무의식으로의 문을 열도록 만드는 산후우울감에서 다시 표면화될 수 있는 것이 바로 이 비밀들이다. 그것은 종종 "비합법적인" 임신들과 다른 "옷장 안의 해골들"인 가족의 비밀을 분명하게 말로 표현할 수 있는 기회를 준다. 조부모들과 병실을 방문한 숙모들은 아이가 태어났을 때, 그동안 말하지 못했던 이야기들을 풀어놓곤 한다.

그때 신생아들은 그들이 태내에서의 삶 동안 그 비밀에 의해 영향을 받았든 받지 않았든 간에, 그러한 드러남으로부터 유익을 얻을 수 있다. 우리는 그 드러남이 아이 앞에서 일어나도록 해야 하며, 부모들로 하여금 자신들이 묻어두고 있던 그 비밀—그것의 중요성을 인식하고 있었음에도 불구하고 다른 곳에서는 말하지 않았던—을 말할 수 있도록 도와야만 한다. 그럴 때, 우리는 아이의 임신과 출생을 둘러싼 힘든 상황들에 더해 아이가 그 비밀들과 관련된 죄책감의 짐을 지지 않아도 되는 상황을 희망할 수 있다.

가족의 비밀들은 신생아뿐만 아니라 태아에게까지도 짐을 지울 수 있다. "아기 편에 서기(La Cause des Bebes)" 모임에서 카트린 돌토는 부부가 가족의 비밀을 드러내는 순간에 태아가 반응하는 것을 느꼈다고 말했다. 태아가 그 비밀을 공유했던 것일까? 나는 우리가 태내 감각능력에 대해 말할 수 있는 것처럼, 아이가 그것에 관해 무언가를 알고 있지만, 그것이 정확히 무엇인지는 모른다고 생각한다. 카트린 돌토가 가족의 비밀을 드러내는 것이 임신한 여성을 통해서 태아에게 영향을 미친다고 말할 때, 우리는 태아가 출생 이후에 말과 연결될 수도 있고 그렇지 않을 수도 있는 지각들을 기억으로 만들어내고 있다는 사실을 알아야만 한다.

이 가족 비밀의 특징은 다음 세대들로 이어지는, 표현되지 못한 텅 빈 공간이 그것을 통해 전달된다는 것이다. 그것은 태아나 신생아뿐만 아니라, 한 개인의 인생 전반에 걸쳐 그리고 그의 후손들에게까지도 영향을 미친다.

비밀들과 익명성: 법의 관점과 정신분석가의 관점

가족의 비밀은 세대에서 세대로 전해진다. 한 가족의 역사에서 표현되지 않는 것들은, 주체 안에 그것들이 어떻게 관련되어 있는지 알아낼 것을 요구하는 깊은 틈새를 만들어낸다. 이 가족의 비밀은 직물에 생긴 수선이 불가능한 구멍이요, 순수한 상태에서의 결핍이라고 말할 수 있다. 그 틈새는 모든 가족들의 구성요소이다; 아무도 그것에서 벗어날 수 없다. 그럼에도 불구하고, 모두가 그것 때문에 미치지는 않는데, 그것은 우리가, 설령 그것이 왜곡된 형태로 드러난다고 해도, 우리 조상들의 역사, 즉 우리의 가족 혈통의 기원에 상상력을 갖고 의존할 수 있기 때문이다. 그러한 관점에서 비밀 출산을 다시 생각해본다면, 상상력에 의존하는 것은, 개인이 그의 조상들에 관해 아는 것이 아무것도 없다면, 그 일이 매우 어려운 일이라는 것을 알 수 있다.

프랑스 법률이 혼란을 더 확산시키고 있다. 법은 전달이 가능하고, 비밀유지와 관련이 없는 요소들을 고려한다: 어머니의 체중, 신장, 그녀의 눈과 피부의 색깔, 등등. 그것을 넘어, 법은 삶을 의미 있는 것으로 만드는 것이 전달되지 못하도록 금하는 권한을 갖고 있다. 법은 어머니의 익명성을 보존하는 것을 넘어 그녀의 아이에게 자신의 기원을 알 수 있는 권리를 거절하는 위험을 감수하고 있다.

어머니들에게 익명성에 대한 권리를 허용하는 것을 통해서, 프랑스 법은 프랑스가 피난처로서의 소명을 감당하는 것을 허용한다: 그것은 인간의 생명을, 예컨대 내가 앞에서 언급했던 것처럼 위험에 처한 여성들의 생명을 구해준다. 하지만 법은 그것이 적절하다고 판단되는 요소를 선택하는 과정에서, 입양아들이 그들의 역사에 항구적이고 무조건적으로 접근하는 것을 금지하고 있고, 그 결과 그들을 기원 없는 상태에 남겨둔다. 아이는 자신의 질문에 답해줄 수 있는 이야기(narrative)를 찾고 싶어 한다: 왜 그들은 나를 포기했을까? 그 답을 알아내는 것은 누가 그를 포기했는지를 알아내는 것만큼이나 그의 존재의 기반을 확립하는 데 필수적이다. 그 두 질문에 대답할 수 있게 됨으로써, 그 역시 가족, 그 가족의 역사, 그 가족이 그에게 제공하는 정체성을 더 쉽게 받아들일 수 있다.

실제로, 법은 그에게 그가 무의식적으로 알고 있는 것을 무시하라는 지시에 따를 것을 강요한다. 출생 후 그 아이에게 무슨 일이 일어날 것인가? 어쩌면 그 아이는 애착을 확립하지 못한 채, 싫든 좋든 모든 사람들이 투사하는 부모 환상들에 좌지우지되면서, 경찰서와 지역 보호소—종종 입양될 때까지 그를 책임지는 아동복지국과 가족상담부의 중재를 통해—의 보호 하에 있게 될 것이다. 이 보호기관들은 "아이의 유익을 위해서" 그의 역사 중에서 그에게 마땅히 전달되어야 할 것이 무엇인지를 선택할 권리가 있다고 주장한다. 그렇게 함에 있어서, 그들은 어머니에 의해 제공된 특정 정보를 검열할 수 있는 권한을 스스로에게 부여하고 있고, 그것이 아이와는 아무런 관련이 없다고 판단한다. 이 정보가 검열되는 것은 아이의 유익을 위해서라고 주장하지만, 너무 자주 양부모의 이익이나 평판이 문제가 되는 것으로 드러난다. 그럴 경우, 양부모들이 입양 이전에 있었던 아이의 불행했던 역사를 지우고 싶은 유혹을 이겨내는 것이 어떻게 가능하겠는가? 그리고 설령 그들이 그 유혹을 물리친다 하더라도, 아이가 어떻게 자신이 서야 할 자리를 발견할 수 있겠는가? 이 기관들은 교육이나 도덕성 같은 가면을 쓰고 있는 검열을 통해서, 모성과 부성에 대한 특정 견해를 이상화한다. 내가 알고 있는 한, 그러한 견해는 아이를 위한 것이 될 수 없다. 솔직히 말해서,

그것은 부인할 수 없는 집단적인 침묵의 구속을 만들어낼 뿐이다. 사회의 이익을 위한 이 비밀들은 말의 고아들(speech orphans)을 만들어내고, "너무" 잘 적응하는 아이들, 가족 혈통 밖에 있는 아이들, 그 누구의 아이가 아닌 모든 사람들의 아이를 만들어낸다.

비밀 출산을 생각하고 있는 여성들은, 특히 강간이나 근친상간과 관련되어 있을 경우, 임신과 관련된 가족 비밀을 만들어낸다. 그들은 아이에게 그 어느 것도 전해지기를 원치 않는다. 때때로 그들은 생물학적 아버지에 대해 아무것도 알려지지 않기를 바란다. 아이들이 어머니에게서 태어난다는 점에서, 우리는 이 요구들을 존중해야 하지만, 그것을 파일에 명시해야만 한다: "이러저러한 사정으로 인해 X부인은 아이의 생물학적 아버지에 대해서뿐만 아니라, 아이의 임신 상황에 대해서도 언급하기를 원치 않으며, 그렇게 하는 것이 그녀의 사생활을 지키는 데 필요하다고 믿고 있다." 그와 같은 간단한 문장이 모든 것을 바꿀 수 있다. 왜냐하면 그것을 통해서 생물학적 아버지가 존재한다는 사실이 확인되기 때문이다: 이것에는 결코 예외가 있을 수 없다.

사정을 알고 있는 사회복지사가 파일에 "강간 또는 근친상간"이라고 쓰고, 그 정보를 읽은 공무원이 그것을 검열하는 것은 전혀 다른 상황이다. 그것은 순전히 광기이며, 가족의 비밀을 국가의 비밀로 만드는 데 일조한다. 그것은 마치 국가 기관이 법규에 따라 가족을 대신하는 것과 같다. 정 반대로, 그런 기관은 정보를 확인하고, 입양하는 가족에게 그 정보를 빠짐없이 전달해주어야만 한다. 만일 입양 가족이 교육적인 이유들로 인해 일시적으로 어떤 요소들을 검열한다면, 그 가족은 그 아이가 누구인지를 규정하는 위치에서 그를 양육하게 될 것이다.

입양 가족은 친어머니로 인해 알게 된 가족 비밀을 아이에게 말해주는 것을 통해서 이 문제를 다룰 수 있다: "네 친어머니가 우리에게 알려주는 것을 원치 않았기 때문에, 우리가 알고 있는 것은 아무것도 없단다." 이것은 주정부의 검열로 인해 알지 못하는 것과는 전적으로 다르다. 왜냐하면 이 경우에는 미래가 보존되어 있기 때문이다.

과거 유고슬라비아에서 온 여성들의 경우를 예로 들어보자. 히틀러 치하의 독일에서 자행된 우생학적 실험에 대해 우리가 잘 알고 있듯이, 우리는 인종청소의 맥락에서 이루어진 조직적인 강간정책에 대해 잘 알고 있다. 일단의 보스니아 여성들이 프랑스에서 비밀리에 출산을 할 수 있었다. 결과적으로, 이 나라는 그 여성들이 그들을 짓누르고 있던 말로 다 표현할 수 없는 고통에서 벗어나 인간적인 삶을 되찾도록 도울 수 있었다. 이것은 그러한 고통을 초래한 야만적인 만행에 대한 살아있는 응답이었다. 이제 한 가족이 아이의 태생을 아는 상태에서 어느 보스니아 아이를 입양한다고 가정해보자. 설령 그것이 아이가 피해를 입지 않게 하려는 의도 때문이라고 해도, 아이에게 아무것도 말해주지 않는 것은 어떤 의미에서 그 아이에게 자신이 아닌 다른 아이의 모델을 따르도록 요구하는 것이 될 것이다. 아이 또한 기억, 또는 적어도 무의식적인 기억을 지니고 있으며, 따라서 설령 그가 자신에게 주어진 의상을 편안하게 느끼지 못한다 해도, 그것은 그렇게 놀랄 일이 아니다. 왜냐하면 그 의상은 그에게 속한 것이 아니기 때문이다. 이런 아이들에게서 어려움을 유발하는 것은 입양 그 자체가 아니라, 오히려 입양이 협상되는 방식이다.

때로 입양된 아이들은 나중에 그들을 짓누르는 비밀들과 연관된 증상을 드러낸다. 그렇게 되면 그들은 적어도 이 비밀들을 최선을 다해 조사해볼 수 있을 것이다. 비밀의 밑바닥에 도달하는 것이 곧 잠재적인 증상으로부터 주체를 자유롭게 하는 것은 아니지만(비록 그것이 종종 사실이지만), 적어도 그 증상을 이해하는 데 사용될 수는 있다. 그러므로 그 비밀의 운명을 지켜보는 것은 항상 가족들—입양하는 또는 생물학적인—의 몫이다; 그것은 분명히 주정부나 입양기관이 결정할 일이 아니다. 가족들은 아이가 이러저러한 정보를 알기에 적절하다고 판단되는 나이가 될 때까지 그 일을 자유롭게 유보할 수 있다. 그럴 때 그것은 그들이 보기에 교육적으로 좋지 않을 수 있다는 염려를 반영하는 일시적인 비밀이 될 것이고, 아이를 살아있는 존재로 만드는 것을 완전히 지워버리지는 않을 것이다. 프랑스의 입양기관들은 현재 입양아들에게 진실을 알려주어야 한다는 생각에 동의하고 있다. 우리는 그것에 더해, 그 진실이 더 많이 희석되지 않기를 희망한다.

부모들의 태생과 익명성에 대한 비밀은 보장되어야만 하는가? 프랑스 법은 태생의 비밀을 보장하는 경향이 있다; 식견 있는 전문가들은 익명성에 찬성한다. 나는 법률의 적용과 관련해서 타협안을 제안한다. 정신분석가로서, 나는 모든 담화는 빠져 있는 진술들을 담고 있다는 원칙에서 시작한다. 비밀 출산으로 인한 아이의 상황도 예외가 아니다. 그럼에도 불구하고, 그 누구도 무의식에 내재하는 결핍을 나타내는 권한을 자신이 하는 일의 일부라고 주장해서는 안 된다. 나는 단순히 사회를 향해, 즉 자체의 틀을 만드는 기관들을 향해 그 규칙을 존중하고, 확인되지 않은 요소들을 멋대로 조작하지 말 것을 요청한다. 어떤 점에서 현실은 모순적이며, 모든 문제는 그것에 대한 해결책을 갖고 있다. 프랑스 아동복지국은 밀봉된 비밀을 확실히 보장해준다. 그것은 아무것도 또는 거의 아무것도 알려지지 않기를 바라는 사람의 요구를 보장해주는 방법을 알고 있는, 책임감 있고 신뢰할 수 있는 기관이다. 이것은 완전한 단절을 원하는 여성, 예를 들면, 분만 시에 그녀의 아이를 보지 않거나, 아이에게 편지나 물건을 남기지 않거나, 아버지에 관해 알리기를 원치 않는 여성에게는 최상의 기관이다. 그러나 아이의 입양에 관한 소식을 듣기를 원하거나, 아이를 위한 편지나 물건들이 전달되기를 희망하는 여성의 경우에는, 일부 사립 입양기관들이 더 적절할 수 있다. 그런 기관들은 좀 더 개방적인 경향이 있다.[2]

이 점에서 좀 더 개방적이고 너그러운 태도를 갖는 경우들도 있다. 예를 들면, 프랑스령 폴리네시아에서는 "아이를 주는" 전통과 아주 가까운 입양절차가 시행되고 있다. 입양은 2년 동안에 걸쳐 부모의 권한을 넘겨주는 과정으로 이루어진다. 2년 동안(철회 기간을 포함할 경우 2년 2개월 동안) 아이는 입양부모와 함께 산다. 그 기간 이후에 생물학적 부모와 입양부모 간에 동의가 지속될 때, 최종적인 입양이 공식화된다. 때로 프랑스 본토에 거주하는 사람들이 아이를 찾기 위해 타히티로 가서 원가족과 알게 되고, 부모의 권한을 위임받기도 한다. 그들은 아이를 데리고

---

[2] 2002년 1월 이후로 비밀 출산과 관련된 프랑스 법이 수정되었다. CNAOP(Counseil National pour l'Accès aux Origines Personelles/본인의 태생에 대한 개인적인 정보의 접근을 위한 국가 위원회) 조직이 비밀리에 태어난 아이들의 정체성을 관리하기 위한 목적으로 신설되었다. 한 여성이 익명으로 출산을 할 때, 그녀는 자신의 신분, 주소, 그리고 아이의 역사에 대한 요소들을 CNAOP에 맡겨놓을 수 있으며, 이 요소들은 기밀 유지 상태로 보관된다. 나중에 입양된 아이가 그의 친부모에 관해 더 알기를 원하게 된다면, 아이는 그것들을 찾아달라고 CNAOP에 요구할 수 있다. 친부모가 동의하는 경우에 CNAOP는 그 아이와 부모들이 만날 수 있도록 돕는다. 단, 이는 아이가 먼저 요청하는 경우에만 가능하다. 아이가 먼저 요청하지 않는다면, 친부모들은 절대로 아이와 연락할 수 없다. 하지만 친부모들은 언제라도 그들의 신분을 비밀로 하는 것을 더 이상 원치 않으며, 아이가 원하는 경우에는 그들이 연락하기를 원한다는 것을 CNAOP에 알릴 수 있다. 이 규정은 시간이 좀 흐른 뒤에 마음이 변해서 그들이 출생 시에 버렸던 아이를 만나기를 소망하는 일부 여성들 (또는 남성들)에게 도움이 되고 있다.

본국으로 돌아온 후에도 편지, 비디오카세트, 사진 등을 통해서 원가족과 연락을 유지한다. 입양이 최종 확정될 때, 대체로 모든 것은 최상의 상태에서 해결이 되고, 양쪽 모두 서로에게 감사함을 느낀다. 이 시스템의 예상치 못한, 그러나 논리적인 결과로, 그곳에서는 피임이 거의 실행되지 않는다. 왜냐하면 만일 원했던 것보다 더 많은 아이가 생긴다면, 그 아이를 원하는 다른 사람에게 주면 된다고 생각하기 때문이다.

오늘날 프랑스에서는 법이 그것의 한계뿐만이 아니라, 그것의 가치를 보여주고 있다. 법의 가치는, 비록 그 법이 단지 소수의 견해만을 반영하는 것이라고 해도, 사회를 구성하는 구성원들이 더 나은 상징적 및 윤리적 인식을 향해 나아가도록 추진한다는 데 있다.

예를 들면, 1996년에 통과된 입양법 덕분에, 사회는 개인들이 이름 없이 사회 안에 존재하는 것이 참을 수 없이 힘든 일이라는 사실을 알게 되었다: 법은, 앞에서 언급했듯이, "에세뜨"보다 "산드라"를 선호한다. 그럼에도 불구하고 법은 아이의 역사에 대한 권리를 보장해주지 못하고, 비밀리에 출산하는 어머니의 행동의 긍정적인 측면을 인정하지 않는다; 법은 마치 어린아이 같고 예의바른 공손함의 흔적을 지키는 것을 더 좋아하는 것 것처럼 행동한다. 그것은 마치 법이 비밀 출산을 명백한 또는 숨겨진 수치로 보는, 다음과 같이 말하는 사람에게 점수를 주는 것처럼 보인다: "그런 어머니의 행동이나 의도는 떳떳하지 못합니다, 영원히 입 다물고 있는 게 나아요", 또는 "X씨, 또는 X부인은 그들의 아이를 버렸어요, 그래서 그들은 사회의 변두리 계층에 처하게 된 겁니다. 그 외의 것은 더 이상 묻지 맙시다. 사랑의 형식들은 존중되어야 하는 거니까요".

그럼에도 불구하고, 법을 존중하는 것(그리고 원하는 것)은 정돈된 상태를 좋아하는 것을 의미하지는 않는다. 정신분석가는 자신의 아이를 주는(포기하는) 여성이 사랑의 행위를 하고 있는 것이고, 역으로, 아이에게 강제로 젖을 먹이는 여성이 사랑의 행위를 하고 있는 것이 아니라고 볼 수 있다. 달리 말해서, 비록 법의 의도가 좋은 것이라 해도, 그것에 대한 해석은 우리가 주의하지 않는다면 혼란을 초래할 수 있는 여지를 남겨놓는다. 이 문제들과 직면하고 있는, 적절하게 훈련된 간호 스태프들만이 법이 아이, 어머니, 아버지의 유익을 위해 적용되도록 도울 수 있다.

충분히 강하다고 느끼지 않는 사미아(Samia)

사회가 여성들에게 저비용 한-부모 주택, 현금 지원, 또는 다른 도움을 제공할 때, 그것의 의도는 좋은 것이다. 그러나 그것은 동시에 산모에게서 아이의 포기 선언—아이의 아버지, 어머니, 형제자매들, 시야에서 사라진 연인, 전통, 문화, 명절들과의 단절—을 요구함으로써 자신이 제공한 것들을 취소한다는 것을 사회는 알고 있을까? 사회는 어머니가 되고 자신의 아이를 키우려고 하는 여성에게 어떤 종류의 장소, 미래, 또는 이상을 주는가? 사미아는 그러한 딜레마에 빠져 있었다. 아랍인인 그녀는 오랫동안 알고 지냈고, 함께 살고 있던 프랑스 남자의 아이를 임신했다는 사실을 알게 되었다. 그들은 임신 예방을 위한 아무런 조치도 취하지 않았는데, 아마도 임신을 희망했던 것 같다.

양쪽 가족들 중 어느 쪽도 그 결합을 찬성하지 않았다. 남자의 가족은 극우파 인종주의 정치집단인 국민전선(the National Front)을 지지하고 있었고, 여자의 가족은 다소 이슬람 전통을 따르고 있었다. 이 가족들은 그 커플을 수용할 수 없었고, 기회가 있을 때마다 어김없이 "상대 편"을 향해 인종차별적인 욕설을 퍼붓곤 했다.

사미아가 임신 4개월이 되어 배가 불러오기 시작했을 때, 아이의 아버지는 갑작스럽게 자신은 더 이상 아이를 원치 않는다고 선언했다. 말로서 자신을 설득할 수 없게 되자, 그는 사미아를 때리기 시작했다. 그녀는 자신뿐만 아니라 아기에 대해서도 공포를 느끼는 지점에 도달했고, 그래서 집을 떠나 친척집으로 피신했다. 몇 달 후 출산일이 임박했을 때, 그녀는 벨클레어로 와서 분만을 했고 아이를 포기하고 싶다는 의사를 밝혔다.

왜 이 남성은 과거의 행동과는 전혀 다르게 그토록 폭력적으로 반응했을까? 나는 그가, 임신 사실이 그의 아버지를 포함한 모든 사람들에게 드러나게 되자 아버지의 인종차별주의와 심하게 부딪쳤고, 자신이 더 이상 아랍 여성과의 사이에서 생긴 아이의 아버지가 될 만큼 강하지 못하다고 느꼈을 것이라고 가정한다. 그녀 역시 그녀가 그러한 재앙적인 상황을 겪게 된 것은 프랑스 남성을 선택했기 때문이라는 가족들의 말을 들으면서, 관용이라고는 없는 이 두 세력들과 싸우기에는 자신이 너무나 약하다고 느꼈다. 두 사람 모두 상황에 맞서 싸울 힘이 없었다. 경제적으로 그들은 아이를 환영하기에 부족함이 없었지만, 그렇게 하자면 가족들과 인연을 끊어야 했을 것이고, 그것은 그들이 할 수 없는 일이었다. 누가 그들을 비난할 수 있겠는가? 나는 아이를 포기하는 대부분의 사람들이 남아있는 힘이 전혀 없는 사람들이라는 것을 경험을 통해 알고 있기 때문에, 어떤 경우에도 이들을 비난할 수 없다.

그러므로 나는 사미아가 비밀 출산을 하고 태어난 아기를 보지 않겠다고 결정하는 모든 과정에서 그녀와 함께 했다. 그녀는 그렇게 함으로써 가족과의 단절을 피하고, 그녀와 아이를 향한 파트너의 폭력을 피하기를 소망했다. 그녀는 아기의 이름을 지어주었고, 그들의 이야기를 남김없이 아이에게 전해줄 것을 나에게 요청했다. 그런 후, 그녀는 주소와 전화번호를 적은 편지를 작성해서 남김으로써, 아이가 나중에 원한다면 그녀를 찾을 수 있도록 조치를 취했다. 마지막으로, 그녀는 남긴 편지가 검열 없이 원본 그대로 아이에게 전달될 수 있도록 아이를 사설 입양기관에 위탁해줄 것을 요청했다.

사미아와 이야기를 나누기 전에, 나는 온갖 심각한 실수를 불러올 수 있는 분위기 안에 있었다. 그녀의 파일에 기록된 내용 외에는 아무것도 모르는 나는, 그녀가 그곳에 있는 이유와 그녀가 처음부터 산전 진료를 받지 않은 이유에 대해 궁금해졌다. 나는 그녀가 말한 이유들 중 어떤 것도 그녀의 요청을 합리화할 수 없다고 느꼈고, 그녀에게 자신이 키우고 싶지 않다는 이유로 아이를 포기해서는 안 된다는 조금은 장황한 말들을 할 찰나에 있었다. 이 젊은 여성은 어머니처럼 "느끼지" 않았을 뿐만 아니라, 어머니가 되는 데 따른 어떤 대가도 치르기를 원치 않았을까? 물론, 프랑스 철학자 엘리자베스 바댕테르(Elisabeth Badinter)가 강조했듯이, 모성 본능이라는 것은 존재하지 않는다. 그러나 나는 유사한 과거 사례들을 기억하면서, 그녀의 요청을 다 듣기도 전에 그것을 해석하는 지점에 있었다: 당신이 당신 자신의 어머니를 또는 아이로서의 당신의 지위를 포기하는 것을 견딜 수 없기 때문에, 당신을 어머니로 만들 수 있는 기회를 아이에게 주지 않는 것으로 이루어진 폭력의 한 형태가 존재하는 것은 아닐까요? 나는 내가 예전에 몇몇 간호 스태프들을 비난했던 역기능 상태로 나를 이끌 수 있는 가정에 빠져 있었다.

그 날 나는 사미아를 보기 직전에 만났던 아주 어린 산모에 의해 영향을 받고 있었다. 그녀는 나의 신념을 뒤흔들어 놓았다. 그녀 역시 아이에 대해서는 어떤 "반감"도 없었다. 그녀는 가족들로부터 임신 사실을 숨기는 데 성공했다. 자신의 임신 사실을 부인하거나 감추기 위해 그녀가 사용한 방법은 놀랍기 그지없다. 그렇게 해서 그녀는 한밤중에 가족 중 누구도 깨우지 않고 아이를 분만했고, 쓰레기 처리장에 그 아기를 맡겨놓았다. 나는 "맡겨놓았다(deposited)"고 말했는데, "진열해놓았다(displayed)"고 말했어야 했는지도 모른다. 그것은 그녀가 아기를 없애버린 것이 아니라, 두툼한 수건으로 감싸서 그녀가 사는 아파트 쓰레기 처리장에 놓아둔 것이었다. 그후 그녀는 학교에 등교했다. 경찰관들이 그 아기를 발견했고, 곧 어머니를 확인했으며, 즉시 산모를 병원으로 이송하여 진찰받게 했다. 우리는 그 시점에서 만났다. 동일한 편견에 떠밀려서 나는 다음과 같이 질문했다: "그 쓰레기 통속에 있는 아이에게 무슨 일이 일어날지 생각해봤나요?"

그녀는 곧 쓰레기를 치운다는 것을 알고 있었고, 그렇기 때문에 아기가 재빨리 발견되리라는 것을 알고 있었다고 매우 논리적으로 대답했다; 그 후에 일어난 일들은 그녀가 바꿀 수 있는 것이 아니었다. 그녀의 말에서 아이의 생명에 대한 경시 같은 것은 찾아볼 수 없었다; 그녀는 단순히 그녀 자신을 그 아기의 어머니로 생각할 수 없었을 뿐이었다.

피에르뜨의 사례에서처럼, 그녀의 사례에서도 나는 그저 그녀의 말을 경청해야만 했는데, 그 덕택에 우리의 대화는 나의 입장을 급격하게 변화시켰다. 그것은 나를 다시 한 번 정신분석가의 역할로 돌아가도록 해주었다. 이 대화들이 없었다면, 법의 가혹한 적용만이 뒤따랐을 것이고, 그것은 그녀에게도 그리고 나에게도 아무런 의미를 갖지 못했을 것이다.

정신분석가로서의 나의 위치에서, 나는 다음 문구의 진실성을 입증해야 하는 의무를 갖고 있다: 법은 가혹하지만, 그것이 법이다. 법이 존재하는 편이 훨씬 더 낫다; 그것이 혼동되면, 상황은 훨씬 더 악화된다. 하지만 법이 규정하는 파일들과 진술들 너머에서, 신생아들이 그들의 삶의 본문에서 너무 많은 페이지들을 잃어버리지 않도록 법의 적용을 감시하는 일은 정신분석가들, 돌보는 사람들, 보호기관을 대표하는 사람들의 몫이다.

태어나는 것이 전부가 아니다

지금까지 산후우울감과 비밀 출산을 각각 독립된 장에서 다루었지만, 그 문제들은 서로 밀접하게 연결되어 있다. 첫 장면에서 어머니와 아이는 무대 중앙에 함께 있지만, 두 번째 장면에서 그들은 분리된다. 어떤 경우에는 연결이 유지되기 어렵다; 다른 경우에는 연결을 끊는 것이 어렵다. 정신분석가는 어째서 그것들을 단일한 관심 대상으로 만드는 것일까?

그것은 그 둘 모두가 출생에서 시작해서 인간화로 가는 여정 안에 있는 결정적인 단계를 나타내고 있고, 림보 기간의 어려움을 특징짓기 때문이다. 림보에 대해 말하는 것은 가장자리 또는 문턱에 대해 말하는 것이다. 아이는 그를 환영하는 사람들의 시선 안에서 그의 출생을 완성하는 끝부분에 서게 된다. 그 끝부분, 현실과 상징계 사이에 있는, 유보된 부분의 본질은 무엇인가? 아이에게 있어서 그것은 불안한 기다림일까, 희망의 시간일까, 아니면 자장가도 이유도 없는 지체의 시간일까? 림보라는 말의 어원은 하나의 낙관적인 견해를 제공한다: 14세기 기독교에서 사용된 라틴어에서, 림보는 "낙원의 끝부분에 위치한 천국의 일부"이다. 그곳은 그리스도가 오시기 전에 죽은 영혼들이 구원

받기를 기다리는 장소이다. 그 장소는 가톨릭 신앙 안에서 세례 받지 못한 채 죽은 아이들의 영혼들이 거하는 영혼의 안식처를 가리키는 곳이 되었다.

비밀리에 태어난 아이들은 낙원보다는 지옥에 더 가까이 있을 수 있다. 누군가는 그들이 림보에서 벗어날 수 있도록 그들에게 말해주어야 한다. 일부 정신과의사들은 이 버림받은 아이들을 자살을 시도하는 사람들과 연결시켰다. 그들 모두는 부적절하다는 느낌과 죄책감을 자극해낸다; 그들은 마음을 불편하게 만들고, 그들 주위에서는 죄의 냄새가 풍긴다. 역사학자인 이본느 니비엘러(Yvonne Knibiehler)는 아이를 포기하는 것에 대한 법적 절차들이 항상 "타락한 여성"에게 그녀의 "죄"를 지울 수 있는 수단을 주기 위한 것이었음을 우리에게 상기시킨다. 그런 여성은 "수치의 대상인 그녀의 아이에게 어떠한 애정도 느낄 수 없고, 아이는 자신에게 그러한 삶을 떠안긴 사람에게 경멸과 분노만을 느낄 것"이라는 믿음이 있다. "결혼을 하지 않은 사람은 어머니가 될 수가 없었다. ... 역사가 우리에게 말해주는 것은, 여성들이 갖는 아이에 대한 욕망은 결코 자유롭게 표현된 적이 없었다는 사실이다. ... 문제는 아이의 인간화가 그리고 여성들의 끼어듦과 그들의 기능이 문명화된 인간 사회에 봉사하는가이다."[3]

비밀리에 태어난 아이들과 어머니들의 산후우울감에 갇힌 아이들이 상징계로 태어나기 위해서는 림보에서 벗어나야만 한다. 그 탄생이 자연스러운 것이 아닐 수 있는가?

---

[3] Y. Knibiehler, "Désir d'enfant" in Etudes Freudiennes, no. 32 (November 1991): 143-57.

사회의 일원으로 태어나기

산부인과 병동에서, 모든 것은 출생과 함께 시작된다. 이 말은 일종의 금언으로서, 고위험 임산부를 위한 산전 돌봄과, 산부인과 병원에서 지원하는 의학적 도움을 통한 임신 서비스와도 거의 모순되지 않는다. 가장 중요한 목적은 여전히 출생이다. 그것은 최초의 자연스러운 삶의 행위이다.

의학적 관점에서 볼 때, 그러한 주장이 우리에게 만족을 주는 것은 아무것도 없다. 산부인과 병원에서의 의사들의 경험은 이유 없는 조산, 자궁 내에서의 뜻밖의 사망, 실패한 예방적 조치, 피할 수 없는 돌연사 등 설명이 불가능한 사실들로 가득하다. 우리는 그저 자연적인 사건의 흐름에 개입하지 않으면서, 모든 것을 운명의 탓으로 돌려야만 하는 걸까? 산부인과의사에게 있어서, 그것은 불가능하다. 이해는 그의 연구, 교육, 힘, 정열의 기반이기 때문이다.

인류학자에게 출생은 단순히 생물학적 사실이기 이전에 문화의 문제이다. 친자관계(filiation)와 세대(generation)를 혼동하는 사회는 없다고 말하는 프랑수아즈 에리티에(Francoise Héritier)의 주장을 기억하자.[4] 그녀에게 영감을 주었던 사모아의 속담은 이렇게 말한다: "친자관계를 만들어내는 것은 말이며, 그것을 앗아가는 것도 말이다." 만일 아이가 출생을 통해 사회에 입장하는 데도 사회가 그에게 이름을 붙여주지 않는다면, 그는 단지 사회로부터 추방될 뿐만 아니라 단순하게 존재하지 않게 될 것이다.

윤리위원회의 구성원들과, 새로운 인공생식 기술들, 비밀 출

---

4) F. Hértier, Masculin/Feminin (Ed. Odile Jacob, 1996).

산, 그리고 입양에 관해 최근에 열린 토론회에 참석한 사람들에게 있어서, 출생은 또한 단순한 가능성으로부터 시작하는, 두드러진 사회적 문제이다. 예컨대, 새로운 기술이 임신을 가능한 것으로 만들어주었으므로, 우리는 이제 모든 개인이나 불임 부부들이 아이를 가질 수 있는 권리를 갖게 되었다고 말할 수 있을까? 우리는 상황이 어떻든 이 기술을 적용하기 위해 아이(아직 존재하지 않는)가 태어나게 할 수 있는 권리를 주장할 수 있는 걸까? 아이의 어머니가 죽은 아버지에 대한 "애도"를 마친 다음 재혼을 했는데, 죽은 줄 알았던 아이의 생물학적 아버지가 다시 나타난다면, 그때 법은 아이의 아버지가 누구인지를 어떻게 선택하고, 중재하고, 최종적으로 결정해야 할까? 부모들과의 계약서에 서명했다는 이유로(법이 금하고 있는 프랑스와는 달리, 미국의 경우), 아이를 교육할 권리를 요구하는 대리모에 대해서는 어떻게 대응할 것인가? 법체계가 어떤 것이든, 문제는 지속되고 있다: 누가 누구의 아들 또는 딸인가? 이런 문제에 사회가 개입하는 바람에 친족법이 신생아의 존재 여부를 결정하게 될 것인가?

출생에서 인정(acknowledgment)으로

법을 만드는 사람들은 결정했다. 그들에게 있어서, 출생에는 인정이 뒤따른다. 부모들은 출생을 신고하고, 시청의 공무원들은 그것을 기록한다―또는 대형 산부인과 병원에서는 위임을 받은 직원이 그 일을 대행한다: "오늘 태어남, 장/잔느(Jean/Jeanne), 모리스 장드롱(Maurice Gendron)과 그의 아내 줄리(Julie)의 딸/아들, 자니게(Jarniguet) 병원에서 태어났음; 법원의 공무원인 나는 이것을 오늘 기록함, 등등." 만일 부모가 출생 사실을 신고하지 않는다면, 다른 누군가가 해야만 한다: 업둥이나 부모가 아무런 이름도 지어주지 않은 경우에는 시청 공무원; 비밀 출산의 경우에는 조산원. 그때 인정의 선포가 뒤따른다. 부모들이 결혼한 경우에, 인정은 자동적으로 주어진다; 그렇지 않다면, 아이 어머니가 그리고 가능하다면 아버지와 함께 시청에 가야 한다. 어느 한쪽이 아이를 인정하지 않거나 인정을 철회하는 경우에는 상황이 좀 더 복잡해진다. 예를 들어, 프랑스 법에는 "출생 이전의 인정"에 대한 조항이 있다; 결혼하지 않은 커플의 경우, 어머니는 아기가 태어나기 전에 아기를 인정할 수 있는데, 그러면 아이는 어머니의 성을 따를 수 있다. 출생 이후에는 아버지 역시 그 아이를 인정할 수 있다; 그런 경우, 양쪽 부모의 성이 사용될 것이다. 출생에 대한 사회의 개입은 다른 방식으로도 이루어진다. 오늘날에는 거의 힘을 발휘하는 일이 없지만, 공적 기록실 또는 그 기록실의 요청을 받은 지방검사는 "아기의 유익을 위해" 이름을 거부할 수도 있다. 그는 심지어 생물학적 친족관계에 대한 조사를 요구할 수도 있다. 공식적인 출생기록을 보존하기 시작한 것은 200년 가까이 되었고, 이보다 이전 시기의 세례명부는 불완전하기로 악명이 높다. 간단히 말해서, 사회의 통계학적 집착은 현대 사회의 필요성에 의해 생겨난 것이다. 하지만 사람들은 그것이 자리 잡기 전에 태어났다. 그러나 사회적 개입은 신생아에게 영향을 미치는 어떤 결과들을 발생시켰고, 그것들은 때로는 터무니없는 것이기도 했다. 프랑스 법에 따르면, 출생 후 3일이 경과하기 전까지 신생아는 법적으로 존재하지 않는다. 산부인과 병동에 머무는 동안, 아이는 그의 가족과 돌보는 사람들의 눈에만 존재할 뿐, 법적으로는 존재하지 않는다. 신생아가 존재하지 않으면서 살아있는 그와 같은 상황에서 벗어날 수 있는 유일한 방법은 아동의학 병동과 같은 다른 병동에 특별 치료를 위해 입원하는 것이다. 그때에만 아이는 그의 이름으로 선언될 수 있다. 그때까지는 산부인과 병동에 입원한 아이의 어머니만이 병원 행정에 의해 인정된다.

이름을 지어주기

출생은 두 명의 서로 다른 인간 존재에 의해 수정이 이루어진 존재가 출현하는 것이다. 그 존재는 자체를 자궁 안에 품어주었던 사람에 대한 전적인 생리학적 의존을 상실하는 동시에, 인간 사회의 한 구성원으로서 인정된다. 그러므로 중요한 것은 이름을 지어주는 행위이다. 이것은 자명한 것이 아니며, 말을 하지 않고는 이루어질 수 없는 것이다. 그가 야생의 아이든 아니면 카스파 하우저(Kaspar Hauser: 지하감옥에서 자란 것으로 알려진, 19세기 초에 독일에서 발견된 소년—역주)이든 간에, 아이는 자신이 살아있다고 인식하기 위해 동족들에게서 인정받아야만 한다. 정신분석가에게 있어서, 중요한 것은 언어와 신체, 즉 신체에 묶여 있는 말이다: 반갑게 맞아주는 인간들에 의해 이런 저런 방식으로 이름이 새겨지지 않은 신생아는 어떤 점에서 미확인 비행물체(UFO)와 다를 바 없다. 그가 분만된 시점과 그의 출생이 신고된 시점 사이 기간에 아이의 지위와 관련된 질문에, 정신분석가는 그를 그 지점까지 이끌어준 욕망에 의해 그가 살아있음을 안다고 대답한다; 그러나 정신분석가는 또한 그 욕망에 대한 불인정은 최소한 상징적 죽음을 의미할 수 있다는 것을 알고 있다. 물론 이 경우에 이름을 지어주는 것은 단순히 법적 신고를 마치거나 이름을 붙여주는 문제가 아니다. 그것은 또한 아이의 역사에 대해 말해주는 것과 같은 필수적인 요소를 포함한다. 아이는 그의 역사에 관해서, 그리고 부모의 가계(즉, 그의 아버지와 어머니의 것뿐만 아니라 가능하다면 그들의 선조들의 것을 포함하는) 안에 새겨진 그의 역사에 관해 최소한의 말을 들어야만 한다. 만일 부모가 그것을 할 수 없다면, 제 3자가 개입할 수 있을 것이다. 그렇지 않으면, 사고되지 않은 것(the unthought)은 신체 증상을 만들어낼 수 있다.

출생은 자연적인 행위가 아니며, 단지 이야기만도 아니다. 그것은 불가피한 것이 아니라는 점에서, 죽음보다 생각하기가 더 어려운 것일 수도 있다. 우리는 앞에서 어떤 아기들은 출생 이전에 죽음을 선택할 수 있었음을 보았다. 이 점에서 우리는 움베르토 에코(Umberto Eco)의 소설에 등장하는 인물과도 같다: "그는 죽음에 대해 알고 있는 것보다 더 적게 알고 있는 출생에 대해 꿈꾸고 있었다. 철학자를 특징짓는 것은 기원에 관해 생각하는 것이라는 말이 있다. 철학자에게 있어서 죽음을 정당화하는 것은 쉬운 일이다. 우리가 죽음이라는 어둠 속으로 황급히 돌진해야만 한다는 생각은 세상에서 가장 분명한 것들 중의 하나이다. 철학자를 끈질기게 괴롭히는 것은 종말의 자연스러움이 아니라, 시작의 신비이다. 우리는 다음 생에서 이어질 영원함에 대한 흥미를 잃을 수는 있어도, 우리 이전에 있었던 영원한 고통스러운 수수께끼로부터 벗어날 수는 없다."[5]

누구나 알고 있듯이, 삶의 조건은 죽음이며, 잘 살기 위한 조건은 죽음을 미리 아는 것이다.

결과적으로, 림보에서 벗어나는 것은 다음 질문에 대한 대답에 달려있다: 우리는 우리가 할 수 있는 한 최대한으로 행복하게 살기 위해 여기에 있는 것인가? 간략히 말해서, 생애 첫 3-4일 동

---

[5] U. Echo, L'ile du jour d'avant (Grasset, 1996), 420.

안에 일어나는 일은 다음과 같은 단순한 말로 표현될 수 있다: "태어나는 것이 전부가 아니다. 결국 우리는 살아야만 한다!" 신생아들의 합창이 빠르게 반향한다: "그것이 우리가 요구하는 전부에요."

그럼에도 불구하고, 그 합창에는 약간의 불협화음이 있는 것 같다. 왜냐하면, 어떤 아기들은 마치 그것이 전혀 분명하지 않은 것처럼 행동하기 때문이다.

에필로그: 삶으로의 선택

"말은 사람이고, 그의 기억, 그의 미래이다."
—에드몽 자베(Edmond Jabès)

　병원들과 공공기관들에서 정신분석은 1970년대에 받았던 것과 같은 환영을 받지 못하고 있다; 정신분석은 더 이상 무조건적인 신뢰 대상이 아니다. 과거와는 달리, 정신의학과 정신분석 사이의 공동 작업은 원활하게 이루어지고 있지 않다. 국가기관에서 일하는 정신과의사들은 더 이상 정신분석을 기준점으로 보지 않는다. 그 결과, 정신적 증상의 특수성을 위한 공간은 거의 남아있지 않게 되었다. 우리는 여러 가지 점에서 비생산적인 정신의학과 정신분석 사이의 논쟁을 넘어 전진할 필요가 있다. 우리 모두는 최소한 한 가지 점에서는 동의할 수 있는데, 그것은 정신과의사와 정신분석가는 각자의 지위와 윤리를 뛰어넘어 그들에게 의뢰되는 사람들에 대한 사회적 의무를 지니고 있다는 사실이다.
　정신분석의 현대성은 이 의무가 내담자들에게 폭력적으로 부과되어져서는 안 된다는 것을 아는 것에 놓여있다; 즉, 그것의 목표는 증상으로 환원되기 이전의 인간의 모든 진실을 인식하는 것이다. 그 윤리적 명령은 정신분석이 새로운 영역들, 새로운 방법들, 그리고 새로운 효율성의 발견을 통해 새롭게 행동할 것을 요구하고 있다.

내가 관심을 가지고 있는 출산 전후 기간과 관련된 새로운 분야들 중의 하나가 림보 기간인데, 그것과 관련해서 내가 초점을 두고 있는 산후우울감은 본질상 표준적인 정신의학의 범주에서 벗어나 있다. 그것은 특정한 병리로 분류되지 않고 있고, 그것이 나타나더라도 치료 대상으로 취급되지 않는다. 오히려 정신분석가는 그것을 주체를 구성하는 첫 순간으로 보고, 그 이야기들을 경청하려고 노력한다. 나중에, 그는 기존 심리치료들에 의해 다루어진 적이 없는, 그러나 인간적인 삶의 기초가 되는 영역들 안으로 들어가야 할 것이다: 산모를 위한 돌봄, 어려운 상황에 처한 유아와 부모에 대한 지원, 출산을 돕는 절차들과 태아기의 삶에 대한 고려. 이 모든 영역들 안에는 정신분석학적 관점에서 말하고 발견해야 할 많은 것들이 있다.

실천적인 수준에서, 정신분석가에게 요구되는 첫 번째 혁신은 그의 개인 사무실을 떠나 환자에게 다가가는 것일 수 있다: 산부인과 병동이나 병원, 어떤 곳에서든, 경청은 병리의 경로를 수정하도록 허용할 것이다. 또 다른 혁신은 예방책이나 일반적인 치료와 관련해서, 정신분석에 의해 고무된 정확한 규칙들의 확립을 요구할 것이다. 그것은 비밀 출산, 이전 세대의 슬픔에 의해 영향 받은 조산아들이나 신생아들을 위한 예방책, 그리고 보다 일반적으로, 부모들 그리고/또는 아이들의 요청을 확인하고 다루는 문제 등에서 쟁점이 되어왔다. 그러한 혁신의 결과는 정신분석 수련생들이 그런 경험을 통해 전문성을 습득하도록 허용하는 동시에, 그런 사실에 대한 증인이 되는 것이었다. 가장 시급하고 절실한 필요는 정신분석적 맥락을 기관 내에서의 실천으로 옮겨 놓는 것을 재고하는 것이다. 그 요청은 끊임없이 진화하고 있으며, 그러한 진화는 이 사회적 위기의 시기에 경청을 더 어렵게 만드는 쪽으로 이루어지고 있다. 정신분석가들은 상황에 적응해야만 하며, 그러한 요청에 대한 성과를 추구해야만 한다. 그런 노력을 통해서, 그들은 그 요청에 인간적으로 반응할 수 있는 능력을 온전히 유지할 수 있다. 사회적 비극들이 분출하는 한 가운데서, 어떤 이들은 우리가 가장 다급한 사례들에 행동으로 관여해야만 한다고 항의하기도 하지만, 정신분석가들은 여전히 고통에 귀를 기울이는 것을 최우선 사항으로 간주할 것이다. 모든 사회적 프로젝트에서 그렇듯이, 시간이 얼마나 걸리는지에 의해 측정되는 효율성의 측면에서, 우리가 제일 먼저 필요로 하는 것은 운영을 위한 새로운 능력이다. 산후우울감이 출생 후 3-4일 동안에 정신과의사에 의해 고려되지 않는다면, 우울증이 뒤따르고 지속될 수 있다. 그것이 예방될 수도 있었던 문제가 우울증으로 나타나 분석가의 사무실을 찾게 되는 이유이다. 산후우울감과 치료 사이의 시간이 더 벌어질수록, 그것의 치료는 더 오랜 시간을 요하게 된다. 우리가 다루어야 할 증후군을 갖기 전에 아이와 함께 하는 것이 더 "경제적인"것이 아닐까? 이것이 비밀출산의 사례에서 나를 움직였던 동일한 주장이었음을 기억하라. 그러나 그것은 또한 다른 연령대의 사람들 및 다른 문제 상황들에도 적용될 수 있다. 그것은 우리 직업에서 변하지 않는 요소들 중의 하나를 입증해줄 뿐이다: 해석의 효과는 그것의 정확성보다는 적절한 시기에 개입할 수 있는 능력에 의해서 판가름난다. 해석은 증언을 하는 것과 동일한 논리를 따르며, 이것은, 내가 이 책의 서론에서 말했듯이, 이 책을 위한 안내자로 기능했다. 해석은 피분석자의 말을 살펴보는 일이고, 신생아들에 대한 새로운 접근은 우리가 새로운 행동을 위해 결정하는 첫 번째 순간으로 이끌 수 있다: "결정하는 순간을 이해하는 시간 이후에는 이해를 위한 시간을 결정하는 순간이 찾아온다."[1]

림보의 기간을 강조함에 있어서, 나는 아이의 초기 어려움들에 대한 심리적, 사회적, 그리고 경제적 비용을 줄이려는 시도 외에는 한 것이 없다. 정신분석가에 의해서 시행된 예방을 위한 역할은 벨클레어 스태프들에게 다르고 낯선 일이었음에도 불구하고 그들에 의해 잘 수용되었다. 이것은 다른 많은 곳들에서도 유용한 것으로 드러날 것이다.

"비급여 진료"라는 꼬리표와 함께 일부 유아들을 정신분석가의 사무실로 보내는 프랑스 아동복지국은 분석 비용이 정신분석이 제공하는 것에 비해 지나치거나 과도하지 않다는 것을 용기 있게 보여주었다. 그렇게 함으로써, 아동복지국은 이 아이들을 위한 책임있는 보호자로서, 증상의 치료뿐만 아니라 예방과 관련해서 어린 아이들에게 정신분석적으로 경청하는 것이 지닌 치료적인 기능을 재가하고 있다.

정신분석가들에게 상담을 의뢰하는 부모들 중 많은 사람들은 마찬가지로 그것이 지닌 예방적인 기능을 믿는다. 몇 번의 회기를 가진 후에, 그들을 공격하는 심각한 고통 한 가운데서조차도, 그들이 신생아들에게 말할 수 있는 자원들을 자신들 안에서 발견할 수 있게 될 때, 그들은 그때까지 모든 사람들의 삶—그들의 아기의 삶과 가족, 그리고 친구들의 삶까지도—을 망쳐놓았던 문제로부터 아이를 지켜낼 수 있게 된 것으로 인해 즐거워한다.

특히 아동과 신생아에게서 발견되는 증상들의 복합성은 종종 진단을 어렵게 만든다. 때로 이 아이들은 실제로는 유기체의 질

---

1) J. Lacan, "Le temps logique", 197-213.

병으로 고통을 겪을 때 심리치료를 요청하는 것처럼 보인다. 그리고 그것보다 더 자주 일어나는 현상이 있는데, 그것은 치료 과정이 불분명한 생리학적 장애로 보이는 질병들이 정신분석을 통해서 심리적 원인들에 의한 것으로 판명되는 경우이다.

 3세 된 아이가 거의 잠을 자지 못하고, 치료에도 불구하고 불면증이 계속되는 문제로 소아과의사에 의해 내게 의뢰되었다. 아이에게 모든 가능한 그리고 상상할 수 있는 모든 절차들을 적용했지만, 어느 것도 효과가 없었고, 어떤 진단도 내릴 수 없었으며, 그의 불면증은 여전히 계속되고 있었다. 그 치료들을 통해 그가 얻은 것이라곤 의학적 치료와 병원에 대한 확고한 혐오감이었고, 그것은 거의 공포증으로 자리잡기 직전이었다. 내 사무실에서 한 달 동안 나를 만난 후에, 종종 그렇듯이, 그 증상은 사라졌다.

 심리치료를 통해 만성 중이염과 코와 목의 감염들로 고통받는 아이들의 증상이 완화되는 수많은 사례들을 접하면서 우리는 무엇을 생각해야 하는가? 수 년 동안 항생제를 복용하고 있던 아이들이 단지 몇 개월의 심리치료 후에 그들의 증상을 포기하는 이유는 무엇인가? 이 현상은 임상적으로 주목받아왔다. 증상의 소멸과 치료 사이의 관계에 대한 어떤 결론들이 내려질 수도, 내려지지 않을 수도 있다; 그것은 전문가적인 양심의 문제이다. 하지만 그것의 연관성이 어떻게 부인될 수 있을까?

 유사하게, 나는 정신분석 치료를 받는 동안 고질적인 천식이 없어진 사례들을 경험하는 기회를 가졌다. 그것은 7세 된 소년의 사례였다. 그의 삶과 그의 가족의 삶은 매 학기 방학 때마다 그에게 처방된 물 치료법에 의해 지배받고 있었다. 그는 유명한 알레르기 전문의에게 치료를 받고 있었는데, 자신의 치료에 저항하는 증상에 지친 그는 정신분석 치료가 바람직한지를 묻는 부모의 질문에 퉁명스럽게 대답했다: "시간과 돈을 낭비해도 좋다고 생각하신다면, 그렇게 하시지요!"

 아이는 그를 힘들게 하는 모든 가족 문제들을 불러일으키면서, 몇 달, 아마도 일 년을 낭비했다. 그때까지 그의 부모들은 그 문제들로부터 그를 보호하려고 노력했고, 그것들이 아들에게 질식시키는 상황을 부과하고 있다고는 생각해본 적이 없었다. 어쨌든, 집요하게 노력하는 모든 시간을 보낸 후에, 그 어린 환자는 그의 천식에서 벗어났다.

 정신분석가는 그의 접근이 갖는 치료적 힘을 주장할 수는 있지만, 자신의 것이 아닌 영역을 침범해서는 안 된다. 그가 산부인과 병동에서 일할 때, 그것이 말로 하는 조산원의 역할일지라도 조산원의 역할을 해서는 안 되는 것처럼, 그는 의사로서 행동해서는 안 된다. 그렇지 않으면, 그는 더 이상 정신분석가일 수 없게 되는 위험에 처한다. 만일 그가 정신과의사이면서 정신분석가라면, 그는 그 두 역할 사이에서 하나를 선택해야 할 것이다. 나는 산부인과 병동에서 환자에게 약을 처방하고 동료 정신분석가의 주소를 제공한다. 분석가를 보러갈지 말지를 결정하는 것은 환자의 몫이다. 그런가 하면 내가 정신분석가로서 환자를 만날 때에는 약을 처방하지 않는다. 그래야만 정신분석적 경청이 치료적 효과를 가질 수 있다. 반대로, 의사는 그가 "정신과의사"의 역할을 하지 않을 때, 더 효율적이 될 것이다. 그의 임상적인 본능, 즉 인간에 대한 그의 전문가적 이해와 감각은 그의 환자로 하여금 심리치료를 요청하도록 도울 수는 있지만, 심리치료는 그의 능력 범위 안에 있지 않다. 매우 자주, "정신과 의사"는 처음 만나는 사람들을 겁먹게 만드는데, 환자에게 그의 병이 생리학적인 것이 아니라 심리적인 것이며, 따라서 전문가의 상담을 요한다고 설명하는 것은 너무 잔인한 것이 된다. 그러나 환자가 자신의 두려움을 넘어 정신분석가를 사용하는 지점으로 나아가도록 돕는 것은 그 자체로서 이미 치료적이다: 그것은 고통을 기술적인 것으로 만들기보다는 인간화하는 것이기 때문이다. 신체를 치료하는 의사들은 정신의 전문가의 도움을 고려하는 것이 그들의 실패를 전가하는 것이 아니라 모두의 이익을 위한 시너지 효과에 대한 희망이라고 간주함으로써 유익을 얻을 수 있다.

출생 후 3일내지 4일 동안의 결정적 시기에 대해 말하면서, 나는 그 시기에 일어나는 일들이 이상하게도 난자가 수정 된 이후 3-4일 동안에 일어나는 일들과 일치한다는 사실을 말하지 않았다. 태내 삶에서, 4일째는 난자가 자궁으로 이동하고 삶이 시작되는 때이다; 출생 후의 삶에서, 그것은 상징적 출생의 시기이다. 이것이 돌토가 말하는 "생체 시계(organic clock)"의 한 변형일 수 있을까?

어쨌든 은유적으로, 그것은 정신분석이 관심을 갖고 있는, 말하기와 상징적 부호화(symbolic coding)의 차원을 전적으로 환기시킨다. 실재는 존재하지만, 그것은 오로지 그것이 모든 개인에게 허용하는, 상상적이고 상징적인 직조(weaving)와의 연결을 통해서만 이해될 수 있다. 나는 내가 림보 속에서 고통당하는 신생아들의 사례를 통해서 이것을 잘 보여주었기를 바란다. 나는 모든 의료적 응급상황 안에서 임상 실제의 인간화가 우리를 어려움으로부터 벗어나도록 도울 수 있다는 교훈을 이끌어내고자 했다. 사는 것과 죽는 것 사이의 선택이 이루어지는 모든 곳—예를 들면, 중환자실—은 정신분석적 도움을 더함으로써 유익을 얻을 수 있다. 그것은 죽음을 보조하는 문제가 아니라, 때때로 스스로를 죽게 내버려두는 행동 안에 기록되어 있는 무의식의 내용이 무엇인지 알아내도록 돕는 문제이다.

나의 환자들 중 한 명이 심근경색 수술을 받고난 직후에, 나를 그가 입원해 있는 병원으로 불렀다. 수술이 아주 성공적이었음에도 불구하고, 그는 죽고 싶다는 생각과 심각한 우울감에 시달리고 있었다. 나에게 자신의 느낌을 말하고 난 후에, 그는 자신의 우울에는 그가 처음에는 의심하지 못했던 이유들이 있을 수 있다는 것을 이해했다. 비록 그는 죽고 싶다고 말하고 있었지만, 그 욕망은 그 자신의 것이 아니었고, 다른 무의식적 소망에서 온 것이었다. 만약 그가 자신을 죽게 내버려둔다면, 그것은 그에 대한 어머니의 증오에 순응하는 것이 될 것이다. 그는 그것을 다음과 같은 놀랍도록 응축된 말로 표현했다: "어머니의 연세를 생각할 때, 그와 같은 장수를 설명할 수 있는 것은 한 가지 밖에 없어요: 그녀는 아직 내가 죽는 걸 보지 못했기 때문에 살아계신 거에요!"

그의 가족사와 관련된 무거운 함축을 지닌 이 퉁명스런 언급—그를 그의 어머니의 욕망의 끈에 매달려 있게 만든 상상적인 주제들에 대한 그의 분리되지 않은 연결, 그리고 그 결과, 그가 진정으로 "태어난" 적이 없기 때문에 죽음을 향하도록 만드는, 상징계로 올라서지 못한 실패—의 이유에 대해 다루는 것은 이 책의 주제에서 벗어나는 것이다. 그러나 나의 환자는 살 수 있는 그의 자유를 다시 얻었다. 이것은 나에게, 의학적으로 심각하거나 심지어 절망적인 경우라 할지라도, 정신분석적 경청이 얼마나 중요한지에 대해 말할 수 있는 기회를 주었다.

그러한 경청의 효과는 신생아들을 위해서도 동일한 힘을 발휘한다: 그들의 말을 회복하도록 돕는 것, 그들의 역사에 접근하는 것, 그리고 그들을 갉아먹는 죽음 욕동과 그들이 자신들 안에서 발견하는 생명 욕망 사이에서 선택할 수 있는 능력. 그것이 아기들이 우리에게 가르쳐주는 인류를 위한 교훈이다. 그렇게 함으로써, 그들은 우리에게 정신분석가의 작업을 위한 새로운

지평을 열어준다: 모든 사람들은 각각 자신의 욕망에 따라 끊임없이 삶으로 태어나고, 다시 태어나도록 허용하라.

감사의 말

여러 해 동안 전언어적 시기에 있는 아이들과 작업하고 그들에 관해 생각한 이후에, 나는 산부인과 병동에서 정신분석가로서 신생아들과 작업할 수 있었다. 매우 특별한 그 임상은 점차로 내 안에서 증인이 되고 싶다는 욕망을 불러일으켰다. 그 접근법의 독창성과 내가 관찰할 수 있었던 효과들은 나로 하여금 계속해서 의문을 제기하게 만들었고, 나의 연구를 다양한 방향으로 향하게 만들었다; 그것들은 나를 여러 전문분야에 걸친 모든 접근에 개방하게 만들었다.

나는 르네 프리드만과 벨클레어 산부인과 병동의 전 스태프들에게 그들의 신뢰와 우리의 우수한 공동 작업에 대해 감사를 드린다.

나는 또한 나의 임상에 대한 기반을 확립할 수 있도록 가르침과 개념적인 제안들을 준 루시앙 코흐에게 감사드린다.

정신분석가 에르베 베르나르(Hervé Bernard)는 나와 함께 장기적으로 작업하기로 결정했고, 나를 따라서 산부인과 병동으로 왔으며, 나의 이야기를 들어주었다. 그는 그의 글쓰기 재능과 전문지식으로 이 책을 쓰는 일에 기여했다. 우리가 함께 이루어낸 작업의 깊이와 민감성에 대해 그에게 감사드린다.

마지막으로, 나의 작업을 신뢰해준 메리 셰퍼드(Mary Shepherd)와 미국 정신분석가들에게 감사드린다.

색인

ㄱ

가리키는 행동, 127
가족 비밀과 가족 로맨스, 248-49, 273
갈릴레오, 63
감각 능력: 과 차가운 감각적 세계, 126; 태아들의, 75-76, 92-93, 96-99; 과 햅토테라피, 97-100; 과 신생아들은 어떻게 그들의 삶에 의미를 부여하는가, 68-70; 신생아들의, 68-85; 어머니의 목소리에 대한 신생아의 추구, 79-80; 어머니들의 냄새, 78-82; 조산아들의, 70-74; 과 어머니와 신생아들의 분리 절차, 79-80, 83-84; 과 신생아들과 어머니 사이의 피부 접촉, 100, 102-3, 114, 178, 184; 과 신생아들에 의한 목소리의 인식, 51-52, 72-73, 75-77, 79, 100-101, 108-9
강간, 231, 232, 243, 252
개입에 대한 요청, 58, 149-53, 158-62, 165-67
결론을 내리는 순간, 28, 30, 169
결막염, 154, 155-56
경계선: 보육센터에 있는, 150-52; 신생아들과의 정신분석, 150, 152-53

고틀립, 길버트, 110-11
과학 대 정신분석, 62-64. 또한 뇌 연구를 보라
광선요법, 78, 80, 84
교육적인 의료, 72
근친상간, 243, 252
근친상간 금기, 175
글로 표현된 언어 대 구강적 언어, 203
기억: 을 끌어당기는 장들, 141-42; 창의적인 기억, 131-35; 과 꿈, 137, 140; 과 정서, 111-12; 과 정보를 추출하기와 속도를 늦추기, 142-43; 과 유아기 기억상실증, 94, 116, 145-46; 의 신경생물학, 110-11; 신생아들의, 130-46; 과 자기의 영속성, 130; 기억 과정, 135-46; 에 대한 연구, 135-39; 과 신생아들과 작업하는 정신분석가의 역할, 146; 차폐 기억들, 144; 에 대한 스턴, 130
기억력 이상증진, 143
기억상실증. 유아기 기억상실증을 보라
기억을 끌어당기는 장들, 141-42
기억의 창작 (로젠필드), 135
꿈: 에서의 응축과 전치, 121; 태아의, 137; 에 대한 주베의 연구, 140; 과 기

억, 136-37, 140; 과 후각, 80-81; 암에 걸린 여성의, 107-8

ㄴ

낙태: 와 비밀 출산, 240; 기형인 쌍둥이에 대한 임신 후기의 낙태, 56-57; 에 대한 어머니의 고려 86, 87
난소 호르몬, 92-93
내적 부모들, 219,
냄새: 와 꿈, 80-81; 어머니들의, 78-82
노르에피네프린, 139
뇌 연구: 꿈에 대해, 140; 정서에 대해, 111-12; 기억 과정에 대해, 135-39; 언어에 대한 신생아의 타고난 능력에 대해, 119-22; 후각에 대해, 80-81; 신체 표지들에 대해, 112
N-CAMs (뉴런-세포접착 분자), 136
뉴런 지도들, 136
니비엘러, 이본느, 262

ㄷ

다마지오, 안토니오, 112
대뇌부, 120
대상 다발, 111
도파민, 139
돌토, 카트린, 97, 249
돌토, 프랑수아즈: 와 혼수상태에 있는 사람과의 분석적 회기들, 187-88; 와 안토니 보육원, 28, 37, 159, 226; 와의 저자의 연구, 38-39, 47-48; 보육센터에 있는 경계선에 대해, 150-51; 연대기적 반복에 대해, 90, 91, 123; 와 입양된 아이의 임상사례, 52-53; 와 암에 걸린 여성의 임상사례, 107-9; 비밀 출산에 대해, 218-18, 225-26; 태아와 유아 사이의 연속성에 대해, 96-97; 의 딸, 98; 의 죽어감과 죽음, 40; 교육적인 의료에 대해, 72; 태아의 도덕적 원리에 대해, 192; 내적 부모에 대해, 219; 언어의 지체와 결함에 대해, 204; 어머니의 냄새에 대해, 82; 의 유아들과의 정신분석 임상, 28, 37-41, 67; 어머니의 정신증에 대해, 174-75; 존재의 동일성에 대해, 44; 신생아에게 말하기에 대해, 106-7; 상징적 지불에 대해, 182 각주; 증상의 삼분법적 자리에 대해, 185; 배꼽의 거세에 대해, 201
동일시, 모성적, 21, 134, 184-85, 204-7
듣기: 출산 이후에 어머니들의 말을, 53-55; 신생아들과의 정신분석에서의, 25-26, 53-62, 158-59; 의 정신분석적 개념, 42. 또한 정신분석; 신생아들과의 정신분석을 보라
디디에-와일, 알랭, 190, 191
디스, 버나드, 91-92
"똑똑한 피부"와 태아들, 98

ㄹ

라깡, 자끄, 26-27, 63, 121-22, 191
레보비치, 세르게이, 115-16, 194-95
로젠필드, 이즈라엘, 135-36
루리아, 알렉산더, 143
루소, 장-자끄, 65, 83

르보이어, 프레데릭, 186
림보: 와 산후우울감, 30, 170-71, 192-201, 201-2, 204, 261-62; 와 비밀 출산, 170-71, 261-62; 와 수정 이후 시기 사이의 상응점, 275; 의 정의, 30, 261-62; 단어의 어원학, 261-62; 와 신생아들과의 정신분석, 270-72, 275-76; 와 상징적 출생, 170-72, 201-5, 275-76

ㅁ

마르, 데이비드, 136
막대그래프, 123
말로, 앙드레, 85
"말의 구멍들", 91, 146, 176, 192
말하기: 의 씨앗들로서의 옹알이와 비명지르기, 122-23; 아이의 어머니, 또는 아버지에게, 78-79, 80, 117-18, 161, 184-85; 말하기의 응급상황으로서의 비밀 출산, 220, 230-33; 와 신생아의 이름 지어주기, 266-68; 신생아들에 의한, 111-29; 신생아들에게, 106-11, 146, 155-56, 160-61, 184-85; 와 언어에 대한 신생아의 타고난 능력, 119-29; 의 운율학적 요소들, 107; 와 신생아의 의미론, 109-11; 와 미소 짓기, 125-26; 와 음절 형성, 127-29. 또한 목소리를 보라
맥락: 문화적 맥락, 153-58, 230-33, 257-58; 에 대한 병원 스태프의 이해, 165-68
맹시, 119-20
먹이기. 또한 젖병 수유; 모유수유; 신생아들의 먹기 문제들을 보라

멜랑콜리형 우울증, 174-75
모국어, 76, 128
모노아민-조절 뉴런들, 139
모성적 동일시, 21, 134, 184-85, 204-7
모성적 본능, 259. 또한 어머니들을 보라
모유수유: 와 아기의 울음, 133; 의 어려움들, 48-49, 59, 59-60, 156, 180; 대 컵으로 모유 마시기, 59-60; 대 젖병수유에 대한 어머니의 죄책감, 125; 와 젖의 분비, 54-55, 133, 135, 180; 에 관한 어머니의 두려움, 133, 135;를 하는 동안 어머니가 아기를 꼬집고 건드리는 행동, 193; 에 대한 반대, 205, 206-7; 쌍둥이의, 87; 와 신생아의 체중증가 문제, 118
목소리: 어머니의 목소리에 대한 아기의 추구, 79-80; 오리들과 음성 인식, 110-11; 어머니의 목소리에 대한 태아의 인식, 75-76, 98; 신생아들의 첫 울부짖음, 51; 부모들의 목소리에 대한 신생아의 인식, 51-52, 72-73, 75-77, 79, 100-101; 와 조산아들, 73-74; 말하기의 운율학적 요소들, 107; 신생아들과의 정신분석에서의, 49-53; 와 "말의 구멍들", 91, 146, 176, 192. 또한 언어; 말하기를 보라
몸짓: 손으로 옹알이하기, 77; 아기들의, 77; 태아들의, 95-96
무는 행동, 193
무슬림, 117-18, 153-58, 160-61, 243-44, 257
무월경증, 17, 19-20

무의식, 130, 142, 220
문화적 맥락: 출생의, 263; 비밀 출산의, 230-33, 257-59; 신생아들과의 정신분석의, 153-58
미소 짓기, 125-26

ㅂ

바댕테르, 엘리자베스, 259
바르트, 롤랑, 15
바스, 드니스, 51, 152
바틀렛, 프레드릭, 137
반복: 의 자동현상, 89-90; 과 성공적인 모유수유, 205-7; 연대기적인 반복, 90-91, 123; 과 어머니와 그녀의 남자형제 사이의 경쟁, 205-7; 과 비밀 출산, 230-31, 233; 과 죽음 욕동, 90; 의 정의, 88; 과 신생아들에 대한 연결을 유지하기, 96-97, 100-104; 과 쌍둥이들의 어머니, 85-88; 과 아버지에 대한 어머니의 부정확한 지각, 181-83; 과 "생체 시계 아이들", 91, 275; 과 피온텔리의 쌍둥이에 대한 연구, 94-96; 태아기와 출생 이후의 반복, 91-97; 정신분석에서의, 88-90; 신생아들과의 정신분석에서의, 85-88; 유쾌하지 않은 마주침의 결과로서의, 90; 쌍둥이와 자궁안에서의 다른 쌍둥이의 죽음에 의한, 94-96; 에 대한 은유로서의 바람, 90
발레리, 폴, 129
배꼽의 거세, 201-2, 204, 213, 210, 217
배변, 86-88
배앓이, 48, 124

버스넬, 마리-클레어, 75-76, 109
법률: 출생 이후의 아이의 인정에 대해, 263-25; 입양에 대해, 34, 224-27, 242, 242, 250-51, 254, 256-27; 비밀 출산에 대해, 34, 224-27, 242, 250-51, 254, 256-57
벨드만, 프란츠, 97 각주
변비, 48, 86
변연계, 111, 120, 138
병원 스태프: 와 정신분석가와의 공동 작업, 159, 167-69; 와 비밀출산, 221-23, 227-30, 235-37, 241, 242; 와 어머니들에 대한 호칭의 형태, 185; 의 중재 기능, 162-69; 조산원들, 148, 164-65; 와의 어머니들의 의사소통, 53-55, 168; 에 의한 아버지에 대한 존중, 186; 에 의한 어머니에 대한 존중, 70, 185; 와 출생 후 신생아의 일상적인 처치, 101-2; 와 맥락에 대한 이해, 165-68. 또한 앙투안 벨클레어 병원 산부인과 병동을 보라
보뱅, 크리스티앙, 105
보스니아, 253
부모들. 아버지들; 어머니들을 보라
부인(denial): 과 반응성 우울, 177-78
분만 중의 과다출혈, 189
불면증, 273
불임 문제들, 18, 20-21, 22, 113, 208. 또한 인공수정 기술을 보라
브리테셔, 클레어, 33
브라젤튼, 베리, 75
블루 노트, 190-91
비밀: 과 비밀 출산, 248-49, 250-51; 의

어원학, 248; 가족 비밀과 가족 로맨스, 248-61. 또한 비밀 출산을 보라

  비밀 출산: 산후우울감과의 비교, 261-62; 과 친모와 정신분석가 사이의 대화, 231-33, 238-40, 244-45, 258-61; 에 관한 신생아와의 대화들, 232, 241, ; 과 단어 secret의 어원학, 248; 과 가족 비밀과 익명성, 248-49, 250-61; 과 아버지들, 225, 232, 238-39, 240, 245, 252, 258; 아기에 대한 기록과 소책자, 239, 245, 258-59; 과 병원 스태프, 221-23, 227-30, 236, 241, 242; 에 대한 법률, 34-35, 224-27, 242, 250-51, 253-54, 256-57; 과 림보, 170-71; 에 대한 오해, 239-40; 에 관한 어머니의 양가감정과 마음의 변화, 245-47; 에 대한 어머니의 결정, 230-33, 242-44, 258-60; 상호 동의에 의한, 243-44; 과 신생아들의 이름 짓기, 221-23, 230, 232, 256; 의 고통, 243-47, 253, 257-58; 과 신생아들과의 정신분석, 218-20, 232, 233-47; 에서의 가족 비밀에 대한 정신분석가의 견해, 252-55; 아이들이 경험하는 반복된 분리와 기다림, 223-24, 241, 241-42; 과 반복, 230-31, 233; 과 사회복지사들, 227, 234, 238, 252; 말하기 응급상황으로서의, 220, 230-36; 에 대한 통계, 218; 에 대한 연구 집단, 233-34. 또한 입양을 보라

  비온, 윌프레드, 203

  비탄. 애도를 보라

ㅅ

사모아의 속담, 263
사물에 대한 일차적 의식, 119, 130
사회복지사들, 227, 234, 238, 252
산부인과 병동. 앙투안 벨클레어 병원 산부인과 병동을 보라
산부인과 병동에서의 산후 관리, 55
산욕기 정신증, 174

  산후우울감; 과 입양한 어머니들, 178-79; 과 가족 구성원의 세대들에 대한 암시, 192-93, 212; 에서의 아기의 역할, 43, 177-80, 202-3; 의 시작, 54; 일반적인 현상으로서의, 172-77; 비밀 출산과의 비교, 261-62; 산후우울증과의 비교, 174; 과 어머니의 울음, 172, 178-79, 207; 의 정의, 30, 126; 과 아버지들, 176-77, 213-17; 의 기능과 아기의 자율성, 165, 193-94, 195, 200-1, 205; 에 대한 병원 스태프들의 이해, 165-66, 171-72; 과 어머니를 위한 해석, 189-90, 271; 과 젖의 분비, 54, 180; 에 앞서는 림보, 30, 170-71, 192-201, 202, 204; 세쌍둥이의 어머니에게서의, 207-11; 에 대한 어머니의 경험들, 204-17; 을 위한 치료에 대한 어머니들의 관심, 36-37; 과 어머니의 애도, 202-3; 과 신생아의 신체적 질병들, 124, 171-72, 180; 에 대한 생리학적 그리고 심리학적 이유들, 172-73, 179; 과 신생아들과의 정신분석, 181-92, 195-200, 205-12, 215-16, 270-72, 275-76; 과 신생아와 어머니 사이의 피부 접촉, 102; 과 아기들이 짓는

미소, 125-26; 에 대한 통계, 172-73; 에 대한 연구 집단, 36, 46; 과 상징적 출생, 170-71, 201-5, 217, 275; 과 증상의 삼분법적 자리, 181-86; 과 배꼽의 거세, 201, 204, 212, 216, 217

산후우울증, 174, 208, 209, 211, 271
살아있는 탐구자들, 165
삶으로의 선택, 269-76
상위-의식, 120, 130, 138
상징들의 의미, 121-22
상징적 기억, 120-21
상징적 지불, 181, 181 각주
상징적 출생, 170-72, 201-5, 217, 275
설사, 48, 68
성애, 에 대한 프로이트, 65-67
성애에 대한 세 편의 에세이 (프로이트), 65-67
세로토닌, 139
세쌍둥이들, 207-12. 또한 쌍둥이들을 보라
CAMs (세포접착분자), 136
손가락으로 가리키기, 126-27
손 옹알이, 76-77
수술, 188, 275-76. 또한 제왕절개를 보라
수정과 자궁 내의 난자의 착상, 194, 275
수정란의 개수 줄이기, 208
수화, 77
쉬릴니크, 보리스, 104, 123, 125-27, 137
스턴, 대니얼, 130, 144, 138
시각. 응시를 보라

시각적 인식 불능증 (맹시), 119-20
시각 피질, 119
시몽, 클로드, 90
시상, 81
시상하부, 138
신경생물학. 뇌 연구를 보라
신경조절물질들, 139, 140
신경펩티드, 125-26
신뢰: 정신분석가와 병원 스태프 사이의, 163-64; 의 분위기, 21-22, 24
신생아들: 의 아버지들에 의한 목욕시키기, 186; 과 삶으로의 선택, 267-68, 276; 과 연대기적 반복, 91, 123; 과 어머니들 사이의 연결, 45-46, 96-97, 100-104, 195; 태아로부터 유아로의 연속성, 91-97; 의 울음, 51, 122-23, 133-35, 178, 179-80, 197, 198; 출생 이전의 쌍둥이의 죽음, 55-62, 197-201; 의 우울, 59-61; 과 모유수유의 어려움, 59, 60; 과 컵으로 모유 마시기, 60; 에 의한 얼굴 인식, 141; 과 가족 비밀, 248-49; 의 첫 울부짖음, 51; 의 시선, 50; 과 누군가의 삶에 의미를 부여하기, 68-70; 과 해석, 195-201; 의 더 이상 축소할 수 없는 욕망, 25; 에게 있어서 연결을 유지하기, 96-97, 100-104, 195; 의 기억, 130-46; 의 이름 지어주기, 58-59, 154, 209, 213, 221-23, 230, 232, 256, 266-68; 과 어머니의 냄새, 78-82; "생체 시계 아이들", 91, 275; 타자로서의, 51, 180, 202; 의 인격, 200-201; 직업적인 전문화로서의, 47-49; 산후우울감에서의 역할, 46, 177-80; 출생 이후에 병원 스태

프에 의한 일상적 처치, 101-2; 의 감각 능력, 68-85; 과 어머니들 사이의 피부 접촉, 100, 102-3, 114, 178, 184; 과 미소 짓기, 125-26; 에게 이야기하기, 105-11, 145-46, 155-56, 160-61, 184-86; 에 의한 말하기, 111-29; 정상적이고 건강한 신생아들에 대한 통계, 195; 연구의 주제로서의, 62-64, 84-85; 에 대한 연극적 비유, 104; 과 증상의 삼분법적 자리, 160-61, 181-86; 에 의한 배뇨, 15-20, 22-23; 의 음성화와 산후우울감, 203-4; 에 의한 목소리의 인식, 51-52, 72-73, 75-77, 79, 100-101, 108-9. 또한 아기들; 비밀 출산; 신생아들의 먹기 문제; 태아들; 신생아들의 신체적 질병, 신생아들과의 정신분석을 보라

신생아들과 어머니들 사이의 피부 접촉, 100, 102-3, 114, 178, 184

신생아들과의 정신분석: 에서의 저자의 경력, 35-45; 과 산후우울감, 181-92, 195-201, 204-12, 215, 270-72, 275-76; 에서의 경계선, 150, 151-53; 과 신생아들에 의한 삶으로의 선택, 267-68, 276; 과 병원 스태프와의 공동 작업, 159, 167-69; 과 비밀 출산, 218-20, 232, 233-47; 과 태아에서 유아로의 연속성, 96-97; 의 문화적 맥락, 153-58; 을 위해 요구되는 요소들, 42; 에서의 시선과 목소리, 49-53; 과 신생아에 의한 누군가의 삶에 의미를 부여하기, 68-70; 의 정신분석 임상에 대한 영향, 30-31; 에 대한 학제간의 연구와 임상, 63-64; 과 해석, 187-92, 195-201, 271-72; 과 정신분석가의 소개, 186; 과 신생아의 더 이상 축소할 수 없는 욕망, 25; 정신분석가에 대한 꼬리표, 161-62; 과 라깡의 정신분석의 세 단계, 27-31, 169; 과 림보, 270-72, 275-76; 과 듣기, 25-26, 53-62, 158-59; 과 병원 스태프의 중재 기능, 162-69; 과 기억, 134-35; 과 신생아의 이름 지어주기, 266-68; 과 조산아, 70-74, 83-84, 207-12; 을 위한 규정과 원칙, 29-30, 47-48, 49, 149-69, 270-72; 과 의료기록 읽기, 149; 으로부터의 의뢰, 162, 183; 의 거부, 150, 165-66; 과 반복, 85-88, 90-91; 과 개입에 대한 요청, 58, 149-53, 158-62, 160-67; 에서의 정신분석가의 역할, 146, 274-75; 과 감각 능력, 68-69, 72-74, 78-82; 과 어머니들과 신생아들을 위한 분리 절차, 79-80, 83-84; 과 잠들어 있는 신생아, 187-88; 과 아이의 어머니 또는 아버지에게 말하기, 78-79, 80, 117-18, 161, 184-85; 과 신생아에게 말하기, 106-11, 146, 155-56, 160-61, 184-85; 과 신생아에 의한 말, 112-18; 의 즉각적인 효과, 30-31, 39-40, 41, 80, 87-88, 115, 162, 196, 208-9; 과 증상의 삼분법적 자리, 160, 181-86; 의 맥락에 대한 병원 스태프의 이해, 165-68. 또한 산후우울감; 비밀 출산; 신생아들을 보라

신생아들과의 정신분석에 대한 거부, 150, 165-66

신생아들의 소화기 문제들, 48, 59-60, 112-13, 171-72. 또한 신생아의 먹기 문제들을 보라

신생아들의 먹기 문제들, 48, 59, 60, 86, 113-15, 156, 161, 184. 또한 젖병 수유; 모유수유; 신생아들의 소화 문제들을 보라

신생아들에게서의 삶의 의미, 68-70

신생아들을 캥거루 스타일로 안아주기, 221, 223

신생아들의 신체적 질병: 과 산후우울감, 124-25, 171-72, 180; 배앓이, 48, 124-25; 과 비밀 출산, 235; 결막염, 154, 156; 변비, 48, 86; 설사, 48, 67-68; 소화 문제들, 48, 60-61, 112-13, 171-72; 혈당증, 228-29; 황달, 78, 80, 84, 117, 154; 호흡기 문제, 49, 113, 215, 247; 과 신체 표지들, 112; 합지증, 59-60; 의 유형들, 48-49, 112-3. 또한 조산아들을 보라

신생아 목욕시키기, 186

신생아 병동: 과 비밀 출산, 236-37; 조산아들을 위한, 42-43, 70-74, 84, 177-78, 207-11

신생아의 비명, 133-35, 153-54

신생아의 의미론, 109-10

신생아의 체중 증가, 117-18

신생아의 체중 감소. 신생아들의 먹기 문제를 보라

신체적인 표지들, 112

심판 (카프카), 163

쌍둥이들: 의 변비, 85-86; 자궁 내에서의 쌍둥이 중 한 명의 죽음, 55-58, 94-95, 197-201; 태아들로서의, 95-96; 과 유아기 기억상실증, 145; 기형인 쌍둥이의 임신 후기의 낙태, 56-57; 쌍둥이로서의 어머니, 85-87; 의 어머니, 85-87; 죽은 쌍둥이에 대한 아이의 애도, 131-32; 의 움직임, 95-96; 에 대한 피온텔리의 연구, 94-97, 131. 또한 세쌍둥이를 보라

쌩텍쥐페리, 앙투안 드, 32

○

아기들: 과 욕구와 욕망 사이의 혼란, 193; 태아로부터 유아로의 연속성, 91-97; 의 자위에 대한 프로이트, 66-67; 에 의한 손 옹알이, 77; 의 치사율, 33; 의 인격, 201; 에 대한 사회적 관심과 보살핌, 32-35. 또한 신생아들; 조산아들; 신생아들과의 정신분석; 쌍둥이를 보라

아기에 의한 배뇨, 15-20, 22-23

아기 편에 서기, 62, 249

아동복지국(프랑스), 41, 160, 226, 232, 234, 251, 254-55, 272

아랍 여성들, 257-58. 또한 무슬림을 보라

아리에, 필립, 33

아버지들: 과 산후우울감, 176, 213-17; 과 출생 후에 아기 목욕시키기, 186; 과 비밀 출산, 224, 232, 238, 239, 240, 245, 252, 257-58; 과 쿠바드, 214; 의 울음, 216; 의 죽음, 18, 19, 21, 22; 과 신생아에 관련된 두려움, 117-18; 과 태아와의 햅토테라피, 98-99; 과 어머니와 신생아가 집으로 돌아가기, 176; 에 대한 병원 스태프의 존중, 186; 과 정신분석가에 의한 해석, 189; 이슬람교도

색인 / 287

아버지, 153-58, 160; 에 대한 어머니의 부정확한 지각과 반복, 181-83; 에 대해 아이에게 어머니가 호칭하기, 116-17; 조산아의, 210-11; 과 아이 사이의 관계, 88-89, 97; 의 유아들에게 말하기, 106; 에게 정신분석가의 말하기, 118, 184-86; 과 증상의 삼분법적 자리, 160-61, 181-86; 과 아기에 의한 목소리의 인식, 51, 72-73, 100-101
 아버지에 대한 은유, 202
 아버지들의 불안, 118
 아이들: 의 무는 행동, 193; 의 손으로 가리키기, 127; 의 2-4세 사이의 태내에서의 삶의 영향, 96-97; 과 유아기 기억상실증, 143-46; 과 불면증, 273; 형제자매들 사이의 질투, 205-7; 의 정신분석, 37, 273-74; 의 성애, 65-67; 과 상징적 지불, 181, 181 각주; 또한 아기들; 신생아들을 보라
 아이들 사이의 질투, 205-7
 아이의 출생에 대한 인정, 263-66
 아인슈타인, 알버트, 63
 아프리카, 175-76, 214, 231
 악마의 눈, 153-58
 안토니 주립 보육원, 28, 37, 41, 42, 159, 226, 234
 안티노리, 세베리노, 166
 알코올 중독, 19, 23, 245
 암, 107-8
 앙투안 벨클레어 병원 산부인과 병동, 28, 42-47, 54-55. 또한 병원 스태프를 보라
 양수천자, 198

애도: 와 수정란의 개수 감소법, 208; 자매와 어머니의 죽음 이후 어머니의, 132-35; 태아의 죽음에 대한 어머니의, 113-14, 184-85, 198; 아버지의 죽음에 대한 어머니의, 20-22; 산후우울감 동안 어머니의, 202-3; 죽은 쌍둥이에 대한 신생아의, 59-61, 131, 197-201; 죽은 쌍둥이에 대한 부모들의, 94-95
 애착, 101, 234
 어머니들: 의 거식증, 68; 의 불안, 15-20, 22, 118, 124; 산후 기간에 병원 스태프와의 의사소통, 53-55, 168; 의 울음, 78-79, 171-72, 177-79, 207; 과 어두운 병실, 16, 18; 과 아버지의 죽음, 18, 19-20, 21, 22; 임신 중의 우울, 181-82; 자신의 어머니에 대한 실망, 25-26; 임신한 여성에 대한 가족 내의 폭력, 258; 에 대해 병원 스태프가 사용하는 호칭의 형태, 185; 태아의 죽음에 대한 죄책감, 61, 94-95, 200; 아버지의 죽음에 대한 죄책감, 19-22; 과 태아들과의 햅토테라피, 97-100; 자신의 어머니들과의 동일시, 21-22, 134, 184-85, 205-7; 과 정신분석가에 의한 해석, 189-90; 이슬람교도 어머니, 153-58, 160-61; 과 신생아들 사이의 연결을 유지하기, 45-46, 96-97, 100-104, 195; 의 냄새, 78-82; 을 위한 산부인과 병동에서의 산후관리, 55; 조산아들의, 70-74, 84, 200; 정신분석가의 우선순위로서의, 48; 의 존엄성에 대한 병원 스태프들의 존중, 70, 185-86; 과 신생아들 간의 피부 접촉, 100-101, 102-3, 114, 178, 184; 에게

정신분석가의 말하기, 78-79, 80, 117-8, 161, 184-86 ; 의 유아들에게 말하기, 106, 107-9; 과 증상의 삼분법적 자리, 160-61, 181-86; 쌍둥이로서의, 85-87; 쌍둥이들의, 85-87; 과 아기에 의해 인식된 목소리, 51-52, 72-73, 75-77, 79, 109-10; 과 태아에 의해 인식된 목소리, 76, 98. 또한 산후우울감; 모유 수유; 비밀 출산; 애도; 신생아들; 산후우울증; 신생아들과의 정신분석을 보라

어머니들의 불안, 16-17, 22, 118, 124-25. 또한 산후우울감을 보라

어머니들과 신생아들을 위한 분리 절차, 79-80, 83-84

어머니의 거식증, 68

억압, 143

언어에서의 창의성, 121

"언어의 구멍", 91, 146, 176, 192

언어의 대뇌피질 영역, 120

언어: 에서의 창의성, 120-21; 와 암에 걸린 여성의 꿈, 107-9; "언어의 구멍", 91, 146, 176, 192; 와 언어의 욕조, 97, 125-27, 192; 와 모국어, 76, 128; 에 대한 신생아의 타고난 능력, 119-29; 어머니의 언어에 대한 신생아의 인식, 76, 106-7; 에 대한 신생아의 이해, 105, 106-7, 108-9, 127-29; 언어의 잠재적 공간, 192-93; 와 신생아의 말이 갖는 의미, 109-10; 와 음절 형성, 126-29; 글로 표현된 언어 대 구강적 언어, 203-4. 또한 수화; 말하기; 목소리를 보라

언어의 욕조, 97, 125-27, 192

언어의 잠재적 공간, 192-93

언어의 지체와 결함, 204

언어 심리학, 77

얼굴 인식, 141

에델만, 제랄드, 119-22, 130, 136

에리티에, 프랑수아즈, 263

에코, 움베르토, 267

엘리아셰프, 카롤린, 28, 37, 41

연극적 비유, 104

연대기적 반복, 89-90, 123

영양포, 194

예방적 수단: 과 산후우울감, 270-72; 과 비밀 출산, 235-36; 쌍둥이 또는 세쌍둥이의 죽음에서의, 131-32; 으로서의 햅토테라피, 100; 으로서의 해석, 187-88. 또한 신생아들과의 정신분석을 보라

오이디푸스 콤플렉스, 248

옹알이, 123; 손으로 하는, 77

우울증: 자궁 내에서의 쌍둥이의 죽음과 신생아의, 59-611, 197-201; 임신한 여성의, 181-82; 수술 이후의, 275-76. 또한 산후우울감; 산후우울증을 보라

울음: 아버지들의, 216; 어머니들의, 78-79, 171-72, 178-79, 207; 신생아들의, 51, 78-79, 122-23, 133-35, 178, 179-80, 197, 198

움직임: 태아들의, 95-96; 쌍둥이들의, 95-96

월경 기간. 무월경증을 보라

위니캇, 도날드, 67, 71, 130

위탁 양육, 160

유고슬라비아, 253

유기, 224-25. 246. 비밀 출산을 보라

색인 / 289

유비적 처리과정, 141, 142-43, 146
유산, 16, 21, 190, 207
유아 돌연사 증후군, 33-34
유아기 기억상실증, 94, 116, 143-46
유아들. 아기들; 태아들; 신생아들; 신생아들과의 정신분석을 보라
유아의 치사율, 33
윤리, 29, 34-35, 44, 208, 263, 270
융합: 과 산후우울감, 194; 태아-어머니 융합에 대한 부정확한 개념, 92-93, 194; 르보비치에 대해, 194-95
은유들, 104, 122, 190
음악적 비유, 123, 191, 192
음절 형성, 127-29
응시: 신생아들의, 50; 신생아들과 정신분석에서의, 49-53
응시의 즉시성, 27-28
의사소통. 언어; 말하기; 목소리를 보라
의학적으로 도움을 받는 수정. 인공수정 기술을 보라
이름 짓기: 아기들의, 58-59, 154, 209, 213, 221-23, 230, 232, 256, 266-68; 와 비밀 출산, 221-23, 230, 232, 256; 아이에게 아버지의, 116
이해, 의 어원학, 108
이해를 위한 시간, 27, 29, 169
인공수정 기술들, 34, 44, 69-70, 113, 166-67, 207-8, 263-64
인지적 처리과정, 141-42, 143
일반화된 상호작용들로서의 표상들 (RIGs), 130-31
일차적 모성 몰두, 71-72

임신한 여성에 대한 가족 내의 폭력, 257
입양: 입양한 어머니들의 산후우울감, 178-79; 과 입양된 아이의 가족 비밀, 252-54; 프랑스령 폴리네시아와 타히티에서의, 255-56; 에 대한 법률, 34; 과 아이의 초기 분리의 고통, 52-53; 입양된 아이들과의 정신분석 작업, 40-41. 또한 비밀 출산을 보라

ㅈ

자궁 내 삶의 의상 리허설, 104
자기의 영속성, 130
자베, 에드몽, 269
자살과 자살 시도, 20, 182, 262
자위, 66-67
전두엽 피질, 112, 120, 138
접촉, 160-61, 181-86
정보에 대한 접근의 결여, 143; 부모들의, 57-58, 61, 86
정보-처리 회로, 138, 141-43
정서와 기억, 111-12
정신분석: 과 예술적인 창조성, 85, 191-92, ; 에서의 저자의 경력, 35-45; 에서의 경계선, 151-52; 아동의, 37-38, 273-74; 자연과학으로부터의 거리, 63-64; 의 윤리, 30, 269; 의 임상에서 신생아들과의 작업의 효과, 30-31; 라깡의 세 단계, 27-31, 169; 과 성인들과의 기억 작업, 196; 에서의 해석에 대한 음악적 비유, 191-92; 을 위한 규정과 원칙들, 29, 47-48; 과 정신의학, 269; 으로

의 의뢰, 162, 183, 274-75; 에서의 반복, 88-90; 과 정신분석가의 역할, 273-75; 에서의 전문화, 47-49; 말하기 치료로서의, 84-85. 또한 신생아들과의 정신분석을 보라

정신분석가와 병원 스태프의 공동작업, 159, 167-69

정신분석으로의 의뢰, 162, 183, 274-75

정신의학, 269, 270, 274

젖 먹이기. 모유 수유를 보라

젖병 수유, 115, 125, 216

젖의 분비, 54, 133, 135, 180

제왕절개, 56, 57, 60, 84, 188, 190, 198

젤베르, 지젤, 127-28

조산아들: 의 아버지, 210-11; 을 위한 캥거루 유닛, 42, 43-44, 48, 103, 189, 197, 207, 215; 의 어머니, 70-74, 84, 200; 과 어머니의 목소리, 73-74; 을 위한 신생아 병동, 42-43, 70-74, 84, 177-78, 207-11; 과의 정신분석, 70-74, 84-85, 207-12; 의 감각 능력, 70-74; 과 분리 절차, 84-85; 에 의한 목소리의 인식, 109-10

조산원들, 147-48, 164-65. 또한 병원 스태프를 보라

존재의 동일성, 44

죄수들의 딜레마, 26-28

죄책감: 아버지의 죽음에 대한 어머니의, 20-22; 젖병 수유에 대한 어머니의, 124; 조산아의 어머니들의, 71-72, 200; 쌍둥이의 죽음에 대한 부모들의, 61, 94-95, 200; 한쪽 쌍둥이의 죽음에 대한 다른 쪽 쌍둥이의, 94-95

주베, 미쉘, 140

죽음: 에 대한 욕망, 우울증으로 인한, 275-76; 아버지의, 18, 19, 21, 22; 태아의, 113, 184; 유아의 치사율, 33-34; 에 대한 철학자의 견해, 267; 죽어가는 상황에 대한 정신분석가의 도움, 275-76; 자살과 자살 시도, 20, 182, 262; 자궁내의 쌍둥이의, 56-57, 94, 198

죽음 욕동, 90

증상의 삼분법적 자리, 97-100, 193

ㅊ

차가운 감각적 세계, 126

차폐 기억들, 143-44

창조적인 기억, 131-35

천식, 273-74

철수형 정신증, 174

청각장애아들, 77

출산. 아이의 출생을 보라

출생: 의 인정, 264-66; 직후의 아기 목욕시키기, 186; 제왕절개에 의한, 56, 57, 60, 84, 188, 190, 197-98; 과 문화, 263; 과 탯줄의 절단, 51, 193, 201; 을 둘러싼 어려움들, 263; 에 앞선 힘든 분만, 147-48; 과 분만 중의 출혈, 189; 의 신비, 267-68; 후의 일상적인 처치, 101-2; 에 대한 연극적 비유, 104; 또한 비밀출산; 신생아들을 보라

출생 기록들, 264-65

치사율. 유아 치사율을 보라

ㅋ

카프카, 프란츠, 163
캥거루 유닛: 과 비밀 출산, 236-37; 조산아들을 위한, 42, 43-44, 47, 102-3, 189, 197, 207, 215
컵으로 모유 마시기, 60
코흐, 루시앙, 83, 84, 165, 192-93
콕토, 장, 218
쿠바드, 214
퀴나르, 파스칼, 139
클라인, 멜라니, 67
키에르케고르, 쇠렌, 90

ㅌ

타비스톡 클리닉(런던), 93
타쎙, 장-폴, 139, 142-44
타자: 로서의 아기, 51, 180, 202; 와 주체성의 구성, 144; 로서의 어머니, 204, 217
타히티, 255-56
태반, 92-93, 194
태아들: 의 뇌 발달, 135-36; 을 위한 용어의 변화, 91-92; 과 연대기적 반복, 91; 로부터 유아로의 연속성, 91-97; 의 죽음, 113, 184, 198-99; 의 살고자하는 욕망, 195, 200; 의 꿈, 137; 과 가족 비밀, 249; 의 몸짓, 95-96; 과의 햅토테라피, 97-100, 249; 태아-어머니 융합의 부정확한 개념, 92-93, 194; 과 "똑똑한 피부", 98; 의 흡혈행위로서의 도덕적 원리, 192; 의 움직임, 95-96; 과 난소

호르몬들, 92-93; 에 대한 과도한 자극, 110-11; 과 태반, 92-93, 194; 에 대한 연구, 69-70, 75-76, 95-96; 의 감각능력, 75-76, 92, 96-99; 에 대한 연극적 비유, 104; 쌍둥이의, 96; 에 의한 목소리의 인식, 75-76, 98, 109-10
태아들에 대한 과도한 자극, 109-10
태아의 거세, 201, 204, 213, 216, 217
탯줄: 과의 연결을 재확립하기 위한 시도, 유아들의 호흡기 문제들에서, 211-12, 247; 의 절단, 51, 193, 201
투르니에, 미셸, 170
튜린 대학, 93
티리옹, 마리, 103-4, 195

ㅍ

페렌치, 산도르, 90
풍진, 181
프랑스 대학, 139
프랑스령 폴리네시아, 255
프로이트, 안나, 67
프로이트, 지그문트: 예술가의 역할에 대해, 139; 자동현상에 대해, 89-90; 죽음욕동에 대해, 90; 와 말하기 치료로서의 정신분석, 84; 반복에 대해, 89-90; 아이들의 성애에 대해, 65-67
프리드만, 르네, 13-14, 24, 28, 42, 44-47, 208, 213
피부로 느끼는 (압력) 민감성, 98
피온텔리, 알레산드라, 93-96, 131, 144, 145

ㅎ

하우저, 카스파, 266
합지증, 59-60
해석, 187-92, 195-201, 271-72. 또한 정신분석; 신생아와의 정신분석을 보라
햅토노미와 햅토테라피, 97-100, 249
헤이든, 클레버, 147
현실화, 203
혈당증, 228-29
호흡기 문제들, 49, 113, 215, 247
혼수상태, 187
환유, 121
황달, 78-79, 80, 84, 117, 154
후뇌, 80-81

한국심리치료연구소 총서

순수 심리치료 분야

놀이와 현실
Playing and Reality
by D. W. Winnicott / 이재훈

울타리와 공간
Boundary & Space
by D. Wallbridge
& M. Davis / 이재훈

유아의 심리적 탄생
Psychological Birth
of the Human Infant
by M. Mahler & F. Pine / 이재훈

꿈상징 사전
Dictionary of Dream Symbols
by Eric Ackroyd / 김병준

그림놀이를 통한 어린이 심리치료
Therapeutic Consultation
in Child Psychiatry
by D. W. Winnicott / 이재훈

자기의 분석
The Analysis of the Self
by Heinz Kohut / 이재훈

편집증과 심리치료
Psychotherapy
& the Paranoid Process
by W. W. Meissner / 이재훈

멜라니 클라인
Melanie Klein
by Hanna Segal / 이재훈

정신분석학적 대상관계이론
Object Relations
in Psychoanalytic Theories
by J. Greenberg & S. Mitchell / 이재훈

프로이트 이후
Freud & Beyond
by S. Mitchell & M. Black
/ 이재훈 · 이해리 공역

성숙과정과 촉진적 환경
Maturational Processes
& Facilitating Environment
by D. W. Winnicott / 이재훈

참자기
The Search for the Real Self
by J.F. Masterson / 임혜련

내면세계와 외부현실
Internal World & External Reality
by Otto Kernberg / 이재훈

자폐아동을 위한 심리치료
The Protective Shell in Children and
Adult by Frances Tustin / 이재훈 외

박탈과 비행
Deprivation & Delinquency
by D. W. Winnicott / 이재훈 외

교육, 허무주의, 생존
Education, Nihilism, Survival
by D. Holbrook / 이재훈 외

대상관계 개인치료 I · II
Object Relations Individual Therapy
by Jill Savege Scharff & David E.
Scharff / 이재훈 · 김석도 공역

정신분석 용어사전
Psychoanalytic Terms and Concepts
Ed. by Moore and Fine / 이재훈 외

하인즈 코헛과 자기심리학
H. Kohut and the Psychology of the
Self
by Allen M. Siegel / 권명수

성격에 관한 정신분석학적 연구
Psychoanalytic Studies of the
Personality by Ronald Fairbairn / 이재훈

대상관계 이론과 임상적 정신분석
Object Relations
& Clinical Psychoanalysis
by Otto Kernberg / 이재훈

나의 이성, 나의 감성
My Head and My Heart by De
Gregorio, Jorge / 김미겸

환자에게서 배우기
Learning from the Patient by Patrick
J. Casement / 김석도

순수 심리치료 분야

의례의 과정
The Ritual Process
by Victor Turner/ 박근원

대상관계이론과 정신병리학
Object Relations Theories and Psychopathology by Frank Summers /이재훈

정신분석학 주요개념
Psychoanalysis : The Major Concepts, by Moore & Fine/이재훈

대상관계 단기치료
Object Relations Brief Therapy by Michael Stadter/이재훈 • 김도애

임상적 클라인
Clinical Klein by R. D. Hinshelwood/ 이재훈

살아있는 동반자
Live Company by Anne Alvalez /이재훈 외

대상관계 가족치료
Object Relations Family Therapy by Jill Savege Scharff & David E. Scharff/이재훈

대상관계 집단치료
Object Relations, the Self and the Group by Charles Ashbach & Victor L. Shermer/이재훈

스토리텔링을 통한 어린이 심리치료
Using Storytelling as a Therapeutic Tool with Children by Sunderland Margot/이재훈 외

자폐아동과 정신분석
Autismes De L'enfance by Roger Perrson & Denys Ribas/권정아 • 안석

하인즈 코헛의 자기심리학 이야기 1/홍이화

초보자를 위한 대상관계 심리치료
The Primer of Object Relations Therapy by Jill & David Scharff/오규훈 • 이재훈

인격장애와 성도착에서 의공격성
Aggression and Perversions in Personality Disorders/이재훈 • 박동원

대상관계 단기부부치료
Short Term Object Relations Couple Therapy by James Donovan /이재훈 • 임영철

왜 정신분석인가?
Une Psychanalyse Pourquoi? by Roger Perron/표원경

애도
Mourning, Spirituality and Psychic Change by Susan Kavaler-Adler/이재훈

독이 든 양분
Toxic Nourishment by Michael Eigen/이재훈

무의식으로부터의 불꽃
Flames from the Unknown by Michael Eigen/이준호

정신분석학 주요개념 II
Psychoanalysis : The Major Concepts, by Moore & Fine/이재훈

대상의 그림자
The Shadow of the Object by Christopher Bollas/이재훈 외

환기적 대상
The Evocative Object by Christopher Bollas/이재훈

순수 심리치료 분야

끝없는 질문
The Infinite Question by Christopher Bollas/이재훈

소아의학을 거쳐 정신분석학으로
Through Paediatrics to Psycho-Analysis by D. W. Winnicott/이재훈

감정이 중요해
Feeling Matters by Michael Eigen/이재훈

흑암의 빗줄기
A Beam of Intense Darkness by Grotstein/이재훈

C.G. 융과 후기 융학파
JUNG AND THE POST-JUNGIANS by Andrew Samuels/김성민

깊이와의 접촉
Contact With the Depth by Michael Eigen/이재훈

심연의 화염
Flames From the Unconscious by Michael Eigen/이재훈

정신증의 핵
The Psychotic Core by Michael Eigen/이재훈

난 멀쩡해
I AM NOT SICK I Don't Need Help by Xavier Amador/최주언

분석적 장
The Analytic Field ed. Antonino Ferro & Roberto Basile/이재훈

신앙과 변형
Faith and Transformation/by. Michael Eigen Seoul Seminar/이재훈

아스퍼거 아동으로 산다는 것은
What It Means to Me? /by. Michael Eigen Seoul Seminar/이재훈

기독교 신앙과 관련된 심리치료 분야

종교와 무의식
Religion & Unconscious
by Ann & Barry Ulanov / 이재훈

희망의 목회상담
Hope in the Pastoral Care
& Counseling
by Andrew Lester / 신현복

살아있는 인간문서
The Living Human Document
by Charles Gerkin / 안석모

인간의 관계경험과 하나님경험
Human Relationship
& the Experience of God
by Michael St. Clair / 이재훈

신데렐라와 그 자매들
Cinderella and Her Sisters
by Ann & Barry Ulanov / 이재훈

현대정신분석학과 종교
Contemporary Psychoanalysis
& Religion
by James Jones / 유영권

살아있는 신의 탄생
The Birth of the Living God
by Ana-Maria Rizzuto / 이재훈

인간의 욕망과 기독교 복음
Les Evangiles au risque
de la Psychanalyse
by Françoise Dolto / 김성민

신학과 목회상담
Theology & Pastoral Counseling
by Debohra Hunsinger
/ 이재훈 · 신현복

성서와 정신
The Bible and the Psyche
by E. Edinger / 이재훈

목회와 성
Ministry and Sexuality
by G. L. Rediger / 유희동

상한 마음의 치유
Healing Wounded Emotions
by M. H. Padovani 외 / 김성민 외

예수님의 마음으로 생활하기
Living from the Heart Jesus Gave You
by James. G. Friesen 외 / 정동섭

신경증의 치료와 기독교 신앙
Ministry and Sexuality
by G.L.Rediger / 김성민

전환기의 종교와 심리학
Religion and Psychology in
Transition
by James Johns / 이재훈

영성과 심리치료
Spirituality and Psychotherapy
by Ann Belford Ulanov / 이재훈

치유의 상상력
The Healing Imagination
by Ann Belford Ulanov / 이재훈

외상, 심리치료 그리고 목회신학
/ 김정선

그리스도인의 원형
The Christian Archetype
by Edward F. Edinger / 이재훈

융의 심리학과 기독교 영성
De I'inconscient à Dieu: Ascèse
Chrètienne et psychologie de C.G.
Jung by Erna van de Winckel / 김성민

앞으로 출간될 책

정신분열증 치료와 모던정신분석
Modern Psychoanalysis of the
Schizophrenic Patient by Hyman
Spotnitz / 이준호